戦国北条五代

黒田基樹

星海社

149
SEIKAISHA SHINSHO

はしがき

戦国大名北条氏（小田原北条氏、後北条氏とも称される）は、初代伊勢《いせ》宗瑞《そうずい》（いわゆる北条早雲）が明応《めいおう》二年（一四九三）に伊豆に乱入してから、五代氏直《うじなお》が天正十八年（一五九〇）の小田原合戦で滅亡するまで、五代一〇〇年にわたって、関東に覇を唱えた、全国的にも有数の戦国大名である。宗瑞の伊豆乱入は、戦国時代の幕開けともいわれ、小田原合戦は、羽柴秀吉の天下一統を遂げるものであったから、北条氏五代の歴史は、まさに戦国時代そのものに一致していた。

北条氏は、一般的には、武田氏・上杉氏などに比べ、その知名度は低いが、戦国大名研究においては、最も中心的な存在にある。それは領国支配に関わる史料が、他のどの大名よりも、豊富に残存していることによる。そのため、はやく明治時代から、北条氏は戦国大名研究のなかで中心に位置している。そうした状況は、現在でも同様であり、北条氏を主題とした専門書は、他の大名に比して最も多く刊行されている。

しかし北条氏についての通史・一般書となると、それほど多くは存在していない。初代宗瑞について、杉山博氏の『北条早雲』、下山治久氏の『北条早雲と家臣団』がある。最近では、三代氏康について、山口博氏の『北条氏康と東国の戦国世界』が出された。小田原合戦についてては、相田二郎氏の『小田原合戦』、下山治久氏の『小田原合戦』があるが、北条氏全体を扱ったものは、鈴木良一氏の『後北条氏』があるにすぎない。これは、北条氏の領国支配を中心に叙述されたものであり、五代の政治動向については、簡略さは否めない。むしろ同書の刊行後に、五代の政治動向についての解明が大きくすすんでいる。

そのため本書では、そうした近年における研究成果を充分に反映させることを心がけ、北条氏五代について、政治動向を中心に叙述をおこなうことにした。本書によって、北条氏五代の動向が多くの方々に容易につかめることになるであろう。なお領国支配については、三代氏康を題材にした『戦国大名の危機管理』（吉川弘文館）で論じているので、そちらを参照していただければ幸いである。

なお本書では、部分的に、直接・間接にいくつかの既発表の文章を下敷きにしているので、参考までにあげておく。

「小田原北条氏の成立」(『小田原市史通史編原始・古代・中世』第八章第一節)
「小田原北条氏権力の変質」(同右書第一三章第一節)
「豊臣政権との交渉」(同右書第一三章第二節)
「その後の北条氏」(同右書第一三章第四節)
「北条『新九郎』氏政について」(『戦国史研究』二一号)
「北条早雲の事績に関する諸問題」(『おだわら』九号)
「北条早雲」(『歴史読本』平成九年三月号)
「北条早雲の戦い」「早雲、下剋上の背景」「公方権力を背景にした氏康の領国拡大」(歴史群像シリーズ『戦国合戦大全　上巻』)

(新版にあたって)

本文には、逐一史料典拠を示した。これはあくまでも専門的に調べようとする方々のためのものである。そのため、一般の方々には煩雑であろうから、遠慮なく読み飛ばしていただくようお願いしたい。ちなみに、北条氏関係の基本史料集である、『戦国遺文後北条氏編』『小田原市史史料編』中世に収録されているものについては、その史料番号を、戦〜・小〜によって示している。

目次

はしがき 3

第一章 伊勢宗瑞 21

一 宗瑞の台頭 22

伊勢宗瑞の出自 22
宗瑞の年齢への疑問 24
北河殿との関係 25
宗瑞の実際の生年 27
今川氏との関係 29
駿河への下向 31
宗瑞の出家 33

伊豆乱入の背景 35
伊豆平定 37

二　相模西郡への進出 40

小田原城奪取の通説への疑問 40
小田原城奪取の時期 43
弟弥次郎 45
関東での軍事行動 46
宗瑞の軍事行動の性格 49
小田原と苅野荘 51
宿老松田氏の出自 53
松田郷と河村郷 55
小田原衆の編成 58
永正三年の西郡検地 60

三　相模経略　63

扇谷上杉氏への敵対　63
相模・武蔵への侵攻　65
相模を経略　67
房総への渡海　70
宗瑞の隠居　72
宗瑞の死去　75
早雲寺殿廿一箇条と伊勢宗瑞十七箇条　75
宗瑞の妻　77
宗瑞の子女　79
北条氏時　80
葛山氏広　83
長松院殿と青松院殿　86

第二章　北条氏綱　89

一　相模国主化と武蔵への進出　90
氏綱の登場　90
虎の印判　92
虎の印判創出の意味　93
「調」の印判　95
代替わり政策の展開　96
代替わり検地と安堵　98
北条改称　100
江戸城の攻略　102
扇谷上杉氏との攻防　105
小弓公方勢力の分裂　108
河越城を攻略　111

二　関東管領職の獲得　114
河東一乱　114
第一次国府台合戦　117
関東管領職と足利氏御一家　119
支城制の展開　121
鶴岡八幡宮の造営　124
氏綱の死去　126
氏綱の妻　126
氏綱の子女　128
第三章　北条氏康　131
一　北条氏康の関東経略　132
氏康の登場　132

氏康の元服・初陣・婚姻 133
氏康の家督継承 136
河越合戦 137
扇谷上杉氏の滅亡 139
山内上杉氏の没落 140
古河公方足利義氏の擁立 144
甲相駿三国同盟 147
氏康の隠居 149
二 上杉謙信・武田信玄との抗争 151
長尾景虎（上杉謙信）の来攻 151
関東管領上杉政虎（謙信） 153
関東支配をめぐる攻防 154
相次ぐ国衆の従属 156
相模守受領と「武栄」朱印 158

越相同盟の展開 160
武田氏との抗争 163
氏康の死去 165
氏康の妻 167
氏康の子女 168

第四章 北条氏政 171

一 北条氏権力の変質 172
氏政の登場 172
甲相同盟の復活 176
上杉氏との攻防 178
関宿城攻略 181
公方勢力の統一 183

北関東諸将との抗争　184
佐竹氏勢力の「一統」　186
御館の乱と上野支配権　188
武田氏との対戦　191

二　中央政権との接触　193

織田政権への従属　193
家督の交代　195
武田氏の滅亡　198
神流川合戦　201
徳川家康との同盟　204
上野・下野への進攻　206
古河公方の断絶　208
氏政の妻　210
氏政の子女　211

三　氏政兄弟衆の動向　214

氏政兄弟衆　214
氏照の登場　214
通称と本拠の変遷　216
氏照の動向　218
氏照の妻子　221
氏邦の登場　224
氏邦の動向　226
氏邦の上野支配　227
小田原合戦後の氏邦　229
氏邦の妻子　231
氏規の登場　232
氏規の支配領域　234
氏規の韮山城在番　236

氏規の外交　238

第五章　北条氏直　241

一　羽柴政権との交渉　242
氏直の登場　242
藤岡・沼尻合戦　244
伊達政宗との連携　247
下総作倉領の併合　248
徳川家康との対面　250
惣無事令の発令　253
諸城大普請　255
人改め令の発令　259
軍備の充実化　261

籠城体制の構築　263
籠城体制の矛盾　266

二　小田原合戦　268

羽柴政権への従属へ　268
北条氏規の上洛　269
沼田領問題の裁定　271
名胡桃城奪取事件　274
交渉の決裂　276
小田原合戦　278
小田原城の開城　282
北条氏の滅亡　284

三　その後の北条氏　286

氏直の高野山蟄居　286

氏直の大坂出仕と死去　288
氏直の妻子　290
羽柴氏家臣北条氏規　291
氏規の妻子　292
狭山藩祖北条氏盛　294
御一家衆のその後　297
重臣たちのその後　300

増補　305

1　伊勢盛時と足利政知　306

2　小田原北条家の相模経略――戦国時代の到来――　311
伊勢宗瑞の登場　311

塀和家という存在 316
小田原城の攻略時期 319
伊勢宗瑞の相模経略 322
扇谷上杉家との抗争 323
三浦道寸との攻防 326
戦国大名としての領国支配 329
3 北条綱成の父母 332
4 小田原落城後の北条氏一族 337
戦国北条五代・新書版あとがき 344
主要参考文献 348
北条氏系図 354

第一章 伊勢宗瑞

伊勢宗瑞（北条早雲）画像　国重要文化財　神奈川県箱根町・早雲寺蔵

一　宗瑞の台頭

伊勢宗瑞の出自

伊勢宗瑞は「北条早雲」の名で呼ばれることが多いが、すでに広く知られているように、宗瑞自身が「北条」名字を称したことはなく、「伊勢」名字が「北条」名字に改められるのは、子の氏綱《うじつな》の時のことである。また「早雲」というのは、「早雲庵」という出家後の庵号を略したものであり、出家後に称した法名が「宗瑞」である。当時、宗瑞は、領国支配等のために発給した文書にも「宗瑞」の法名で署名しているように、彼が正式に用いた名は「宗瑞」であった。歴史上の人物の呼称については、当時の名字と実名（あるいは法名）を合わせて呼称するのが妥当であるため、以下では、もはや「北条早雲」という呼称は用いず、「伊勢宗瑞」の名を用いる。

宗瑞の出自については、すでに江戸時代初期から明確ではなくなっていたようで、諸説が存在している。一般に宗瑞の出自については、備中伊勢氏説・京都伊勢氏説・伊勢素浪人説があり、その生国については、備中《びっちゅう》国説・山城《やましろ》国京都説・同宇治説・大和国在原説・

伊勢国説がある。しかしこれらは、江戸時代における諸説をもとに明治時代以降の研究者によって整理されたものであり、生国と住国の混同、伊勢氏の出自と宗瑞の出自の混同など、必ずしも正確な整理とはいえない面もみられる。実際に江戸時代前期に成立している良質の系図・軍記類にみえているものは、備中国出身、伊勢氏の本宗家である室町幕府政《まん》所《どころ》執事《しつじ》伊勢貞親《さだちか》の近親とするのがほとんどである。具体的な出自をみていくと、備中伊勢盛定の子盛時の後身（「続群書類従」所収伊勢系図）、伊勢貞親の子貞辰《さだとき》の後身（「続群書類従」所収伊勢系図別本）、貞親の弟貞藤の子（「異本小田原記」）、貞親・貞藤の一族貞通（貞雅、貞親の父貞国の従兄弟）の子（「続群書類従」所収伊勢系図・「北条五代記」）、とされている。また母を貞国（貞親の父）の娘と明記するもの（「寛永諸家系図伝」所収北条系図）、貞親の甥で「盛時」の子とするもの（「今川家譜」）もある。

つい近年まで、宗瑞の出自について通説的な位置を占めていたのは伊勢素浪人説であったが、これは実際には明治時代になって唱えられたものであった。逆に近年における関係史料の発掘、実証研究の進展にともなって、現在においては、備中伊勢盛定の次男伊勢新九郎盛時の後身で、母は伊勢氏本宗家の伊勢貞国の娘で、貞親・貞藤らの甥にあたる、とする説がもっとも有力視されている（小和田哲男『後北条氏研究』他）。これに対して有力な反証がみられないことから、宗瑞の出自についてはこの説がほぼ確定的となっている。そして最近になって、家永遵嗣氏によって(『室町幕府将軍権力の研究』他)、盛定・盛時父子と駿河今川氏との政治的関係が明確化されたことによって、さらに確実なものとされている。

なお宗瑞の実名については、長氏《ながうじ》・氏茂《うじしげ》・氏盛《うじもり》などという所伝もあるが、それらの実名が当時の史料にみられないことはいうまでもなく、それらの実名は、いずれも江戸時代に宗瑞の系譜を作成する過程で生まれた可能性が高い。

宗瑞の年齢への疑問

宗瑞は、通説では永享《えいぎょう》四年(一四三二)生まれとされている。これは宗瑞の享年を八十八歳とする記載から逆算したものである。これでは宗瑞が盛定の子、貞親の外甥という系譜関係も成り立たなくなってしまう。またその後の動向からみても、この年齢にはあまりにも難点が多すぎる。しかしこの宗瑞の年齢については、当時の史料にその旨が記載されているのではなく、実際にその旨の記載がみられるようになるのは、江戸時代中期の享保十年(一七二五)成立の軍記物「関八州古戦録」や、江戸時代後期成立の「寛政重修諸家譜《かんせいちょうしゅうしょかふ》」所収北条系図などまで下るものとなる。最も早いとみられるものも、天和年間(一六八一〜四）以降の成立の「伊勢系図」（「続群書類従」巻一四二）であろう。

ところがそれより以前の江戸時代前期に成立した、「寛永諸家系図伝」所収北条系図をはじめとする各種の北条氏系図や、「異本小田原記」「北条五代記」などの北条氏を主題とした軍記物には、宗瑞の年齢の記載は一切みられない。それらの史料には、宗瑞の子氏綱以降の歴代については享年の記載がみられているが、北条氏五代のうち初代の宗瑞のみ享年に関する記載がない。このことは、すでに江戸時代前期において、宗瑞の年齢が、その子孫でも不明となっていたことを示している。そしてその後に宗瑞の年齢に関する新史料が発見されたとは考えられないから、江戸時代中期以降から登場してきた、宗瑞の享年八十八歳説というのは、一種の「創作」と考えられる。

北河殿との関係

宗瑞の享年八十八歳説が後世における「創作」であり、宗瑞の年齢が白紙の状態となると、現在の通説では宗瑞の妹とされている北河殿《きたがわどの》（今川義忠室）との兄弟関係についても、改めて確認する必要が出てくる。北河殿を宗瑞の妹とする現在の通説も、宗瑞の享年八十八歳説に基づいて、明治時代になって唱えられたものであった。江戸時代前期に成立した各種の系図・軍記物類をみてみると、いずれも北河殿は宗瑞の姉に位置付けられている。さらに今川氏側の「寛永諸家系図伝」所収今川系図や「今川記」などにおいても、いずれも北河殿は宗瑞の姉に位置付けられている。ちなみに小和田哲男氏は、内閣文庫本「宗長記《そうちょうき》」における北河殿についての「北条早雲の妹」という傍注の存在から、北河殿が宗瑞の妹であることの傍証としているが（『後北条氏研究』）、その注記は後筆であり、しかも「北条早雲」という表記の仕方から、かなり時代の下るものとみられ、そこに史料性を見出すのは困難といえる。

　このように、北河殿は一貫して宗瑞の姉と所伝されており、したがってその所伝は事実を伝えたものである可能性が高い。むしろ宗瑞の享年八十八歳説そのものが成立しないことを踏まえれば、こうした江戸時代における一貫した所伝の存在や、北河殿の嫡子氏親（文明五年＝一四七三生まれ）と宗瑞の嫡子氏綱（長享元年＝一四八七生まれ）の生年の差などからみ

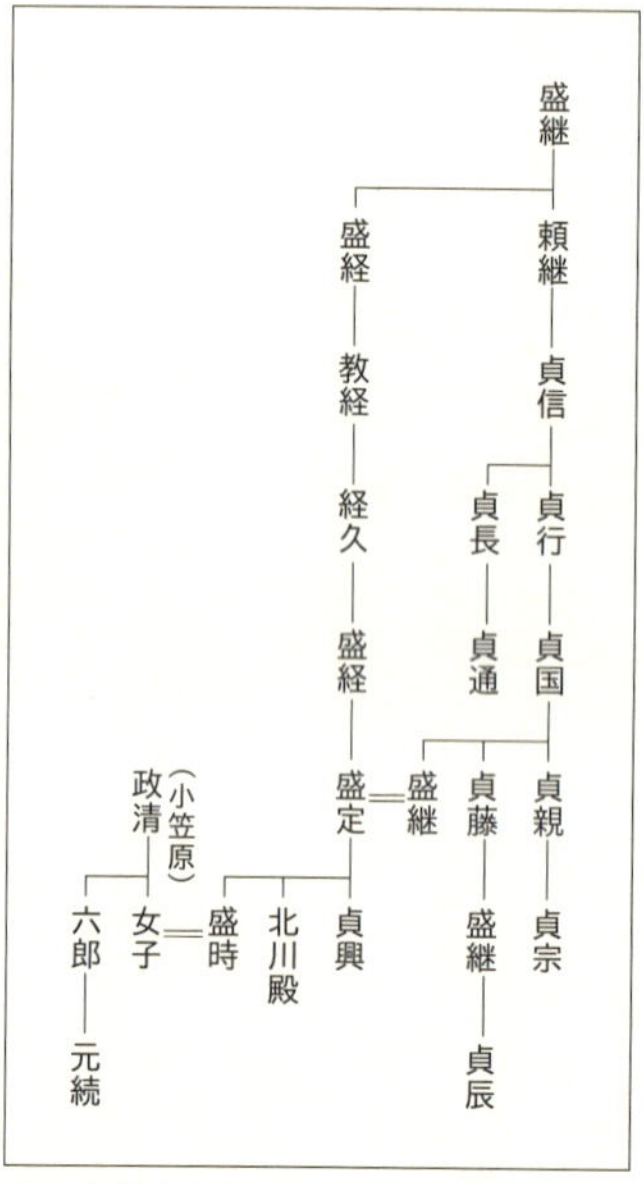

図１　伊勢盛時関係系図

れば、北河殿は宗瑞の姉であったとみるのが正しい。北河殿は、文明五年に嫡子氏親を生むが、それ以前に一女（三条実望室）を生んでいる。その年次は不明であるが、氏親出生の一、二年前、およそ文明三〜四年頃と推定される。北河殿が今川義忠に嫁したのは、さらにその一、二年前のことと推測される。これについて小和田氏は、「今川記」の記述をもとに、応仁元年（一四六七）と推定しており、妥当なところとみられる。北河殿の年齢についても不明であるが、遅くみてこの時十五歳と仮定しても、享徳二年（一四五三）以降の生まれと推定される。したがってその弟である宗瑞は、早くても享徳年間（一四五二〜五）以降の生まれと推定される。

宗瑞の実際の生年

宗瑞の年齢について、さらに特定することはできないであろうか。そこで注目されるのは、「異本小田原記」「北条五代記」という比較的信頼性の高い軍記物に、宗瑞は子年《ねどし》生まれとする記載がみえていることである。これは軍記物にみえる記載であり、どこまで事実を伝えたものであるのか不安もある。しかしそれらの史料には、宗瑞の享年についての記載はみられないから、生まれの干支《えと》のみ伝承されていた可能性が想定され、むしろそれゆえにこそ事実を伝えているとも考えられる。享徳年間に最も近い子年は、康正二年（一四五六）である。他に宗瑞の年齢を特定できる材料がみられないから、軍記物にみえる所伝ではあるが、ここではあくまでも仮説として、宗瑞の生年は康正二年とする説を提示しておきたい。通説の年齢からは、二十四歳下回るものとなり、その享年は六十四歳であったと推定される。この仮説に基づいて、以後における宗瑞の動向を照らし合わせていくと、年齢的には全く無理のないものとなる。宗瑞については、よく大器晩成などと評されることが多いが、全くの誤りとなる。

ついでながら、宗瑞の享年八十八歳説成立について若干の所見を述べておきたい。まず八十八歳という年齢そのものが、米寿という長命を祝うものであり、すでに江戸時代前期においてその事績が伝説化していた宗瑞の年齢に、そうした長命の祝年があてられたともみられる。またその生年にあたる永享四年は、実は、江戸時代において一部に宗瑞の父に比定されていた伊勢貞藤（文明十四年に五十一歳、延徳三年＝一四九一死去）の生年であった（大塚勲「北条早雲の年齢について」）。宗瑞はこの貞藤の子、あるいは孫とする説が江戸時代中期には成立しているが、それはこうした宗瑞の生年が貞藤のそれと混同されたことと大いに関係していたのではないか、とみられる。ただし、宗瑞と貞藤との系譜関係の成立が先か、宗瑞の永享四年生まれ説の成立が先かは、検討する必要がある。さらに仮に、八十八歳説に典拠が存在したとして、実際には「八八」と記載されていたとすれば、これは「八・八」、すなわち八×八＝六十四を示すこととなり、これは、先に子年生まれの所伝に基づいて推定した、康正二年生年説の結果にちょうど一致することになる。いずれにせよ、宗瑞の享年八十八歳説というものは、多くの所伝が複雑に絡み合って伝承されてきたものであったとみられる。

今川氏との関係

宗瑞の父伊勢盛定は、伊勢氏の一族で備中国荏原郷（岡山県井原市）等を所領とした備中伊勢氏の庶子で、本宗家の伊勢貞国の娘、すなわち貞親の姉妹を妻としていた。そのため、備中伊勢氏の庶子とはいいながらも、本宗家ときわめて密接な関係にあった。盛定ははじめ新左衛門尉《しんざえもんのじょう》、次いで備中守、備前守を称した。このうち備中守の受領名《ずりょうめい》は、本宗家の子弟など、伊勢氏においては本宗家に次ぐ政治的地位にある人物が名乗っており、このことから盛定が、本宗家にとって重要な政治的位置を占めていた存在であることがうかがわれる。これは盛定が、貞親の義弟であったことに拠っていよう。そして、盛定のあとの備中守の受領名は、貞親の弟貞藤に継承されている。盛定の事績のなかで注目されるのが、伊勢本宗家と駿河今川氏との間にあって、本宗家から今川氏宛に出される文書の文案作成を行うなどの取次の役割をつとめていることである。盛定の娘（盛時の姉、後の北河殿）が、応仁元年頃に今川義忠の正室となるのも、そうした政治的関係に基づいていた。

宗瑞の前身である伊勢盛時は、盛定の次男とされている。ただし、兄とされる貞興の動向は全く知られていないようであるから、盛時は早くからその嫡子の立場にあったとみられる。そして文明三年（一四七一）六月二日に、備中国荏原郷内に所在し、菩提寺である長谷法泉寺（同県井原市）に禁制《きんぜい》を下している（「法泉寺文書」小Ⅱ四〇）。これが盛時の史料上における初見である。康正二年誕生説に基づけば、時に十六歳である。次いで「賦《くばり》引付《ひきつけ》」同十三年九月十八日条（小Ⅰ二九二）に「伊勢新九郎盛時」の名がみえる。そして同十五年十月十一日に、室町幕府九代将軍足利義尚《あしかがよしひさ》（義政の子）の申次衆《もうしつぎしゅう》となり（「慈照院殿年中行事」小Ⅰ二九三）、長享元年（一四八七）四月まで、申次衆としての活動をみることができる（「親長卿記」小Ⅰ二九四）。さらに明応元年（一四九二）から同二年頃までには、室町幕府将軍の直属軍を構成する、奉公衆になっている（「東山殿時代大名外様附」小Ⅰ二九六）。

駿河への下向

　これより以前の応仁年間（一四六七～九）に、宗瑞は伊勢に下って今出川殿足利義視（義政の弟、義尚の叔父）に仕え、その後尾張に移り、さらに義兄今川義忠を頼って駿河に下向したという。そして、そのまま駿河に滞留し、文明八年の義忠死後における今川氏の家督相続をめぐる内乱において、姉北河殿・甥竜王丸《たつおうまる》（氏親）を助けて、その調停に大きな役割を果たし、乱後にその功賞として竜王丸から駿河国富士郡下方荘《しもかたのしょう》（静岡県富士市）と駿東郡《すんとうぐん》興《こう》国寺《こくじ》城（同県沼津市）を与えられた、と伝えられている（「異本小田原記」など）。この所伝は、宗瑞の今川家中における華々しい台頭を伝えるものであるが、先に述べた前後における京都での活動と整合性がみられない。さらにその年齢の若さとも相まって、多分に伝説性が感じられ、史実としては大いに疑問が残る。

　むしろ長享元年十一月に、義忠の死後に実際に今川氏の家督の地位にあった、今川小鹿《おしか》新五郎範満《しんごろうみつのり》（義忠の従弟）が死去しており、これが竜王丸側による攻撃の結果による敗死とするならば、宗瑞による今川氏の内乱の調停、下方荘・興国寺城の拝領という所伝は、この事件に際してのものとみるほうが妥当であろう。先の所伝に関しては、文明八年の今川氏の内乱について記す「鎌倉大草紙《おおぞうし》」には、宗瑞の名は登場していない。またそれらの軍記には、この長享元年の事件については全く記述されていないので、先の所伝は、この二回にわたる今川氏の内乱を混交して作成されたものであったと考えられる。文明八年の今川氏の内乱における宗瑞の活躍というのは、なかったとみるのが妥当である。これらのことから、宗瑞は長享元年の四月から十一月までの間に、甥竜王丸の今川氏家督継承の実現のために、駿河に下向してきた、とみられる。時に三十二歳であった。

そもそも今川範満による家督継承は、堀越公方《ほりごえくぼう》足利政知（義政の庶兄）と相模国守護扇谷《おおぎがやつ》上杉氏の家宰太田道灌の支持をえて成されていた。範満敗死の前年の文明十八年七月に、扇谷上杉氏における内訌により、道灌が主君上杉定正によって謀殺され、この事件を契機に、関東では扇谷上杉氏と関東管領山内《かんれいやまのうち》上杉氏との抗争（長享の乱）が勃発した。道灌という強力な後ろ盾を失ったため、範満の権力は不安定化したとみられる。宗瑞は、こうした状況を踏まえて駿河に下向し、反範満勢力を糾合して一気に範満を討滅し、氏親の家督継承を実現させたとみられる（家永遵嗣「明応二年の政変と伊勢宗瑞（北条早雲）の人脈」）。

ちなみに先の下方荘・興国寺城拝領についても伝承の域は出ず、史料によって確認することはできない。興国寺城の築城も、後の天文十八年（一五四九）のことであり、しかもその所在は駿東郡であるから、下方荘の支配拠点にはそぐわない。下方荘の支配拠点として相応しいのは、善得寺城であるから、同荘拝領が事実とすれば、その支配拠点として拝領したのは善得寺城であったと考えられる（大塚勲「今川義元那―史料による年譜的考察」）。これに対して、駿河時代における宗瑞の在所として確認されるのは、西駿河の石脇《いしわき》城（静岡県焼津市）である（「鈴木文書」戦四一四五）。氏親は、駿河府中館に入部する以前は、西駿河の丸子《まりこ》（同県静岡市）に居住していたとされ、石脇城はその近所にあたることから考えると、宗瑞は、氏親の駿河府中館入部の前後頃に、同城に在城していたとみられる。

宗瑞の出家

宗瑞は、氏親の外叔父という姻戚関係に加え、

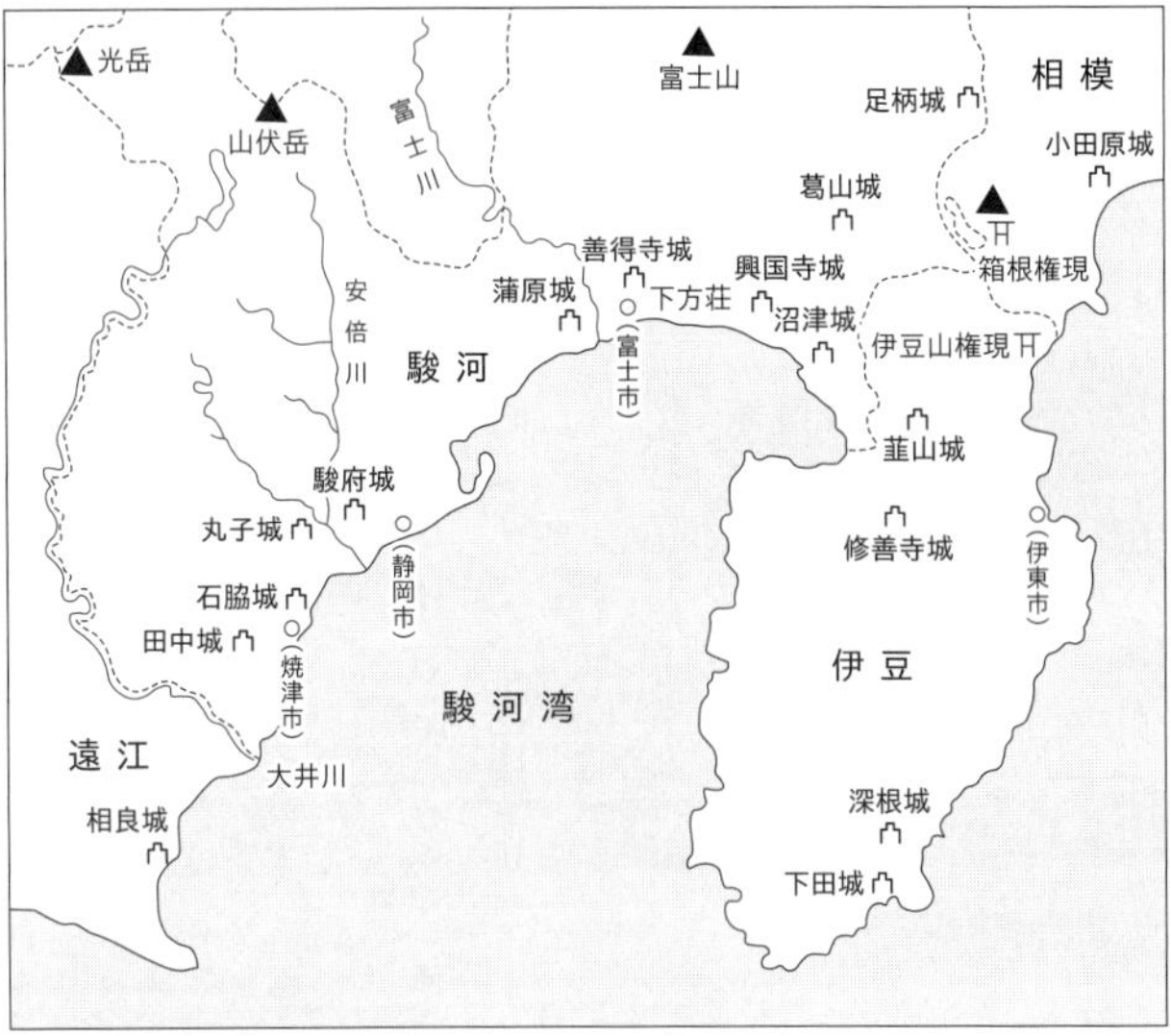

図2　伊豆・駿河の城郭分布図

そうした氏親の今川氏家督継承における功績により、今川氏家中において台頭し、氏親を支える中心的存在となったとみられる。宗瑞は、駿河下向後の延徳三年（一四九一）五月まで、「伊勢新九郎」の名で見えているが（「北野社家日記」小I二九二）、明応四年（一四九五）二月の初見発給文書（「伊東文書」戦一）では法名宗瑞で署名しており、以後は早雲庵宗瑞と称している。宗瑞が、延徳三年五月から明応四年二月までの間に、出家したことが知られる。その契機については確かではないが、その間の明応二年に、後述するように伊豆乱入を果たしていることをみると、この伊豆乱入を契機として出家したのではなかったか。出家は政治的転機にともなって行われる場合が多い。宗瑞にとって伊豆乱入はまさに大きな政治的転機であった。そしてこの出家は、一方では幕府奉公衆からの退任とそれにともなう幕府への出仕の停止を意味した。すなわちそこには、幕府権力からの明確な自立という背景が存在した、とみることができる。なお宗瑞の法名は、臨済宗《りんざいしゅう》大徳寺系のものである。宗瑞は、幕府への出仕期に、初め京都東山の臨済宗建仁寺で禅を学び、次いで文明十三年以降のある時期に、京都紫野の大徳寺に参じ、住持春浦《しゅんぽ》宗熈《そうぎ》のもとで禅を学んでいた（「東渓宗牧語録」「玉隠和尚語録」小I三二八・三五〇）。

伊豆乱入の背景

宗瑞が今川氏家中から相対的に自立し、戦国大名へと転身を遂げていく、もっとも大きな政治的転機をなしたのは、やはり伊豆平定であろう。文明十四年（一四八二）の室町幕府・堀越公方足利氏＝関東管領山内上杉氏と古河公方足利氏との和睦である「都鄙《とひ》和睦」ののち、伊豆は堀越公方足利政知の分国とされていた。政知が延徳三年（一四九一）四月に死去すると、その家督をめぐって内訌が生じ、七月に長男茶々丸《ちゃちゃまる》が継母円満院（武者小路氏）・異母弟（政知三男）潤童子《じゅんどうし》を殺害し、実力でもってその家督を継承した。

しかしその後においても内訌は収まらず、明応年間（一四九二〜一五〇一）になって、茶々丸は外山・秋山両家老を殺害し、「豆州騒動」といわれる状態となったという（「鎌倉九代後記」他）。そうした伊豆における内乱状態に乗じて乱入したのが宗瑞であった。この宗瑞の伊豆乱入時期については、延徳三年とするのが通説であったが、小和田哲男氏は、「勝山《かつやま》記《き》」（小Ⅰ二九七）に基づいて明応二年のことであることを明らかにした（『後北条氏研究』）。またこの事件は、通説的には、宗瑞は当初から関東経略の野望を抱いており、そうした宗瑞の領国拡大という野心に基づいたものとして、その下剋上的性格が強調されてきた。しかし当時の宗瑞の政治的な立場からみると、その行動は今川氏の政治行動の一環としてなされたものであることはいうまでもない。さらに最近では家永潤嗣氏によって、宗瑞の伊豆乱入は、同年四月に京都で勃発した幕府管領細川政元によるクーデターと連動してなされたものであることが明らかにされた（『室町幕府将軍権力の研究』）。

細川政元のクーデターというのは、将軍足利義材《よしき》（義稙、義視の子）を廃し、義高（義澄）を新将軍に擁立した事件である。義高は、実は政知の次男清晃（母は円満院）であり、政知死後の内訌を克服して家督を継承していた兄茶々丸は、彼にとってはいわば母と弟の敵にあたる存在であった。しかも堀越公方権力のなかでも、幕府・関東勢力双方に対して、路線をめぐる対立があり、それが政知派と茶々丸派との対立、そして明応年間からの内乱の勃発として表現されていたとみられる。氏親・宗瑞は中央政界については細川政元と親密な関係にあり、堀越公方との関係では政知派と親密な関係にあった。今川範満方は茶々丸派と繋がっていたから、そのため範満討滅により、茶々丸派との関係が悪化していたようである。しかも宗瑞が、東駿河の富士郡下方荘を支配していたとすれば、そうした伊豆の内乱状況は直接に影響を被るものであったとみられる。宗瑞は、中央における細川政元による政変に乗じて、伊豆に乱入し、対立勢力の一掃を図ったのではなかろうか。

さらに実際の伊豆乱入は、周辺地域における領主間の対抗関係とも連関して行われた。

当時、関東では関東管領山内上杉顕定と相模国守護扇谷上杉定正による抗争（長享の乱）が展開されていた。伊豆は山内上杉氏の勢力圏であり、同氏は茶々丸支持であった。そのため宗瑞は、乱入にあたって扇谷上杉氏との連携を成立させている。そして隣国甲斐でも、守護武田信縄《のぶつな》と父信昌《のぶよし》・弟信恵による内乱が展開されており、氏親・宗瑞は、この武田氏の内乱にも介入し、信昌・信恵を支持していた。氏親・宗瑞も、すでに周辺領主の対抗関係と密接に関わっていたのである。乱入後に、茶々丸は国外に逃亡するが、そこでは山内上杉氏・武田信縄から庇護をうけることとなる。これはそれらの対抗関係に基づくものであったとみられる。また長享の乱は、延徳二年以来、一時的な和睦が成立していたようであるが、この翌年の明応三年七月から抗争が再発されている。これは宗瑞の伊豆乱入にともなってのこととみられる。宗瑞の伊豆乱入が、関東における内乱状況を刺激し、長享の乱の再発の契機を成したのであろう。そのこと自体、宗瑞の行動が、長享の乱の展開のなかに組み込まれていたことを示している。

伊豆平定

宗瑞の伊豆乱入は、今川氏や上杉定正の援助を得て行われた。今川氏からは、駿東郡の国衆である葛山《かずらやま》氏らが動員された。葛山氏は、同郡中部の葛山城（静岡県裾野市）を本拠に、同郡中部から南部にかけて支配する国衆で、今川氏に従属していた存在であった。宗瑞は、この葛山氏の娘を妻の一人としているから（「豆相記」）、両者は親密な関係にあったとみられる。このことからも伊豆乱入は宗瑞単独の行動ではなかったことがわかる。それはあくまでも、今川氏の軍事行動であった。

伊豆に乱入した宗瑞は、堀越御所を攻略したとみられ、そして明応四年には、足利茶々丸を「島」（伊豆大島であろう）に没落させて、国外に追放し（「勝山記」）、伊豆への進出を果たした。そして韮山《ひらやま》城（同県伊豆の国市）に移り、同城を本拠と定めた。これは、伊豆国主堀越公方足利氏の没落と、それにかわる宗瑞の登場を明確に示す事柄であった。この後、宗瑞は「豆州《ずしゅう》」と称される。いうまでもなく、これは伊豆国主に対する呼称である。ここに宗瑞は、伊豆国主としての政治的地位を獲得し、いわば戦国大名への仲間入りを遂げた。

しかし伊豆一国そのものの平定は、ただちには達成されなかった。通説では、茶々丸は伊豆乱入の際に滅亡し、宗瑞による伊豆平定もわずか一ヶ月で遂げられたとされている。しかしその後においても、国内には茶々丸方勢力が残存しており、その抵抗をうけ、明応六年までは国内が戦乱状態にあったことが明らかにされている（小和田哲男『北条早雲とその子孫』他)。一方、茶々丸についてもその後における生存が確認されている。先に述べたように、明応四年に国外に逃亡するが、その後は山内上杉顕定・甲斐武田信縄の後援を得ながら、武蔵から甲斐郡内《ぐんない》に居留しており(「勝山記」)、伊豆奪回の機会をうかがっていた。そして明応七年八月に、茶々丸は宗瑞の攻撃により、甲斐で滅亡したことが明らかにされている(家永遵嗣『室町幕府将軍権力の研究』)。

この間、宗瑞は明応三年九月から十月にかけて、上杉定正の援軍として相模・武蔵に出陣して顕定方と戦い(「鎌倉大日記」「石川忠総留書」小I三〇〇・三〇二)、同四年には甲斐に出陣して武田氏と戦い(「勝山記」小I三〇三)、同五年七月には、扇谷上杉朝良(定正の養嗣子)の援軍として、弟弥次郎を相模に派遣して顕定方と戦っている(「伊佐早謙採集文書」「勝山記」小I三〇八・三〇九)。これらは長享の乱の一環としての軍事行動であると同時に、宗瑞にとっては茶々丸追討の一環でもあった。そして同七年八月、宗瑞は甲斐に進攻し、ついに茶々丸を自害に追い込んで、名実共に堀越公方足利氏の討滅に成功した(「王代記」小I三一一)。これにより、茶々丸方勢力の抵抗も終息をみたようで、乱入以来六年の歳月を費やした末に、伊豆一国の平定に成功した。

二　相模西郡への進出

小田原城奪取の通説への疑問

続いて宗瑞は、相模国西郡《にしぐん》を支配する国衆大森氏から、その本拠小田原城（神奈川県小田原市）を奪取して同氏を攻略し、同時に西郡をその領国下に収めた。これが、宗瑞の相模進出の第一歩である。この宗瑞の小田原城奪取の時期については、これまでの通説では、明応四年（一四九五）九月のこととされてきた。これは「鎌倉大日記」（小I三〇四）にみえるものであるが、この他、「鎌倉九代後記」（小I三〇五）、「喜連川判鑑《きつれがわはんかがみ》」（小I三〇六）では、それぞれ明応三年、同四年二月のこととしていて、その時期について一定しているわけではない。これらはいずれも江戸時代における著作であり、宗瑞の小田原城奪取を伝える史料は、いずれもこうした性格のものである。しかもその時期についてまちまちであるということは、実はこの宗瑞の小田原城奪取という所伝自体、非常に曖昧なものであり、明確な根拠があるわけではないことがわかる。

この問題を考えるうえで注目される史料として、（明応五年）七月二十四日付長尾信濃守

（能景）宛上杉顕定書状写（「伊佐早謙採集文書」小Ⅰ三〇八）がある。これは無年号であるが、その年次は「勝山記」明応五年条（小Ⅰ三〇九）との関係から、同年に比定されることは確実である。そこには、明応五年七月に、山内上杉顕定が扇谷上杉朝良方の相模国西郡を攻めている状況が記されている。宗瑞と扇谷上杉氏は、遅くても明応三年以来、同盟関係にあり、この顕定の西郡攻めにおいて、朝良方の主力として行動していたのは、宗瑞の弟伊勢弥次郎であった。顕定方は、「弥次郎要害」を「自落《じらく》」させ、「西郡一変」という状況をもたらし、続いて中郡実田要害（同県伊勢原市・平塚市）攻めに転じている。この弥次郎の「要害」については、佐脇栄智氏が小田原城の可能性を指摘している（「北条早雲・氏綱の相武経略」）。弥次郎「要害」の落城によって、西郡の政治状況が一変した、というのであるから、その要害は、西郡における最大の軍事拠点だったと想定され、それは小田原城と考えて間違いないであろう。しかしその部分には、実は「弥次郎要害」に懸かって、「大森式部《しきぶの》少輔《しょう》・刑部大輔《ぎょうぶのたいぶ》・三浦道寸《どうすん》・太田六郎右衛門尉《うえもんじょう》・上田名字中弁伊勢新九郎入道弟弥次郎要害」と記載されているのである。これは、大森式部少輔以下、弥次郎までがすべて同じ朝良方であり、さらに「要害」、すなわち小田原城に在城していたことを示している。

このことから、大森氏は依然として朝良方として小田原城に在城していたことがわかる。

通説では、前年に大森氏は宗瑞に小田原城を奪取されたことになっていたが、その通説が誤りであることがわかる。ここで大森氏が小田原在城衆の筆頭にあげられているのは、いうまでもなく同城が大森氏の本拠であったからであり、このこと自体、大森氏が依然として小田原城主の地位にあったことを示していよう。「式部少輔」の実名は確定できないが、当時の当主である藤頼の可能性が高い。これに続く「刑部大輔」は、名字が省略されていることと、その官途名《かんとめい》から、朝良の実父上杉朝昌のことである。三浦道寸は、相模国三浦郡を領する有力国衆である。「太田六郎右衛門尉」は、扇谷上杉氏の家宰太田氏の当主、「上田名字中」は、扇谷上杉氏の宿老で、相模国守護代・実田城主の上田正忠の一族である。上杉朝昌は大森氏よりも家格が高いが、ここで大森氏に続いて記載されているのは、彼らがあくまでも援軍であるからであろう。ここにおける武将の記載は、城主大森氏を筆頭に、以下はすべて朝良からの援軍で、上杉氏一門の朝昌、上杉氏の傍輩三浦氏、朝良の家臣太田氏・上田氏、そして宗瑞の弟弥次郎という具合になっている。おそらくこれは、家格順に列記されているのだろう。

小田原城奪取の時期

上杉顕定方による西郡攻撃において、朝良方の主力として活躍したのは、「勝山記」の記載からみても、伊勢弥次郎であった。その弥次郎が、小田原城に在城していたことをみると、すでに宗瑞と小田原城は何らかの関係があったようにも思える。しかし先の上杉顕定書状写における記載にあるように、弥次郎はあくまでも宗瑞からの援軍であり、その限りでの小田原城への在城であったことがうかがわれる。したがってこの時点では、宗瑞と小田原城との直接的な関係は、全く想定することはできない。宗瑞の同城攻略は、これより以降のことであったとみて間違いない。

宗瑞が小田原城を中心とする西郡を領有していたことを示す確実な初見は、同十年（文亀元年、一五〇一）三月に、宗瑞が伊豆山権現（静岡県熱海市）に、西郡上千葉（神奈川県小田原市）内の社領の替地として、伊豆田牛村（静岡県下田市）を充行っていることである（「走湯山什物」戦七）。これは上千葉の地が、宗瑞によって収公されたことを示すものととらえられるので、すでにこの時点においては、宗瑞は小田原城を攻略し、西郡への進出を果たしていたことは間違いない。現在のところその時期については特定できず、およそ明応五年から文亀元年までの間のこととしておくほかはない。

宗瑞の小田原城攻略の具体的な状況については、全く不明である。軍記類にみられる、軍勢を鹿狩りの勢子《せこ》にみせかけた話や、一〇〇〇頭の牛の角に松明《たいまつ》を結びつけて大軍にみせかけた話などは、いずれも創作にすぎない。大森氏は扇谷上杉氏の有力与党の一人であった。宗瑞もまた、明応三年以来、一貫して扇谷上杉氏と同盟関係にあり、その関係は永正五年(一五〇八)頃まで続いている。一方の大森氏については、永正元年には山内上杉氏方にあることが確認される(「相州文書」小I三一九)。したがって扇谷上杉氏方である宗瑞による大森氏攻略は、大森氏自体がその後に山内上杉氏方に転じ、宗瑞は扇谷上杉氏の了解を得て、その攻略を遂げたとしか考えられない。

大森氏が山内上杉氏方に転じた時期についても明確ではないが、明応五年七月の小田原城「自落」というのは、小田原城が自ら落城、すなわち開城したことを示している。これは、城主大森氏が山内上杉氏に従属したことを意味している可能性が高い。大森氏が離叛したために、「西郡一変」という事態になったとみると、一連の事態の展開を、極めて整合的に理解することができるように思われる。大森氏の山内上杉氏への帰属は、この山内上杉氏方による小田原城攻撃の結果であったのではなかろうか。いずれにせよこの後において宗瑞は、小田原城を奪取し、大森氏を攻略することによって相模西郡の経略を遂げ、相模への進出を果たした。

弟弥次郎

先に述べたように、明応五年七月に山内上杉顕定が小田原城を攻撃した際、宗瑞から扇谷上杉氏に対して援軍として派遣されたのが、弟弥次郎であった。これについて「勝山記」（小Ⅰ三〇九）は、「伊勢入道（宗瑞）ノヲト、（弟）弥二郎、七月、ラウトウ（郎党）太敷共ニ打死」と記していることから、これまで弥次郎は、この時の合戦で戦死したとみられてきた。しかし翌六年十二月五日に、宗瑞が伊豆大見三人衆に対して、長年にわたる籠城を賞するとともに、在所の維持を命じた証文に（「大見三人衆由来書」）、「定而弥二郎・大道寺《だいどうじ》可申候」とみえている。これによって翌年における生存を確認することができ、「勝山記」の記事は誤りであったことがわかる。そこでは宿老の大道寺氏とともに、大見三人衆への取次を務めている。大道寺氏よりも前に記載されているから、弥次郎がまさに宗瑞の一門として、その家中において最も高い地位にあったことが知られる。

扇谷上杉氏への援軍の大将を務めたこととともに、弥次郎は、まさに宗瑞の片腕としての役割を果たしていたとみられる。しかしその後においては、弥次郎に関する史料は、全くみることができない。その死去年や法名についても、全く伝えられていない。

関東での軍事行動

このように宗瑞は、明応七年(一四九八)に足利茶々丸の討滅に成功して伊豆平定を遂げ、同五年から文亀元年(一五〇一)までの間に小田原城を攻略して相模への進出を遂げた。しかし、ここで確認しておきたいのは、通説的にいわれているように、宗瑞にとって、小田原城奪取が、当初から相模経略を念頭においての行動であったのかということである。

六年の歳月をかけてようやく伊豆一国の平定に成功したのが明応七年のことである。宗瑞が関東において軍事行動したのは、伊豆乱入の翌年にあたる明応三年九月が初めてのことであった。なお「鎌倉大日記」(小I三〇〇)には、その前年の明応二年九月に、扇谷上杉定正への援軍として相模に進軍し、山内上杉氏方の各地の要害を攻め落とし、さらに武蔵に進軍して、月末に帰陣した、と記している。しかしこれは、翌年における動向とほぼ同じであり、しかもその時に、宗瑞は定正と初めて対面しているから(「石川忠総留書」小I三〇二)、宗瑞が定正への援軍として関東に出陣したのは、明応三年が初めてであったとみるのが妥当である。「鎌倉大日記」の記事は、翌年のことを重複して記述していると考えられる。

明応三年九月、宗瑞は上杉定正の要請をうけて相模・武蔵に出陣し、九月二十八日に武蔵久目川（東京都東村山市）に着陣し、ここで定正軍と合流した。これより以前の同二十三日に、宗瑞は、山内上杉氏方に属していた三浦郡の国衆三浦氏を、その本拠三崎城（新井城、神奈川県三浦市）に攻撃した、という所伝がある。これにより三浦氏は、山内上杉氏から離叛して、扇谷上杉氏に帰属した（黒田基樹「戦国期の三浦氏」『戦国期東国の大名と国衆』）。しかし三浦氏を攻撃したのは、大森氏と伝えるものもあり、明確ではない。さらにそれより以前の同十九日に、定正方は、山内上杉氏の家宰《かさいそうじゃ》惣社長尾氏の重臣矢野氏が守備する東《ひがし》郡《ぐん》玉縄《たまなわ》要害（同県鎌倉市）を攻略している（「石川忠総留書」）。これらは相模における扇谷上杉氏勢力による行動とみられるから、そこに宗瑞が加わっていた可能性はあるが、宗瑞のみの行動によるものではなかったであろう。

宗瑞は定正と合流すると、それに従って荒川端の塚田（埼玉県寄居町）に進陣し、荒川を挟んで上杉顕定軍と対陣した。そして十月五日、定正方は荒川を渡河しようとしたが、その途中で定正が落馬し、頓死してしまった。これにより定正方は退陣することとなった。しかし宗瑞は、すぐには退陣しなかったようである。その状況については、「鎌倉大日記」

明応三年条（小I三〇〇）・「赤城神社年代記録」同四年条・十一月十七日付簗田《やなだ》河内守《かわちのかみ》（成助）宛足利政氏書状写（「簗田文書」）によって知ることができる。このうち「赤城神社年代記録」は、翌明応四年のこととしているが、状況から考えて、明応三年のことであるとみて間違いないであろう（黒田基樹『扇谷上杉氏と太田道灌』）。

それらによると、宗瑞は荒川端からの退陣後も、暫く高坂（同県東松山市）に在陣し、その後、足立郡に廻って、古河公方足利氏方の崎西郡岩付城《きさいぐんいわつき》（同県さいたま市）をうかがったが、古河公方勢力によって同城の守備が固められたため、後退した。そして十一月十五日に、荏原郡馬込（東京都大田区）で、山内上杉氏もしくは古河公方足利氏方との合戦に敗北した。宗瑞の帰国はこの後のことであろう。宗瑞は、およそ二ヶ月にわたって相模・武蔵に転戦していたことになる。

その後では、先にみたように、同五年七月に同様に扇谷上杉氏への援軍として、相模西郡へ援軍を派遣したことが知られるにすぎない。またこの後においても、永正元年（一五〇四）に、やはり扇谷上杉朝良への援軍として、武蔵立河原合戦（同都立川市）への参戦が知られるにすぎない（「宗長手記」小I三一八）。この時は、甥の今川氏親もともに出陣している。宗瑞は九月十五日に益形山（神奈川県川崎市）に着陣し、氏親も十一日に駿河を出陣して、二十日に益形山に着陣した。そしてともに朝良軍と合流して、立河原に在陣する顕定方と対陣し、二十七日に合戦となり、朝良方が勝利を収めた。氏親と宗瑞は、十月四日に鎌倉（同県鎌倉市）に帰陣し、さらにその後、それぞれ帰国している（「松陰私語第五」「石川忠総留書」他）。この時期における宗瑞の相模・武蔵への軍事行動は、いずれも扇谷上杉氏への援軍としてのものであり、いまだ独自の行動によるものではなかった。

宗瑞の軍事行動の性格

他方、宗瑞は、明応四年（一四九五）八月と同七年八月には、足利茶々丸の与党勢力や、甲斐に居留する茶々丸自体の追討のために、甲斐に出陣している（「勝山記」「王代記」小I三〇三・三一一）。さらに茶々丸の追討に成功したのちの文亀二年（一五〇二）九月にも甲斐郡内に侵攻している（「勝山記」小I三一四・「松羅随筆集古」戦四六〇〇）。これらの甲斐への侵攻は、茶々丸追討を目的とするものであったと同時に、それ以前からの今川氏による、武田氏の内訌への介入に基づいてのものであろう。また明応三年八月と文亀元年八月には、宗瑞は今川軍の大将として遠江国へも侵攻している（「円通松堂禅師語録」「宗長手記」小I三〇二・三一五）。さらに永正三年九月と同五年八月から十月にかけて、やはり今川軍の大将として三河国へ侵攻し、前者においては牧野氏の今橋城（愛知県豊橋市）を攻略し、後者では西三河の松平氏を攻撃している（「小笠原文書」「徳川義知氏所蔵文書」「伊達文書」戦一六〜一九）。

これら甲斐・遠江・三河に対する侵攻は、いずれも今川氏の軍事行動という性格であったととらえられる。また関東への出陣についても、伊豆国主としての独自の軍事行動というよりは、立河原合戦への参戦が今川氏親とともになされ、むしろ援軍としての主体は、氏親におかれていたことからみると、やはりこれらも今川氏の軍事行動の一環としての性格の強いものであったと判断される。このように、およそ永正五年までにおける宗瑞の軍事行動は、ほぼいずれも今川氏の軍事行動としての性格を強く持っていた。そもそも宗瑞の伊豆乱入自体が、そうした性格を有していたことを思えば、その後における甲斐への侵攻、相模・武蔵への出陣も、茶々丸の与同勢力である山内上杉氏・甲斐武田氏との対戦ということから、伊豆平定にともなう行動でもあったといえ、決してそうした性格を逸脱するものではなかった。したがって、扇谷上杉氏から離叛して山内上杉氏に帰属した大森氏の攻略を遂げた小田原城奪取、すなわち相模国西郡への進出も、茶々丸追討、もしくはその余波の範囲内での行動であった。

小田原と苅野《かの》荘

相模国西郡をその領国下におさめた宗瑞は、以後、その領域支配を展開していく。この新たに獲得した領域に対して、宗瑞がどのような支配を展開したのか、また宗瑞にとって西郡はどのような領域として位置付けられたのか、大まかな様相をみていくこととしたい。

宗瑞は大森氏を追放したのち、ただちに大森氏およびその被官・同心の所領を収公し、それらをみずからの直轄領、家臣らの所領としたとみられる。この家臣らへの所領の配分状況を推測するうえで有力な材料となるのが、後の永禄二年（一五五九）に作成された「北条家所領役帳」（以下、「役帳」と略記する）である。同史料は、同年における家臣らの知行等を列記した帳簿であるが、北条氏の直轄領については記載されていないから、北条氏の知行関係全体を示すものではなく、あくまでも永禄二年という一時期の家臣らの知行関係のみを示しているという性格のものである。とくに氏綱の代に小田原城がその本拠とされたことから、西郡における知行《ちぎょう》関係は、宗瑞の代とは大きく変化していることが推測される。しかしこの点を十分に認識したうえでなら、同史料の記載から前代における知行関係の大枠を類推することは可能であろう。

大森氏の所領のうち、代表的なものとして挙げられるのが、本城膝下の小田原と苅野荘

（神奈川県南足柄市）であろう。小田原は、小田原城の城付領的性格を有していたとみられ、宗瑞も同城を直接に管轄したとみられるので、同様に城付領的なものとして、その直轄領とされたとみられる。ただし、永正十六年（一五一九）に、宗瑞は末子菊寿丸《きじゅまる》（のち幻庵宗哲《げんあんそうてつ》）に箱根権現（神奈川県箱根町）領小田原四〇〇貫文の知行を認めていることから（「箱根神社文書」戦三七）、小田原が一円的に宗瑞の直轄領とされたわけではなかったことが知られる。この箱根権現領は、前代の大森氏によって設定されたものとみられ、宗瑞も同社領までは収公しなかったことがうかがわれる。宗瑞が収公したのは、あくまでも大森氏とその被官らの所領であったのであろう。

一方の苅野荘は、一〇〇〇貫文という知行高で一括して、宿老松田氏に与えられた。「役帳」においても同所は松田憲秀の所領の筆頭に挙げられているので（永禄二年時は一二七七貫文余）、同所が松田氏の本領とされていたことが知られる。「役帳」において単一の所領で一〇〇〇貫文の知行高をもつものは極めて少なく、しかも一〇〇〇貫文という区切りがよく、かつ極めて高い知行高が設定されていること自体、これが一円的に一括して付与されたものであることは間違いない。とくに西郡においては、この苅野荘は卓越した知行高にあることをみても、同所をこのような知行形態で付与された松田氏が、その後の西郡支配において、極めて大きな役割を担った存在であることがうかがわれる。

宿老松田氏の出自

この松田氏の出自については、通説的には西郡松田郷（神奈川県松田町）を本領とする国《こく》人《じん》松田氏とされているが、「異本小田原記」には、備前松田氏の一族の松田盛秀（憲秀の父）・康定兄弟が国人松田左衛門尉を訪ねて下り、宗瑞・氏綱に仕え、のちに盛秀は左衛門尉の名跡を継承したと記されている。わざわざこうした所伝が残されていること自体、注目すべきことといえ、したがってこの松田氏が、相模国人の出身ではなく、室町幕府奉公衆でもある備前松田氏の出身であったことは事実であったと考えられる。

榎原雅治氏によると、備前松田氏の一族のうち、備前国鳥取荘を本領とする山口家が、代々仮名《けみょう》六郎を称す系統であり、これが戦国時代になると京都などでの活動がみられなくなるから、北条氏の宿老となった松田氏は、この山口家の系統にあたると推測している（『日本中世地域社会の構造』）。北条氏宿老の松田氏も、代々仮名六郎を称しているから、その可能性はかなり高いであろう。また家永遵嗣氏は、幕府奉公衆であったものが、堀越公方足利政知の奉公衆となって、政知に従って伊豆に下向してきていて、それが宗瑞の伊豆侵攻の過程で、宗瑞に従ったと推測している（「北条早雲研究の最前線」）。

もっとも盛秀・康定兄弟では時期的に合わず、少なくとももう一世代前にさかのぼるとみられる。盛秀の「盛」字は、宗瑞の実名盛時からの偏諱《へんき》ととらえられるので、盛秀は宗瑞のもとで元服したと推測されることからみても、この松田氏がすでに宗瑞の代にはその重臣の地位に列していたことは間違いないであろう。盛秀は天文八年（一五三九）に、武蔵浅草寺（東京都台東区）奉加帳《ほうがちょう》にその名がみえるというのが（「江戸紀聞」）、史料上の初見である。そして同十四年に、駿河吉原城（静岡県富士市）の城将としてみえる「松田弥次郎」は（「東国紀行」）、その政治的役割から考えて、この盛秀のことと推定される。仮名弥次郎は、松田氏代々の六郎とは異なっているが、ここで注目されるのが、国人松田氏の直接の子孫とみられる松田康隆（後述）の仮名が新次郎であることである。盛秀の仮名は、国人松田氏のそれと共通するものであった。これはすなわち、盛秀が国人松田氏の名跡を継承した存在であったことをうかがわせる。「異本小田原記」の記事は、ほぼ事実を伝えたものであったのであり、北条氏家臣となった松田氏は、二代目を国人松田氏の養子に入れて、その名跡を継承させた可能性が高い。

そしてこの松田氏は、以後においては北条氏家臣のなかでも筆頭に位置し、遠山氏・大道寺氏とともに、北条氏の一門に準じる「一族」という最高位の家格を与えられている存在であった。松田氏が、西郡において極めて重要な位置にある苅野荘を、その本領として与えられていることは、そうした政治的地位と密接に関連していると考えられる。

松田郷と河村郷

西郡には、大森氏のほかに松田氏・河村氏という国人が存在していたが、長享の乱以降の動向については明確ではない。おそらく、それらの内乱の過程で没落し、所領は扇谷上杉氏や大森氏の支配に帰し、さらに大森氏の没落後は、宗瑞の支配に帰したとみられる。

実際、「役帳」においては、松田氏の本領であった松田郷は、惣領分一三八貫文が遠山綱景の本領となっており、他に庶子分二〇貫文が北条宗哲、西分一四貫文余が松田康隆の所領となっている。また河村氏の本領であった河村郷（神奈川県山北町）は、二一九貫文余が松田康隆の本領となっており、他に田中分五〇貫文が田中助八郎の所領となっている。

遠山氏の出自については明らかではないが、おそらく室町幕府奉公衆の美濃遠山氏の一族の出身で、それが宗瑞に仕えたものと推測される。家永氏はこの遠山氏についても、幕府奉公衆から堀越公方奉公衆を経て、宗瑞に仕えた、という経緯を推測している。宗瑞の家臣として遠山氏が最初に確認されるのは、永正三年（一五〇六）にみえる遠山隼人佐《はやとのすけ》直景である（「延命寺文書」戦一五）。宗瑞の伊豆乱入から一〇年もたたないうちのものであることから、彼が北条氏家臣としての遠山氏の初代にあたると考えられる。そしてこの直景が、宗瑞から同所をその本領として与えられたとみられる。直景はその後、大永三年（一五二三）には受領名加賀守（「箱根神社文書」戦五六）、さらにその後に受領名丹波守を称している（「武州文書」戦一四九九）。大永四年からは武蔵江戸城代を務めて、天文二年（一五三三）三月十三日に死去している。法名は延命寺殿節渓宗忠といった。

一方の松田康隆は、盛秀・憲秀の一族である可能性も考えられるが、松田郷西分や、国人松田左衛門尉の旧領である西郡東大友（同県小田原市）五六貫文余を所領とし、「役帳」における記載順序を考慮すると、むしろ左衛門尉の直接的な後継者であった可能性が高い。宗瑞の西郡進出にあたって、国人松田氏が大きな役割を果たしたことは、軍記類にみえて広く伝えられている。このことを事実とみると、松田氏は、その功績によって宗瑞から河村郷を与えられ、同所を本領としたととらえられる。いずれにせよ、両郷における他の知行人をみても、両郷が大森氏没落後に宗瑞によって収公され、改めて家臣らに配分されたものであったことは間違いないであろう。

宗瑞の西郡進出以前から同郡に本領を有していた家臣、すなわち宗瑞の西郡進出にともなって宗瑞に家臣化した、いわゆる旧勢力出身の家臣とみられるのは、この松田康隆のほかは、篠窪（同県大井町）を本領とする篠窪氏、加茂宮郷（同県小田原市）を本領とする加茂宮氏が確認される程度である。

しかも松田康隆の総知行高は二八九貫文余、篠窪氏一族の総知行高は二六八貫文余という具合に、西郡全体の知行関係からみると、その比率は極めて低い。このことは、宗瑞の西郡進出以降において、そのまま存続しえた領主は、ほとんどいなかったことをうかがわせる。これに対し、板部岡・南条・藤田・石巻・桑原・遠山・島津・小幡・

図３　西郡における有力家臣の分布状況

太田・笠原氏など、西郡進出以前からの譜代重臣の本領の存在が多く確認される。すなわち、宗瑞は郡域の大半を収公し、それらのうちの多くを直轄領としたほか、伊豆進出以前からの譜代家臣、伊豆進出以後に家臣化した、堀越公方奉公衆や伊豆出身の家臣らに、新恩地として与えたとみられる。大森氏の没落、宗瑞の進出は、西郡における領主層の総入れ替えともいうべき、大規模な変革をもたらした。

小田原衆の編成

かつて大森氏が小田原城を拠点として西郡を支配したように、宗瑞も同城を西郡支配の拠点としたことは間違いないであろう。おそらく小田原城は、本城韮山城に対する支城とされ、そして同城には、西郡の領域支配や軍事力を担う在城衆が編成されたとみられる。これにより宗瑞の家臣団は、本城韮山城を拠点とする韮山衆ともいうべきものと、支城小田原城を拠点とする小田原衆ともいうべきものと、宗瑞の側近家臣から構成される御馬《おうまま》廻《わり》衆《しゅう》などに編成されたとみられる。このうち小田原衆というのが、「役帳」段階の小田原衆の原型ともいうべきものといえよう。

当時における小田原衆の構成については知るべくもないが、家臣中もっとも高い家格を有し、西郡のなかでは卓越して高い知行高にある苅野荘を一円的な所領としていた、松田氏が、在城衆の筆頭として存在していたことは間違いないとみられる。また、「役帳」段階においても小田原衆として編成されている家臣のうち、西郡に本領を有している板部岡氏・南条氏などの譜代家臣、国人系松田氏・篠窪氏などの西郡出身の家臣らをはじめとして、伊豆・西郡に本領を有している家臣らも、すでに宗瑞の段階から小田原衆に編成されていた可能性が高いとみられる。さらに「役帳」段階においては他の衆に編成されているもののうちで、西郡に本領を有している、遠山氏・島津氏・小幡氏（以上江戸衆）・太田氏（松山衆）などの譜代の有力者なども、やはり宗瑞の時期に小田原衆に編成されていた可能性が高いとみられる。このうち遠山氏は、西郡の北部に、本領松田郷惣領分を中心に集中的に所領を有していることから考えると、かなりその可能性は高いとみられる。おそらく、当時の小田原衆は、松田氏・遠山氏といった宿老が城将の地位にあって、在城衆を軍事的に指揮していたのではなかろうか。

この後、宗瑞は相模の中郡・東郡などを相次いで攻略していくが、そうした宗瑞の領国の拡大とともに、小田原衆構成者もそのつど変化していくことになる。とくに中郡については、在城衆の編成をともなう支城が取り立てられなかったことから、中郡出身の家臣、中郡に本領を与えられた家臣などは、当初、小田原衆として編成されたとみられる。そして氏綱によって小田原城が北条氏の本城とされると、さらにその構成は大きな変化を遂げることになる。

永正三年の西郡検地《けんち》

宗瑞の西郡支配においてもっとも特筆されるのは、永正三年（一五〇六）における検地であろう。これは北条氏の検地として、最初に確認される事例でもある。この検地に関する史料はわずか二点がみられるにすぎない。

一点は、「役帳」における記載であり、小田原衆南条右《う》京亮《きょうのすけ》綱長の本領西郡宮地（神奈川県湯河原町か）八一貫九〇〇文について、「此内廿三貫三百文有物、丙寅《ひえとら》検地辻」という注記がみられている。「役帳」が作成された永禄二年（一五五九）以前における「丙寅」年は永正三年にあたり、「有物」は増分の意味である。この注記は、宮地における南条氏の知行高八一貫文余のうち、二三貫三〇〇文は増分で、永正三年検地によって打ち出された「辻」（合計）である、ことを示している。すなわち、同地における南条氏の元来の知行高は五八貫六〇〇文であったが、永正三年検地によって打ち出された増分二三貫三〇〇文を加えられて、八一貫九〇〇文となったことがわかる。このことから、元来の知行高が確定されたときに、一度目の検地があり、永正三年検地は、少なくとも二度目以上の検地であったことがわかる（則竹雄一『戦国大名領国の権力構造』）。永正三年検地は、再検地であったのである。ちなみに一度目の検地は、おそらく同地が宗瑞の支配に帰し、南条氏に所領として与えられた際に行われたものではなかったか、とみられる。

もう一点は、永正三年正月十四日付遠山直景寄進状《きしんじょう》（「延命寺文書」戦一五）である。これは宿老の遠山直景が、本領の西郡松田郷惣領分に所在した菩提寺である延命寺に、同郷内の土地を寺領として寄進したものである。そこには田畠の面積とそれに対する貫高が明記されており、それは田一反につき五〇〇文、畠一反につき一七六文となっている。この数値は、その後において北条氏が検地の際に採用している貫高数値（田一反五〇〇文・畠一反一六七文）にほぼ一致することから、この遠山直景の寺領寄進は、検地の施行の結果をもとに行われた、ととらえられる。

このように、永正三年の検地の施行が確認されるのは、宮地・松田郷といずれも西郡の地であり、このことから、同年の検地はおよそ西郡一帯にわたって施行されたと考えられる。検地は、郷村の田畠面積を調査して、田畠ごとに基準貫高を乗じてこれを貫高で表示し、郷村の高を決定するものであった。この高から、様々な控除分などが差し引かれて、郷村の年貢高や公事高が決定され、あるいは家臣の知行高が決定されることとなるから、検地は、郷村の年貢高・公事高《くじだか》、家臣の知行高を決定するための基礎となる政策であった。

この永正三年に西郡において行われた検地は、先に述べたように、北条氏の検地施行の事例としては初見のものであるが、実際に最初の検地であったわけではない。しかし、この時の検地は、宗瑞にとっては新領土である西郡に対し、獲得してから数年後に、全域にわたって一斉に行われたものといえる。その意味で、これは新領土に対して一斉的に施行された領域検地としての性格をもっている。別の言い方をすれば、宗瑞は、その新領土における郷村の貫高を統一的に決定し、その年貢高や税額を決定する必要があり、検地はそのために行われた。そして宗瑞は、これによって西郡の諸郷村を完全に把握し、名実ともにその領国下に収めるに至ったのである。これらのことから、この時の検地は、北条氏にとって、一定地域を対象にした領域的な一斉検地として、最初のものであったとみていい。これは戦国大名全体をみわたしても、もっとも早い事例となる。少しおおげさにいえば、現時点において日本列島で最初に戦国大名による統一的な検地が行われたのが、この西郡であったということになる。

三　相模経略

扇谷上杉氏への敵対

永正五年（一五〇八）までの宗瑞の軍事行動は、ほぼ今川氏の軍事行動の一環としての性格をもつものであったとみられるが、そうした宗瑞の軍事行動の性格が一変されるのは、翌六年八月からの相模国守護扇谷上杉治部少輔《じぶのしょう》入道建芳《けんぽう》（朝良）と関東管領山内上杉四郎入道可諄《かじゅん》（顕定）への敵対を契機としていた。これが、これから後において、宗瑞が相模経略を推進していく契機となった。そこでは、宗瑞は独自の軍事行動を展開し、両上杉氏領国への侵攻に専心していき、もはや今川氏の軍事行動への参加はみられなくなる。この両上杉氏への敵対も、当時の関東の内乱状況と密接に関連してなされたものだった。

関東では、長享元年（一四八七）以来、長享の乱が展開されていたが、同乱は、永正二年三月に、扇谷上杉氏の事実上の敗北によって終息した。しかし、翌三年四月から、今度は古河公方足利氏の内訌（政氏と高基の抗争）を中核とする、永正の乱が展開されていた。そして同四年に、越後において、守護代長尾為景の下剋上によって守護上杉房能が敗死し、越後においても内乱が展開された。しかも敗死した上杉房能は、関東管領山内上杉可諄の実弟であったため、可諄がその内乱に介入したことにより、関東の内乱は越後の内乱とも連動して展開されていった。そして永正六年七月に、上杉可諄は長尾為景追討のために越後に出陣するが、これに対して長尾為景は、関東における与同勢力に蜂起を促し、これに呼応したのが、宗瑞と長尾左衛門入道伊玄《いげん》（景春）であった。

宗瑞がなぜ両上杉氏に敵対するに至ったのかは明確ではないが、室町幕府は長尾為景とそれに擁立された守護上杉定実（房能の従弟の子）による越後支配を公認し、出羽の伊達尚宗《だてひさむね》に定実の救援を命じているように、可諄の越後出陣を認めていなかった。宗瑞は、幕府関係者と密接な関係を有していたから、こうした幕府の意向もその背景にあったとみられ、幕府の態度を見極めたうえで、両上杉氏への敵対を遂げたのだろう（森幸夫「北条早雲の相模侵攻」）。

伊豆に乱入してから、すでに十六年が経過しており、宗瑞は伊豆・相模西郡を分国とする伊豆国主として、関東政界のなかに確実に位置付けられていたとみられる。分国をめぐる甲斐武田氏・山内上杉氏との対立も、そうした関東における政治的対抗関係に規制されていたのであり、関東の内乱状況の激化をうけて、宗瑞は分国周辺の政治的対抗関係の解決の延長として、自らの領国拡大というかたちに打って出たとみられる。そして、以後における相模経略の推進は、同時に今川氏からの実質的な政治的自立をもたらし、まさに関東における政治勢力の一員として、自己を確立していった。

相模・武蔵への侵攻

永正六年八月に上杉建芳に敵対した宗瑞は、同時にその領国に侵攻し（「家蔵文書」小Ｉ三二九）、中郡において高麗寺要害（神奈川県大磯町）と住吉要害（同県平塚市）を取り立て、さらに武蔵に進出して、建芳の宿老上田蔵人《くらんど》入道を味方につけて、その本拠の武蔵神奈川の権現山城（同県横浜市）に蜂起させた（「古簡雑纂」小Ｉ三三五）。さらに同月下旬には、建芳の本拠武蔵江戸城近辺まで侵攻している（「温故雑帖」）。建芳は、可諄の越後出陣ののち、上野における反乱勢力の追討にあたっており、領国を留守にしていた。宗瑞の蜂起とそれに続く侵攻は、その隙を衝いたものであった。しかし宗瑞は、江戸城を攻略するまでには至らず、やがて建芳の帰還を前に、撤退したとみられる。そして建芳は、十月頃には江戸城に帰還してきている（「東路のつと」）。しかし建芳は、宗瑞への反撃をただちには展開することができなかったようで、重臣太田大和守資高を通じて、可諄の家宰惣社長尾孫太郎顕方に対して、頻《しき》りに援軍の派遣を要請するにとどまっていた（「歴代古案」小I三三四）。

さらに翌永正七年五月頃には、宗瑞は可諄の領国にも侵攻し、その宿老大石源左衛門尉（顕重か、のちの法名道俊）が拠る多西郡椚田《たさいぐんぬぎた》要害（東京都八王子市）を攻略し、城主大石氏を由井城（同前）に後退させた。この頃には、長尾伊玄も相模津久井山（神奈川県相模原市）に移り、宗瑞と連携して、そこに盤踞している。しかし六月二十日に越後における合戦で可諄が戦死したため、山内上杉軍は関東に帰国し、その養子五郎憲房の指揮のもと、上野における反乱勢力の追討を展開していった。そして七月になって、憲房は建芳に対して、武蔵の有力国衆成田下総守顕泰（忍城主）・渋江孫太郎（岩付城主）・藤田虎寿丸（業繁か、花園城主）、宿老長尾顕方の代官矢野安芸入道永盛《えいせい》（実名憲信）、由井城主の大石源左衛門尉とその一族、下野足利城（栃木県足利市）主の足利長尾但馬守景長の代官成田中務丞《なかつかさのじょう》、配下の武州南一揆《みなみいっき》などからなる大規模な援軍を派遣した。このうち成田氏・渋江氏は古河公方足利政氏の勢力下にあった存在であるが、彼らを含めて、それらはほとんど扇谷上杉氏領国の周辺に存在した領主たちであった。

これらの援軍をえた建芳によって、宗瑞は、ただちにこれによる反攻をうけ、七月十一日から権現山城を攻められ、同十九日にこれを攻略された。一方、三浦郡から進んできたとみられる、建芳方の有力武将である三浦陸奥入道道寸（義同、朝良の従兄）・同弾正少弼《だんじょうしょうひつ》義意《よしもと》父子によって中郡住吉要害を攻略された。続いて合流した建芳と道寸によって、長尾伊玄方が拠る津久井山を攻略された。さらに建芳らの西進を許し、十月頃には西郡における拠点である小田原城の城際まで攻められるに至っている（「歴代古案」「古簡雑纂」「家蔵文書」小I三三六・「三浦系図伝」）。建芳方は長陣により、人馬ともに疲弊したため一端撤退するが、十二月に再び三浦道寸とともに西郡に進軍してきた。そして九日に、宗瑞の西郡における最前線拠点としての位置を占めていたとみられる、鴨沢要害（神奈川県中井町）を攻撃し、城内から撃って出た宗瑞方と合戦が行われている（「相州文書」小I三三〇〜三三二）。これらの建芳の反撃によって、宗瑞の相模経略は、その開始直後にたちまち一頓挫を強いられた。そしてその直後に、宗瑞は建芳と和睦を結んでいる（「飯尾文書」小I三三七）。

相模を経略

しかし永正九年（一五一二）六月になると、山内上杉氏において可諄の家督をめぐる内訌（憲房と顕実との抗争）が勃発し、これが古河公方足利氏の内訌とも結び付いて、永正の乱は大きく転回した。そして再び、山内上杉氏（憲房）と扇谷上杉氏（建芳）との抗争が展開されることとなった。宗瑞はすぐさまその隙を衝いて建芳との和睦を破棄し、再び建芳の領国への侵攻を展開した。

最初の標的とされたのは、建芳方の中郡における最大の軍事拠点であり、三浦道寸の領有する岡崎城（神奈川県伊勢原市・平塚市）であった。同城は、前々年における道寸による中郡住吉要害攻略ののちに、建芳方の軍事拠点として、道寸の所領内に取り立てられていたとみられるものである。それは、宗瑞に対する押さえの意味があったととらえられる。その同城が道寸の持城であることから、建芳方のなかで道寸が宗瑞への押さえの役割を担うようになっていたことがうかがわれる（黒田基樹「戦国期の三浦氏」）。同城には、道寸の嫡子義意が在城していたとみられるが、宗瑞は八月初め頃から同城を攻撃した（「相州文書」小I三三九）。十二日に、城内から出撃してきた在城衆との間で行われたとみられる、岡崎台合戦に勝利して、そのまま同城を攻略した

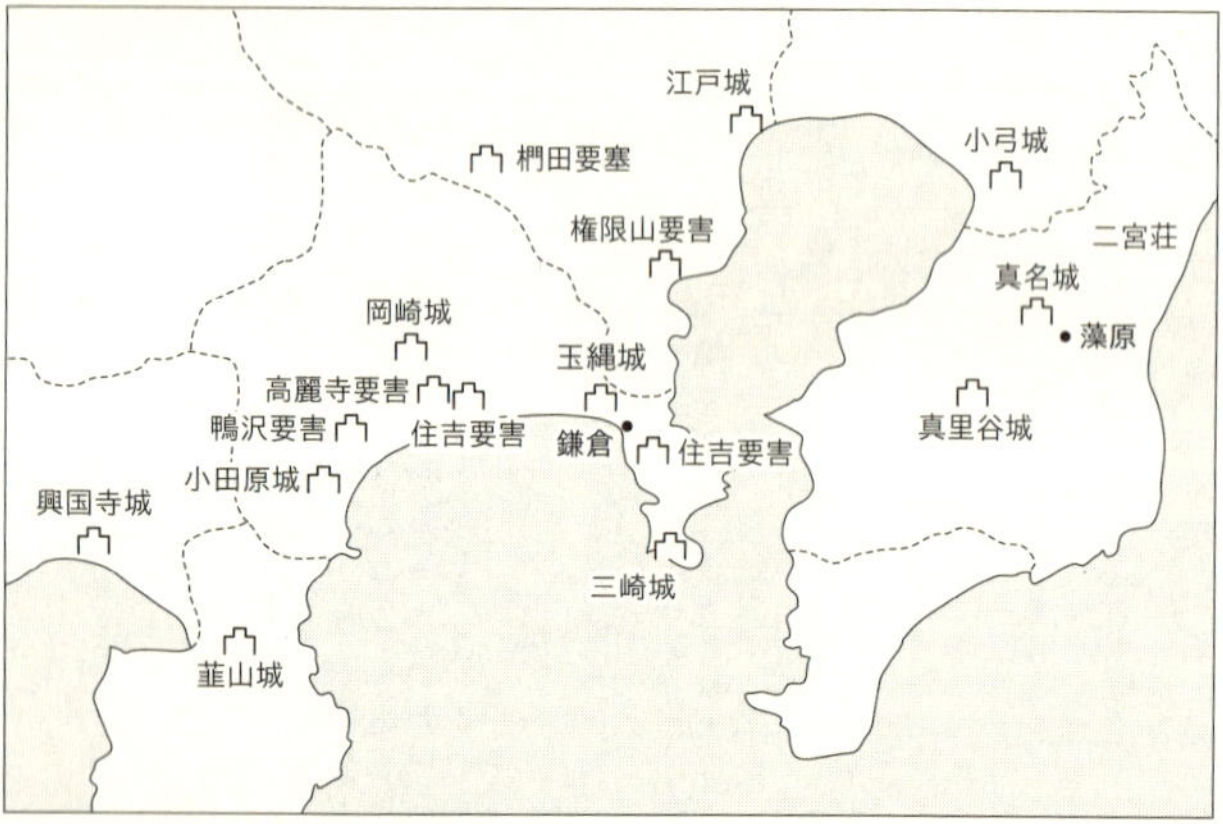

図４　宗瑞の相模・上総進出関係図

（「伊東文書」戦二四）。義意以下の敗残兵は、道寸が在城していたとみられる三浦郡の西端に位置する住吉要害（神奈川県逗子市）に後退した。宗瑞はこれを追って、翌十三日には東郡に進んで、鎌倉に進出した（「快元僧都記」小Ⅰ三四二）。

これにより宗瑞は、中郡・東郡の経略に成功した。さらに十二月六日には、武蔵国久良《く》岐《ら》郡《ぎ》本目《ぐんほんもく》四ヶ村（同県横浜市）の領主平《たいらく》子牛法師丸房長に、同地における軍勢の濫妨狼藉の禁止などを保証しているから、この頃には久良岐郡までその勢力をひろげていた（「歴代古案」戦二七）。

そして翌十年正月に、鎌倉近辺において三浦道寸と激しい合戦を行い、その兵火によって藤沢の遊行寺（同県藤沢市）が焼失している（「遊行歴代譜」小Ⅰ三四三）。合戦は宗瑞が勝利したようで、これによって道寸を住吉要害から追い、本拠の三浦郡三崎城（同県三浦市）に後退させたらしく、四月には宗瑞はその三崎城を攻撃している（「岩本院文書」神六五〇九）。住吉要害は、道寸の弟道香が守備したようであるが、七月七日には、宗瑞は同要害の攻略に成功し、城主道香は自害したという（湯山学『湘南物語Ⅳ（上）』）。こうした状況に対して上杉建芳による反攻も行われており、同十一年五月には、建芳は武蔵国荏原郡に在陣するとともに、その家宰太田備中入道永厳《えいげん》が、西郡に侵攻している（「里見家永正・元亀中書札留抜書」)。三浦氏支援のために、宗瑞に圧力をかけようとしたものであろう。しかし同時に、三月から五月にかけて、山内上杉憲房とその家宰惣社長尾顕方も同地に在陣していたことがうかがわれる(同前)。この頃の両上杉氏の関係は明確ではないが、それらの史料は「同陣」の時のものと伝えられている。そうすると両上杉氏あげて宗瑞に反撃を図り、そうしたなかでの家宰太田永厳による西郡侵攻であったとすれば、それは建芳による最大限の支援行動であったと考えられる。

三浦氏の頑強な抵抗と、扇谷上杉氏の反攻によって、三崎城の攻略は容易にはなしえないでいた。同十三年半ばにも、三浦氏支援のために、建芳の養子蔵人大夫《くらんどのだいぶ》朝興が大軍を率いて中郡に侵攻してきた。しかし宗瑞はこれを迎撃し、これを江戸城に撤退させた(「異本小田原記」)。宗瑞は、その余勢をかって、そのまま三崎城攻撃に転じ、七月十一日についに同城を攻略し、城主三浦道寸・同義意父子を自害させて、三浦氏を滅亡させた(「家蔵文書」小I三四五)。ここに宗瑞は、三浦郡の経略を遂げ、これによって相模一国の経略を果たした。

房総への渡海

三崎城を攻略した直後の永正十三年(一五一六)十一月に、宗瑞は、三浦郡とは江戸湾を挟んで対岸に位置する、上総国に渡海し、東上総の藻原《もばら》(千葉県茂原市)に侵攻している(「藻源寺文書」戦四六〇三）。また翌十四年にも、宗瑞は藻原に侵攻し、上総真里谷《まりやつ》武田氏による下総小弓《おゆみ》原氏方の三上氏の真名《まんな》城（同前）攻略に参加している（「仏像伽藍記」小I三四七）。この年閏十月に、宗瑞の家臣伊奈弾正忠《だんじょうのじょう》盛泰が、江戸湾沿いの品川妙国寺（東京都品川区）に禁制を出しているから（「妙国寺文書」戦四六〇四）、宗瑞は、上総から江戸地域にかけて、海上から軍事行動したことがうかがわれる。

当時、上総国では真里谷武田氏と小弓原氏との抗争が展開されていた。真里谷武田氏は、上総国真里谷城（千葉県木更津市）を本拠に、西上総一帯を領国としていた。一方の小弓原氏は、下総千葉氏の執権で、下総国の江戸湾沿いの南端の小弓城（同県千葉市）を本拠に、下総国の江戸湾沿いから上総国北部にわたって領国を展開していた。両勢力は、上総国北部の領有をめぐって抗争を展開していた。宗瑞の上総への侵攻は、いずれも真里谷武田氏を支援してのものであった。宗瑞は、相模経略後にこの抗争に介入し、そのまま対岸の上総に進出していったのだろう。

真里谷武田氏は、当主式部大夫信清の姉妹が三浦義意の妻となっており、三浦氏の姻戚であったから、本来ならば三浦氏を支援する立場にあったといえるであろう。しかし、その三浦氏を滅亡させた宗瑞を、その直後から味方に付けて、小弓原氏との抗争に引き込んでいるというのは、三浦氏滅亡の前後に、真里谷武田氏の政治的な立場に変化があったか、何よりも小弓原氏との抗争を優先させたか、いずれかであると考えられる。いずれにしても宗瑞は、三浦氏を滅亡させた直後に、真里谷武田氏と盟約を結び、その支援を行って上総に進出していった。その結果として、宗瑞は、藻原近辺の二宮荘の領有を遂げたようである。同十六年四月二十八日付で末子菊寿丸（宗哲）に宛てた宗瑞の知行注文（「箱根神社文書」戦三七）に、二宮荘年貢の記載がみられ、同地に対する領有権について、北条氏は後の天文十八年（一五四九）までそれを主張している（「酒井文書」戦三五八）。宗瑞が同荘を獲得したのは、そうした真里谷武田氏への援軍の結果であろう。おそらく宗瑞は、小弓原氏から二宮荘を直接、経略したため、真里谷武田氏からも、その領有を承認されたのであろう。

宗瑞の隠居

永正十五年（一五一八）四月に、宗瑞の宿敵ともいうべき扇谷上杉建芳が死去し、その家督は養子朝興が継承した。建芳は、永正九年以来、永正の乱における一方の主役を務め、足利政氏・義明父子を支援していたが、この建芳の死去を契機に、政氏は政治的隠遁を遂げ、永正の乱そのものは終息をみた。しかし、政氏の政治勢力の後継者である義明は、同年七月頃に、真里谷武田氏の要請をうけて上総に下り、前年に真里谷武田氏が小弓原氏から奪取していた、その本拠であった小弓城に入部して、小弓公方家を創出した。上総における真里谷武田氏と小弓原氏の抗争は、にわかに古河公方足利氏（高基）と小弓公方足利氏（義明）との抗争という、大きな政治的枠組みのなかで展開されることになった。

この小弓公方足利氏の成立に際して、宗瑞は、それ以前からの真里谷武田氏との関係から、小弓公方陣営に取り込まれた。しかも宿敵ともいうべき扇谷上杉氏は、その有力与党の一人であったから、これを契機にして、上杉朝興との間には一応の和睦が成立したらしい（「新編会津風土記」）。さらに、この頃をもって宗瑞は、どうやら隠居したらしい。

宗瑞が伊勢氏当主としてみられるのは、永正十五年二月が最後であり（「関山文書」戦三四）、同年九月には、嫡子氏綱が当主として活動しているから（「大川文書」戦三五）、その間に宗瑞の隠居が行われている。この時期、扇谷上杉建芳の死去、小弓公方足利氏の成立という、宗瑞をめぐる政治状況は大きく変化しているから、隠居は、そうした政治状況の変化をうけて行われたと考えられる。その契機として、最も可能性が高いのは、やはり小弓公方足利氏の成立であろう。同氏の成立によって、宿敵ともいうべき扇谷上杉氏との和睦が成立するのも、小弓公方足利義明の周旋によると考えられる。同氏の成立が七月であり、九月に氏綱が新当主としてみえており、しかもそこでは文書発給体系について改革を行うという、いわば代替わり新政ともいうべきことを行っているから、伊勢氏における代替わりは、その直前に行われたとみることができる。それはまさに、小弓公方足利氏の成立の直後におけるものとなる。

これらのことから、宗瑞から氏綱への代替わりは、小弓公方足利氏の成立にともなうものであった、と考えて間違いないであろう。その理由については明らかではないが、宗瑞は長年にわたって扇谷上杉氏と抗争しており、しかも相模一国を経略したという経緯を有していた。小弓公方足利氏を中心とした新たな政治勢力の形成にあたって、そうした経緯を有する宗瑞がそのまま参加することは、扇谷上杉氏からは納得されず、障害になっていたのではないだろうか。そのため、扇谷上杉氏と激しく抗争した経緯を有する宗瑞は、後景に退くこととなり、新たな当主のもとで、小弓公方足利氏の政治勢力に参加し、同時に扇谷上杉氏との和睦を成立させたのではないか。伊勢氏と扇谷上杉氏の和睦は、互いに新たな当主同士によって、結ぶことができたのだろう。

宗瑞の死去

氏綱の家督継承によって、伊勢氏の本拠は小田原城に移されるが、宗瑞は、そのまま韮山城に在住したとみられる。それから約一年後の永正十六年八月十五日に、宗瑞は同地で死去し、その波瀾に満ちた生涯を閉じた（「北条家過去帳」小I三四九）。享年は六十四であったと推測される。法名は早雲寺殿天岳宗瑞大禅定門とおくられた。遺骸は伊豆修禅寺（静岡県伊豆の国市）で葬送して荼毘に付され、遺言により相模湯本に菩提寺として早雲寺（神奈川県箱根町）が創建されて、同寺に埋葬されたという（「異本小田原記」）。

そして死去の一ヶ月後に、氏綱を施主として無遮会《むしゃえ》（大法会）が営まれた。その導師を務めた芳林乾幢《ぼうりんけんとう》が詠んだ祭文（「玉隠和尚語録」小I三五〇）のなかで、宗瑞は「豆・相州」の「賢太守」「天下の英物」と評されている。一代で伊豆・相模二ヶ国の戦国大名にのしあがった、まさに「天下の英物」の死去であったといえよう。

早雲寺殿廿一箇条と伊勢宗瑞十七箇条

宗瑞が制定したとされる「早雲寺殿廿一箇条」（小I三五三）は、戦国大名の家訓の典型として広く知られている。しかしその制定者や時期について確証があるわけではなく、その意味では、本家訓が宗瑞によって制定されたというのは、あくまでも所伝の域を出るものではない。本家訓の内容は、武家奉公における様々な心得について、具体的かつ多岐にわたって説いたものである。しかしその内容の多くは、中世から近世にかけて一般的に行われていた武家奉公のあり方を説く社会思想が反映されたものである。その意味で、本家訓の制定者が北条氏関係者であるとは限らない。

しかし本家訓の存在が確認される最も早い史料は、江戸時代初期の成立とされる「北条五代記」であり、当初から北条氏と密接に関係あるものとして存在していたことは間違いない。しかもその内容の多くは戦国時代成立の他の家訓に共通しており、とりわけ伊勢氏系の教訓・故実《こじつ》書との共通性が認められている。これらのことからみて、本家訓が戦国時代の成立で、しかも北条氏関係者によって制定されたものとみても、全く矛盾はしないようである（横田光雄『戦国大名の政治と宗教』）。もっとも内容が武家奉公の心得を説いている点からみると、「主君」である宗瑞の可能性はないとみられる。北条氏関係者といっても、一族・家臣の立場にあった者によって制定されたとみるのが自然であろう。

ちなみに本家訓とは別に、近年の研究において、宗瑞が制定したものとして、「伊勢宗瑞十七箇条」と仮称されているものがある。これは家訓ではなく、領国支配のための基本法としての家法（分国法）として取り上げられている。これについては複雑な研究史があり、その過程についてここで取り上げてもあまり意味がないと思われるので、触れることはしないでおく。結論からいえば、宗瑞制定の「十七箇条」の法令の存在そのものについては事実として確認することができるものの（「伊豆三島宮文書」戦一二三六・「伊達文書」戦一八七九）、その内容は、領国支配のための基本法ではなく、伊豆三島社（静岡県三島市）に対する個別法度である（山口博「『伊勢宗瑞十七ヶ条』の制定者とその実態」）。したがって分国法としての「十七箇条」は存在しなかった。

宗瑞の妻

宗瑞の妻については、現在のところ三人ほどの存在が伝えられている。

正室は、「京都小笠原備前守」の娘であろう（「異本小田原記」）。この「小笠原備前守」は、室町幕府奉公衆小笠原政清のことであり、その次男六郎・兵部少輔の子元続《もとつぐ》（氏綱の従兄）が、後に氏綱を頼って相模に下向している。永正三年（一五〇六）七月十八日に、宗瑞の「後御前」と注記される、南陽院殿華渓宗智大禅定尼が死去しているが（「伝心庵過去帳」小I三二一）、彼女はこの小笠原氏の可能性が高い。嫡子氏綱は、この小笠原氏の所生である。

四男宗哲の母は、天正二年（一五七四）七月五日の死去で、法名を善修寺殿梅嶺（宗）意公大姉といった人物である。宗哲の菩提寺である金竜院（静岡県伊豆の国市）の位牌（小Ⅰ四〇七）に、彼女について「幻庵（宗哲）母」と記されている。おそらく宗瑞の側室であろう。なお宗哲の母については、これまでの研究では、天文二十三年（一五五四）死去の栖徳寺殿と考えられることが多かった。彼女については、「北条家過去帳」（小Ⅰ三七一）には「相模北条新三郎殿御老母」と、宗哲の子新三郎氏信の母と記されているが、「伝心庵過去帳」（小Ⅰ三七二）には「北条幻庵公母」と、宗哲の母と記されていること、善修寺殿よりも早い死去であるという、両者の死去年の前後性などから、宗哲の母が栖徳寺殿で、善修寺殿は宗哲の妻であり、「北条家過去帳」と「金竜院位牌」の記事は誤記であると考えられたのである。私もこれまではそのように考えていた（「久野北条氏に関する一考察」『戦国大名北条氏の領国支配』）。しかし「北条家過去帳」では明確に氏信の母と記されていること、「金竜寺位牌」は、善修寺殿を筆頭にして、宗哲とその姉妹が合わせて記載されており、これは善修寺殿とその子たちを記載していると考えられるので、それらの所伝通り、善修寺殿が宗哲の母で、栖徳寺殿はその妻であったと考えるのが正しいであろう。善修寺殿所生の子は、三浦氏員室（長松院殿）、宗哲、青松院殿の一男二女である。

この他、駿河国駿東郡の有力国衆の葛山氏の娘も、宗瑞の妻の一人として伝えられている（「豆相記」）。なお父の名を「備中守惟貞」とする系図類もあるが、当時の史料によってその存在を確認することはできない。彼女について具体的なことは全く伝えられていないが、宗瑞の子の一人に氏広があり、彼はのちに葛山氏を継承しているから、葛山氏の娘が宗瑞に嫁いだことは事実とみていい。そしてその間に生まれたのが氏広で、彼がのちに母の実家を継承することになった、と考えられる。

宗瑞の子女

宗瑞の子女としては、四男二女の存在が確認される。男子は、氏綱・氏時・氏広・宗哲、女子は、三浦氏員室（長松院殿）・青松院殿である。長幼の順ははっきりしておらず、確かとみられるのは、長男が氏綱、四男が宗哲で、宗哲の姉に長松院殿、宗哲の妹に青松院殿があったことぐらいである。氏時と氏広の長幼の関係についてはわかっていない。

長男の氏綱は、長享元年（一四八七）生まれ、母は小笠原氏。仮名は宗瑞と同じ新九郎を称し、北条氏二代当主となる。氏時は相模東郡の拠点玉縄城（神奈川県鎌倉市）の城主を務めた。氏広は駿河国駿東郡の国衆葛山氏を養子継承した。四男宗哲は、明応二年（一四九三）

生まれといわれているが、疑問が多い。幼少から僧界に身を置いて箱根権現別当職を継承する。

宗哲についてまとめることは容易ではないから、ここには概略を示しておく。幼名を菊寿丸といい、法名は長綱・幻庵宗哲を称した。天文四年から武将としての活躍もみられ、同十二年から領国支配も分担する。小田原城下久野に居住したため、宗哲とその子孫は久野北条氏と称される。弘治年間（一五五五〜八）頃に一旦、隠居したらしく、以後は北条氏一門の長老的存在として位置した。天正十一年（一五八三）六月以降は史料にみられず、同十七年十一月一日に死去し、法名は金竜院殿明岑宗哲大居士といったと伝えられる（「金竜院位牌」他）。

北条氏時

氏時は、仮名新六郎・官途名左馬助を称し、兄氏綱のもとで相模東郡の玉縄城の城主を務めた。享禄二年（一五二九）からその活躍が確認され、まず五月十五日付で伊豆三島社護摩堂に、陣僧・飛脚役の免除や茶園等の領有について安堵している（「小出文書」戦八八）。氏時が、これをどのような立場から出したのかはわからないが、こうした内容のものを出せるのは、少なくとも三島社支配を担当する立場にあったとみられ、具体的には伊豆郡代ないし韮山城主といった立場が考えられる。そうであるとすれば、氏時は、兄氏綱が小田原城を本拠としたのち、宗瑞の本拠であった韮山城を継承し、伊豆支配を担当したことが推測される。こうした立場からみると、氏時は宗瑞の次男で、氏綱と同腹の兄弟であった可能性がある。

次いでその年の八月十九日に玉縄城下の二伝寺に対し、諸公事等の免除や竹木伐採禁止を保証している（「相州文書」戦八九）。そして十月作成の鎌倉円光寺の毘沙門天立像に、檀那として「北条新六郎殿氏時」の名がみえている（「毘沙門天立像銘」戦九〇）。これらは、玉縄城主としての動向とみることができる。氏時が玉縄城主となった時期は不明だが、先の三島社護摩堂に宛てた文書が、韮山城主などのような立場によるものであったとすれば、それから八月までの間のことと考えられる。この頃、氏綱は扇谷上杉氏と抗争を展開していたが、多摩川から鎌倉が主たる戦場となっていたから、氏綱にとってはやや劣勢の展開にあった。そうした状況を考えると、氏綱は、相模と武蔵の国境地域における重要な軍事拠点である玉縄城に、弟氏時を配置して、武蔵南部の防衛体制を強化しようとしたのであろう。

北条氏が玉縄城を築城したのは、鎌倉進出直後の永正九年（一五一二）十月のことという（「寛永諸家系図伝」所収系図）。同城は、長享の乱の際に、山内上杉氏が東郡における軍事拠点として構築した玉縄要害を、再築城したものである。この頃、扇谷上杉氏の東郡における拠点として、大庭《おおば》要害（神奈川県藤沢市）が存在しており、玉縄要害は、これに対抗して構築されたものであろうか。同要害は、明応三年（一四九三）九月に扇谷上杉氏方の攻撃によって落城している。なお、大庭要害が何時まで存在したのかは明らかではないが、永正九年の宗瑞の鎌倉進出に際しては、軍事拠点としての同城の存在はうかがわれないので、すでに存在していなかったとみられる。そして宗瑞は、三浦氏の住吉要害に対抗して、玉縄要害を再興したのであろう。以後、同城は東郡周辺における軍事拠点として機能した。

その後、氏時については、享禄三年に、鎌倉代官大道寺盛昌が連歌師宗長《そうちょう》に宛てたと推測される書状のなかに、「左馬佐殿」とみえている（「幼童抄紙背文書」戦四一五三）。氏時が、前年十月以降に、仮名新六郎から官途名左馬助に改称したことが確認される。この官途成《かんとなり》は、あるいは玉縄城主化を契機としたものであったろうか。そして翌四年八月十八日に死去した（「二伝寺位牌」）。法名は大虚院殿了翁宗達大禅定門といった（「北条家過去帳」）。なお「北条家過去帳」は、その忌日を天文十一年（一五四二）十月十八日としているが、享禄五年（天文元年）から、次代城主の為昌（氏綱の三男）が登場してくるので、氏時の死去は享禄四年とみて間違いない（佐脇栄智「北条早雲・氏綱の相武経略」）。氏時には実子がなかったようで、玉縄城主の地位は、兄氏綱の三男為昌に継承された。

葛山氏広

氏広は、駿河葛山氏の養子となり、その家督を継承した。このことから、その母は葛山氏の娘であったと推測される。いわば母方の実家を継承したこととなる。宗瑞の子が葛山氏を継承したことについては、江戸時代から知られていたが、それが誰であるかについてはわかっていなかった。それは各種の北条氏系図には、宗瑞の子は氏綱・氏時・宗哲の三人しか記載されていなかったからで、そのため氏時とする説や宗哲とする説が長らく提示されてきた。最近になって、それまで葛山氏としてしか知られていなかった氏広が、北条氏出身であるとする所伝が確認された（有光友学「葛山氏の系譜」）。氏広の花押《かおう》形は北条氏様であること、氏時や宗哲の動向から彼らによる葛山氏継承は想定できないことなどから、葛山氏を継承した宗瑞の子とは、この氏広に推定することができる（黒田基樹「久野北条氏に関する一考察」）。

さらに最近、そのことを決定付ける史料が見いだされた。それは公家冷泉為広の「為広駿州下向日記」である。冷泉為広が永正十年（一五一三）に駿河に下向した際の記録で、そのなかに「今川一家」、すなわち今川氏の御一家が列記されている部分に、「三、早雲子也、葛山八郎」と、宗瑞の子と注記された「葛山八郎」の名が記されている。仮名八郎は、氏広の養嗣子氏元も称したものであるから、この八郎は氏広その人に比定されることは疑いない。

すなわちこれにより、氏広が宗瑞の子であることが証明されるだけでなく、仮名が八郎であったこと、永正十年には葛山氏の家督を継いでいたこと、氏広は基本的に駿府（静岡県静岡市）に在住していたこと、さらには今川氏御一家の家格に位置付けられていたことなど、実に貴重な事実を知ることができる。

しかもそこで今川氏の御一家としてみえているのは、筆頭が今川民部少輔（のち安房守、瀬名一秀・堀越貞基の妹婿か、系譜は未詳）、二番に瀬名源五郎（氏貞、一秀の子）、三番に葛山氏広、四番に関口刑部少輔（瀬名一秀・堀越貞基の妹婿、氏兼か）、五番に新野、となっている。氏広以外はすべて今川氏の庶流であるから、氏広が御一家に列しているのは、宗瑞の子であることによろう。

このことからさらに、宗瑞も今川氏御一家に列していたと考えて間違いない。今川氏の外戚として、宗瑞はその御一家に列し、さらにその子らも同様に、御一家という政治的立場にあったことがわかる。葛山氏は、本来は今川氏に従属する国衆という立場にあったが、氏広の継承によってその立場は今川氏の御一家に転身した。そしてそれは、養嗣子氏元にいたっても、同様であったと考えられる。

氏広が葛山氏の養子となった時期はわからないが、少なくとも永正十年以前のことになる。年齢的な面から考えても、永正年間（一五〇四～二一）初め頃のこととみられる。その頃から、葛山氏は宗瑞の軍事行動に従っているから、それはこの養子縁組の成立に基づいたものだった可能性もある。また元服は、今川氏のもとで行われたと推測され、実名の「氏」も、今川氏親から与えられたと考えられる。

大永四年（一五二四）正月十九日に、家臣関孫九郎に新恩所領を与えているのが、初見の発給文書になる（「関文書」戦四三五〇）。その後、天文元年（一五三二）四月十三日には、官途名中務少輔を称している（「為和集」）。北条氏が今川氏から政治的自立を遂げた後も、氏広は今川氏の御一家として存在し続け、今川氏の本拠駿府に屋敷を構え、今川氏に出仕し、さらに今川氏を「御屋形様」と呼んで、自らの主人として扱っている（「為和集」他）。

天文六年から駿河国河東地域の領有をめぐって、氏綱と今川義元（氏親の子）との間で、河東一乱という抗争が展開されるが、氏広は実兄の氏綱に味方した。その翌年の同七年九月十九日に、鎌倉鶴岡八幡宮から、祈願のために大般若経を転読してもらっている（「快元僧都記」）。おそらく氏広は重病にあったため、その快復を祈願したものであったと推測される。しかし翌八年四月には、法号竜光院殿の名でみえているから（「山田文書」戦四三五三）、氏広はその祈禱のかいなく、その間に死去したと推測される。法名は竜光院殿大円登雲大居士といった（「駿河志料」）。氏広には実子がなかったようで、家督は、養子としていた氏元が継承した。氏元は、葛山氏の一族御宿氏の出身で、氏広と同じく葛山氏の養子となっていた播磨守貞氏の子と伝えられている（「為和集」）。

長松院殿と青松院殿

長松院殿と青松院殿は、先に触れた「金竜院位牌」にそれぞれ「同（幻庵）姉」「同妹」と記載されているから、宗哲の同母の姉妹であり、長松院殿は宗哲の姉、青松院殿はその妹であったことがわかる。さらに長松院殿については高野山高室院「相州日牌帳」に、

相州北条幻庵御姉、早雲寺殿御息女
取次西光院
長松院殿
同（天正）十三年六月十四日、為三浦三休老母

とあり、「三浦三休」の母であったことが知られる。この「三浦三休」は、今川氏の宿老三浦次郎左衛門尉氏満のことと考えられるから、彼女はその父三浦上野介氏員の妻であったことがわかる。婚姻時期はわからないが、年齢的に考えると、永正年間後半頃のこととみていいであろう。もともと宗瑞は、今川氏の政治勢力を構成する存在であったから、娘が今川氏の宿老に嫁ぐのは、家格的にも妥当といえる。

今川氏は、永禄十一年（一五六八）十二月の甲斐武田信玄の攻撃によって没落し、当主氏真（義元の子）とその家族は、本拠駿府館から遠江懸川《かけがわ》城（静岡県掛川市）に逃避した。その懸川城も翌十二年五月に、武田氏と同盟した三河徳川家康から包囲された末に開城し、氏真らは北条氏のもとに引き取られることとなる。その時、当時の当主氏政は宗哲にその状況を知らせている。そのなかで「又三浦しんさう、是又以前承候条、昨日かん原迄着城候」と、「三浦新造（三浦氏の妻）」が、氏真等とともに北条氏方の蒲原城（同県静岡市）に着城し

たことを伝えている（「色色証文」戦一二二二）。「三浦新造」は、宗哲の姉の長松院殿のことみて間違いない。そして宗哲は、彼女の保護をあらかじめ氏政に依頼していたのであろう。そのため氏政は、その結果を宗哲に伝えている、とみることができる。その後、彼女は宗哲のもとで余生を送ったとみられる。そして天正十三年（一五八五）六月十四日に死去した。法名は長松院殿月渓宗珊大姉といった（「金竜院位牌」）。

その妹の青松院殿については、その動向は現在のところほとんどわかっていない。わずかに、法名を青松院殿天光貞修大姉といったことが知られるにすぎない（同前）。

第二章　北条氏綱

北条氏綱画像　神奈川県箱根町・早雲寺蔵

一　相模国主化と武蔵への進出

氏綱の登場

宗瑞の嫡子氏綱は、長享元年（一四八七）の生まれで、母は正室小笠原政清の娘である。元服の時期は不明だが、およそ文亀年間（一五〇一～四）頃のことと推測される。当時、父宗瑞は、いまだ今川氏の姻戚として、その政治勢力を構成する立場にあったから、実名のうちの「氏」は、今川氏の当主で従兄にあたる氏親から偏諱として与えられたとみられる。また仮名は、父宗瑞と同じく新九郎を称した。

氏綱が、史料上に初めてその名がみられるのは、永正九年（一五一二）八月十二日付で、家臣伊東氏に対し中郡岡崎台（神奈川県伊勢原市・平塚市）合戦における戦功を賞した感状であり（「伊東文書」戦二四）、そこで宗瑞と連署している。そして同年十二月に、武蔵久良岐郡本目（同県横浜市）の領主平子氏に与えた、その本領についての制札（「歴代古案」戦二七）でも、宗瑞と連署している。この年は、宗瑞の相模経略が本格的に展開された年であり、氏綱が両文書に宗瑞と連署していることは、この相模経略において、氏綱が宗瑞の嫡子として、宗瑞と並ぶ中心的な役割を果たしたことを示している。氏綱は、この相模経略の展開にともなって、歴史上に登場してきたのであった。時に二十六歳である。

次いで氏綱は、同十二年二月に鎌倉三ヶ寺（建長寺・円覚寺・東慶寺）行堂に対し、諸公事を免除している（「円覚寺文書」戦三〇）。ここには氏綱の署判が日下《にっか》（日付の下）にあり、宗瑞の花押が袖（文書の右端）に据えられている。これは氏綱が発給した文書内容に、宗瑞が保証を与えたものであることを意味している。同文書の本来の発給者が、氏綱であったことがわかる。それまで氏綱の署判は、いずれも宗瑞との連署でしかみられなかったが、ここに単独で文書発給を行うようになっていた。しかし、宗瑞が氏綱の発給文書の内容を保証していることは、氏綱単独の発給文書ではその効力が薄いと認識されていたことにほかならない。これは氏綱が、宗瑞の嫡子として代理的に発給したものであったためと考えられる。のちに氏綱の家督継承によって、その本拠が小田原城に移されることを考えると、氏綱は家督継承以前より同城に在城し、相模支配の一部を担っていた可能性が高い。同文書もそうした氏綱の立場に基づいて発給されたと推測される。

ちなみに小田原城下に伝心庵という寺院があり、これは永正三年に死去した宗瑞の妻南陽院殿を開基としている。建立の経緯などについては全く不明とされているため、推測でしかないが、南陽院殿は氏綱の母である可能性があり、その死去は、宗瑞の菩提寺として早雲寺が建立される以前のことであるから、早雲寺の建立以前に、すなわち家督相続以前に、氏綱によって建立されたのではなかろうか。そう考えると、宗瑞妻の菩提寺が、早雲寺とは別に小田原に所在していることも納得がいくように思われる。そしてこのこと自体、氏綱が家督相続以前から小田原城に在城していたことの傍証にもなろう。

虎《とら》の印判《いんばん》

氏綱は、永正十五年（一五一八）の二月から九月までの間に、宗瑞から家督を譲られたと考えられるが、その家督継承とともに登場してきたのが、「虎の印判」である。この「虎の印判」は、一辺七・五センチメートルの方形の上部にうずくまった虎を据え、「禄寿応穏《ろくじゅおうおん》」の印文を刻んだ朱印である。その初見は、同年十月八日付の伊豆の長浜（後筆）・木負（ともに静岡県沼津市）御百姓中、代官山角《やまかど》（対馬入道性徹《しょうてつ》）・伊東（右馬允《うめのじょう》家祐《いえすけ》）宛の文書（「大川文書」戦三五）である。ここでは年紀の上部に印判の右端がかかる程度に押捺されている。以後にみられるもののほとんどは、印判の中央が年紀にかかって押捺されているが、新たに支配下に入った地域に対して、初期に出されたものには、このように印影がよくみえるように押捺されているものがみられる。同文書も印影がよくわかるように配慮されて押捺されているから、同文書は、同所に対して初めて出された「虎の印判」であったとみられる。このように印判が押捺されて出された文書を、印判状という。

同文書は、前月に制定された「御法」に基づき、竹木等、りうし（猟師。船による運送労役であろう）、美物（鮮魚など）等の公事、あらかじめ定数化されている大普請役（城郭普請等）以外の人足役など、賦課量が定数化されていない公事・夫役《ぶやく》の徴発にあたっては、「虎の印判」を押した文書を用いて、郡代・代官から行うことを規定したものである。いわば「虎の印判」の使用についての細則規定を公布したものといえる。同文書が宛てられた長浜・木負は、賦課される公事の内容から、伊勢氏の直轄領であったことがわかる。おそらく他の直轄領の郷村にも、同様の文書が一斉に発給されたとみられる。

虎の印判創出の意味

また同文書には、少しの公事についても、虎の印判状がなければ、郡代・代官の文書があっても、その負担に応じる必要のないこと、もし勝手に公事を賦課する者があれば、その主人ではなく、伊勢氏に直訴するように述べられている。それまでは、伊勢氏からの公事・夫役の賦課は、郡代・代官を通じて行われ、直接的には彼らの文書をもとに、その家来たちによって行われていた。これに対して、伊勢氏からの賦課については、虎の印判状でその命令内容を明確に示すことによって、伊勢氏の命令とは異なる内容の徴発などが行われることを排除しようとするもの、と考えられる。

郷村から直接に公事等を徴発するのは、郡代・代官の家来であり、おそらくそれらのなかには、伊勢氏が命令した以上の徴発を行ったり、伊勢氏が命令していないにもかかわらず、その命令によるといって徴発する場合があったのであろう。こうした状況に対して、負担する郷村側から強い不満が出されていたことは間違いない。伊勢氏はこうした事態を重く受けとめ、役人による不当な公事賦課の排除を図り、その命令を直接、郷村に示すこととしたと考えられる。不当な公事賦課を行う者について、伊勢氏への直訴を認めているのは、この対策を実効あるものとするための措置である。それまでは、そうした家来たちの不正を訴える先は、彼らの主人であった。しかし主人たちは、自らの家来の処罰を十分には行わないことが多かったとみられる。伊勢氏は、それらの不正についての訴訟を、直接に受け付け、対処することとしたのである。当然、それらは彼らの主人の頭越しに行われるから、これは結果として、彼らの家来に対する主人権を大きく制約することとなる。

これらのことと関わって重要なのが、伊勢氏が、郷村に直接、文書を発給する、ということである。これまで戦国大名が在地の郷村・百姓に対して直接に文書を発給することはなかった。その場合には、家臣らが文書を発給していた。伊勢氏においても、公事賦課の命令が、直接的には郡代や代官の文書によって行われていたのは、そのためである。それは文書発給における書札礼《しょさつれい》という、文書の出し方についての作法に依拠していた。それまで大名の発給文書は、すべて大名の花押が据えられたものしかなく、その場合、大名が目下の者に文書を出すのは、自らの家臣らに限定されていたからである。そうした書札礼における障壁を乗り越えるために、大名の人格を示す花押を用いず、その意志を示すものとして、印判を用いることによって、新たに郷村・百姓を受給対象とすることができる文書様式が生みだされたのである。逆に言えば、戦国大名は、そうした郷村・百姓に対して、自らの意志を直接示さなければいけなくなった、といえる。

「調《ちょう》」の印判

また氏綱は、「虎の印判」とほぼ同時に、「調」の印判という別の印判も使用し始めている(「福本文書」戦三六)。この印判は、「調」の一字を刻んだ一辺二・五センチメートルの方形の朱印であり、主に職人・商人からの公事徴発にあたって用いられたようである。いわば「虎の印判」の職人・商人版といえよう。

氏綱は、家督継承と同時に、こうした領国支配のための文書様式を整備したのであり、それは新しい領国支配体制が整えられたことを示すものであった。そして「虎の印判」「調」の印判ともに、以後の歴代を通じてその滅亡まで使用されることとなる。とくに「虎の印判」は、次第にその機能を拡大させて、禁制《きんぜい》や家臣・寺社宛の充行状《あてがい》・安堵状・寄進状等にも用いられるようになり、まさに伊勢氏＝北条氏の権力を象徴するものとなっていった。一方の「調」の印判は、次第にその機能を虎の印判状等に吸収されて、のちには虎の印判状の紙継目《かみつぎめ》印（複数の紙を張り合わせて用いた場合に、張り合わせ部分＝継目に押捺される印判）や、当主の花押代用印（花押が書けない事情などの場合に、その代わりとして押捺される印判）として用いられるようになり、その性格は変化されていく。

代替《だいが》わり政策の展開

氏綱は、家督継承から約一年後の永正十六年（一五一九）七月に、小弓公方足利義明・真里谷武田信清支援のために、上総に渡海し、藻原まで侵攻している（「藻源寺文書」戦四六〇八)。宗瑞死去の一ヶ月前のことであるが、これは宗瑞がとってきた政治的・軍事的立場をそのまま継承したものといえよう。前月に真里谷武田氏領内の上総佐貫郷《さぬき》(千葉県富津市)において「大乱」が起きており、氏綱渡海の翌八月には、古河公方足利高基による小弓公方方の上総椎津城(同県市原市)攻撃がみられている。それらの具体的な動向は明らかではないが、それらは一連の事態であったとみられるから、氏綱の渡海も、そうした古河公方と小弓公方との抗争という、大きな政治的対抗関係のなかでのことであった、と考えられる。しかし、この後しばらく氏綱の軍事行動はみることができなくなる。むしろ領国支配確立のための諸政策を遂行していく姿が、強くみられる。

氏綱は、家督継承によって小田原城をその本城とした。それまで小田原城は、本城韮山城の支城として位置していたにすぎなかったため、本城移転にともない、小田原をその本拠に相応しい姿に整えていく必要があった。

宗瑞は、永正十六年四月に末子宗哲に対して、宗哲が知行すべき箱根権現領や宗瑞からの譲与所領の注文(「箱根神社文書」戦三七)を与えている。この所領注文の作成自体、氏綱への家督交代にともない、宗哲の所領を明確化しておく必要があったことによるとみられる。このなかで「小田原やしき」の替地として久富があげられているが、これは「はこねりやう（箱根領）所々菊寿丸（宗哲）知行分」（宗哲に継承された箱根権現領）のなかにみえているから、箱根権現領であった小田原屋敷が、氏綱に収公され替地が与えられたことがうかがわれる。同注文には、いまだ小田原における所領四〇〇貫文・同宿地子銭《ぢしせん》六〇貫文・同屋敷銭二〇貫文があげられているが、のちの永禄二年（一五五九）の「役帳」では、それらは宗哲の所領のなかにはみられないから、その後、おそらく氏綱によって小田原とその周辺の直轄領が大幅に拡大され、それら宗哲の所領も収公されたとみられる。

代替わり検地と安堵

氏綱は、宗瑞死去の翌年の永正十七年に検地を行っている。この検地は、宗瑞から氏綱への代替わりによって行われているから、代替わり検地として扱うことができる。しかし検地の施行が確認されるのは、西郡（「役帳」）と鎌倉における寺社領（「安養寺文書」戦三〇三他）のみであり、代替わり検地とはいっても領国全域にわたって行われたわけではなかった。このうち鎌倉の寺社領については全般にわたって行われたとみられるが、西郡については、第一章で触れた永正三年検地が行われなかった土地であった可能性が高い。西郡における検地の施行は、「役帳」の記載によって確認されるが、具体的には御馬廻衆山角弥十郎の所領幸福寺分と、宗哲の所領与田分以下九ヶ所である。宗哲の所領は、いずれも先の所領注文にもあげられているものであり、さらに山角の所領となっている幸福寺分も、同注文に「こうふく寺分」とみえているから、元来は宗哲の所領であった。つまり、西郡において検地の施行が確認されるのは、いずれも宗哲の所領であった。氏綱は、宗哲の所領を検地することによって、小田原周辺の土地に統一的な公事等の賦課を図り、鎌倉の寺社領を検地することによって、鎌倉への統一的な公事等の賦課を実現しようとしたと考えられる。

また氏綱は、同年に寺社に対して諸役免除や竹木伐採の禁止などの文書（「本覚寺文書」戦四一他）を出し、翌大永元年（一五二一）四月には、韮山宝成寺に対して、宗瑞の「御制札」の通りその山林等を安堵する制札（「北条寺文書」戦四八）を出している。これらは寺社の寺産や付与した特権等を確認したものだが、宗瑞の発給した文書に基づいて出された、代替わり安堵である。氏綱は、検地・安堵等、代替わりにともなう諸政策を行って、領国統治者としての立場を築き上げていった。

北条改称

代替わり政策が一段落したあとの大永二年(一五二二)になると、氏綱は、宗瑞が果たしえなかった領国内の有力寺社の造営事業に着手し始めた。大永二年九月に、相模の一宮である寒川神社(神奈川県寒川町)宝殿(「寒川神社棟札銘」戦五三、棟札そのものは後作)、同三年六月に箱根権現宝殿(「箱根神社棟札銘」戦五六)を再建している。相模の六所明神(同大磯町)と伊豆山権現の再建が行われた(「快元僧都記」)のもこの頃のことであろう。そして同六年からは、伊豆の一宮である三島神社の造営も始められている(「三島神社文書」戦七七)。

これらの有力寺社の造営事業は、氏綱による領国支配体制の整備を前提としつつも、宗瑞の意志を継承して行われた。しかしその際に、あくまでも「伊豆国主」であった宗瑞を「相州故太守」と表現し、みずからを「相州太守」と表現しているように、それらは「相模国主」としての事業として位置付けられていた。そこに氏綱の「相模国主」という政治的立場に対する、強烈なこだわりをみてとることができる。

さらに氏綱は、箱根権現の造営を終えた大永三年六月から九月までの間に、名字を「伊勢氏」から「北条氏」に改めている(佐脇栄智『後北条氏と領国経営』)。北条名字は、いうまでもなく鎌倉幕府執権北条氏に由来するものであり、同氏は代々相模守に任官されて「相州太守」と称されていた。氏綱が着目したのは、この「相州太守」北条氏としての政治的立場にあった。なお、伊勢氏の北条改称については、宗瑞の「母方の伯父」にあたる「北条殿」が韮山に住しており、その「北条殿」が死去し、男子がなかったため、宗瑞は堀越公方足利政知の命により、その後家を娶って「北条殿」の遺跡《ゆいせき》を継承して韮山に入部し、また氏綱はその娘を娶った、という所伝が残されているが（「異本小田原記」）、いうまでもなく、これは後世における創作にすぎない。

伊豆国主であった宗瑞は、関東の政治勢力からは「他国の逆徒」（「新編会津風土記」）と称されていたように、伊勢氏は、関東においてはよそ者の侵略者として扱われていた。伊勢氏は、小田原への本拠移転にともなって、伊豆国主から相模国主へと転換した。しかし、正当な相模国主としては同国守護職を継承する扇谷上杉氏が存在しており、氏綱の相模国主としての政治的立場は、周囲からは容易には承認されなかった。そのため氏綱は、領国内の有力寺社の造営事業を進めて、国内の領主・民衆の精神世界を支配するそれら有力寺社の外護者としての立場を確立して、実質的な相模国主としての政治的立場を獲得し、それを踏まえてさらに北条改称を行い、前代における相模の正当な支配者であった執権北条氏に、みずからを擬した。上杉名字は関東「副将軍」の名字であり、その名字に対抗しうるのは、前代における日本の「副将軍」の名字である北条名字であった（「妙本寺文書」戦四四三七）。氏綱はその名跡《みょうせき》を継承することによって、扇谷上杉氏に対抗し、また「他国の逆徒」論に対抗しうる、みずからの相模支配の正当性の確立を図った。ここに伊豆国主伊勢氏は相模国主北条氏へと転換を遂げた。すなわち戦国大名小田原北条氏の成立であった。

なお氏綱は、享禄二、三年（一五二九、三〇）に従《じゅうご》五位下《いのげ》・左京大夫《さきょうのだいぶ》に叙任されている（佐脇栄智『後北条氏と領国経営』）。同時に室町将軍家の相伴衆にも列せられたとみられる。これは氏綱が、国家の身分秩序体系のなかにも明確に位置付けられたことを示している。氏綱の領国支配権は、国家的にも承認され、同時に氏綱は、周辺の今川・武田・上杉らと対等の「大名」としての家格・身分を獲得した。

江戸城の攻略

家督継承時には小弓公方足利氏の政治勢力に属し、扇谷上杉氏とも一応の和睦を結んでいた氏綱であったが、大永年間（一五二一～八）に入ると、いよいよ両上杉氏領国への進出を開始した。

正確な年次は不明なものの、大永三年までには、武蔵小机《こづくえ》領（神奈川県横浜市・川崎市）・

小山田荘（東京都町田市）を経略し、また相模奥三保《おくさんぼう》（神奈川県津久井地域）の内藤氏、武蔵由井領（同都八王子市から府中市にわたる一帯）の大石氏、同勝沼領（同都青梅地域）の三田氏、同多西郡の小宮氏・平山氏らを服属させていた。これに対し、当時は武蔵江戸城（同都千代田区）を本拠としていたとみられる扇谷上杉朝興は（黒田基樹『扇谷上杉氏と太田道灌』）、ながく対立関係にあった古河公方足利高基方の山内上杉憲房に和睦の締結を申し入れ（「上杉文書」）、同時に今川・北条両氏と対立関係にあった甲斐武田信虎との結び付きを図った。

両上杉氏の和睦は、翌四年正月十日に成立する。しかしその三日後の十三日に、朝興が山内上杉氏との和睦締結のために、それ以前の本拠であった武蔵河越城（埼玉県川越市）に着陣していた隙を衝くようにして、氏綱は多波川（多摩川）を越えて江戸地域に侵攻し、朝興

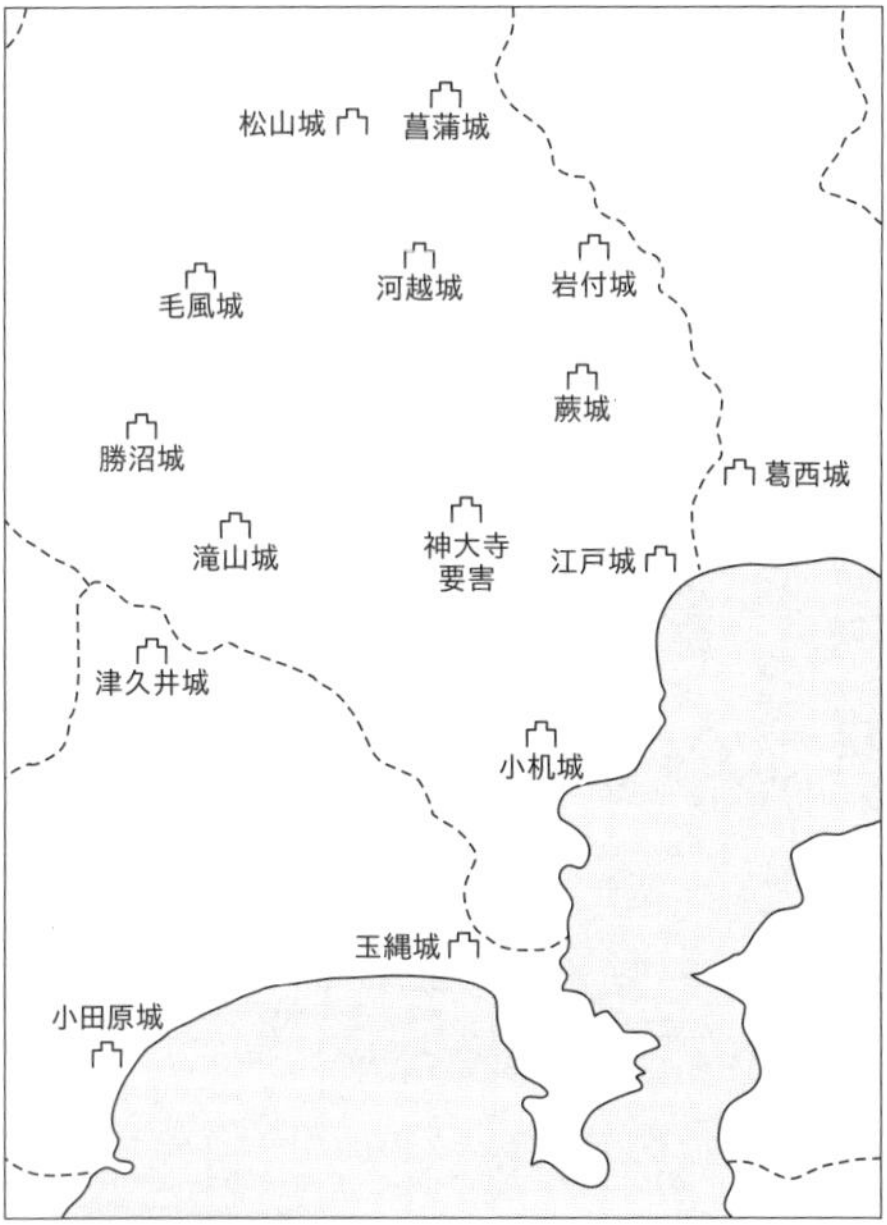

図5　氏綱の武蔵進出関係

の重臣で江戸城の留守を守っていた太田大和守資高を内応させ、同城を攻略した（「石川忠総留書」）。

江戸城は、関東の流通における主要幹線ともいうべき、隅田川（古利根川）・荒川（現元荒川）・入間川（現荒川）が江戸内海（東京湾）に注ぐ出口の一角に立地する要地であった。そのため同城の攻略は、内海支配にもつながる性格を有していた。この後、氏綱は同城を保持し、また同城を拠点として武蔵北部・下総への侵攻を進めていく。氏綱による同城攻略は、政治史的にも重要な転機をなすものであった。氏綱は、同城を攻略すると、ただちに在城衆の編成を行い、同城の本城には、重臣の富永四郎右衛門尉政辰《まさとき》を据え、「二の丸」（中城か）に当時の家臣のなかでは最大の実力者であった、宿老の遠山加賀守直景を据えて、これを城代とした。そして同城の築城者である太田道灌ゆかりの香月亭（外城か）には、その子孫で同城攻略に際して氏綱に内応するという功績があった、太田資高を据えた（「異本小田原記」）。この資高は、江戸地域に本拠を構えて、同地域に多くの所領を有しており、江戸地域において最大の領主であった。そのためこの家系を江戸太田氏と称している。

江戸城の在城衆は、これより後、江戸衆と称されるが、これは単一の軍事集団ではなく、同城の各曲輪《くるわ》に配置された遠山・富永の二人の重臣と、在地勢力の江戸太田氏が、それぞれ城将の地位にあり、独自の軍団を編成して、その「物主《ものぬし》」(指揮官)の立場にあった。各軍団は、大まかに言えば家中・与力によって構成された。家中というのは、自らの家臣によって構成される家来組織である。彼らにとって主人である「物主」は、彼らに対して寄親とも称された。このうち北条氏からも所領等について直接に充行や安堵をうけている者を同心といい、そうではない全く寄親の被官の立場にあった者を寄子といった。与力というのは、北条氏の直臣で、同様に独自の家中を編成していながらも、恒常的に「物主」に付属されて、その軍事指揮下に編成されているものをいう。例えば遠山氏の場合では、武蔵千葉氏と島津氏があった。

このように江戸衆は、遠山・富永・太田三氏をそれぞれ「物主」とする複合軍団であった。このなかでは、遠山氏が筆頭に位置するとともに、江戸地域における行政支配を担当する「郡代」をも務めて、江戸地域における軍事・行政両面を管掌する、城代の地位に位置した。以後において遠山氏は、直景の子綱景、その子政景と、城代を歴任していった。

扇谷上杉氏との攻防

江戸城の攻略により、氏綱の勢力は一気に入間川まで北上した。さらに同川を越えて、二月二日に、扇谷上杉氏の重臣であったが氏綱に内応した太田美濃守資頼が、古河公方足利氏奉公衆の渋江右衛門大夫が拠る岩付城（埼玉県さいたま市）を攻略した。続いて氏綱は、三月二十日に、関東足利氏一門の渋川氏の本拠蕨《わらび》城（同県戸田市）を攻略し、四月には山内上杉氏方の毛呂顕繁を降服させて、その本拠の毛呂城（同県毛呂山町）を攻略している（「石川忠総留書」「東京大学史料編纂所所蔵文書」「関山文書」戦五九他）。

こうした氏綱の進撃をうけて、河越城に在陣していた上杉朝興は、一時、その河越城からも後退して、上杉憲房が在陣する藤田陣（同県寄居町）に移っていた。しかし六月になって、憲房・信虎から援軍を得ると反撃に転じ、まず河越城を再興した。朝興は、以後は同城を本拠としていく。続いて七月に、岩付城の太田資頼を降服させて同城を奪回した。十月には憲房・朝興は、共同して毛呂城を奪回した。また武田勢は、津久井にも侵攻していた。そのため氏綱は、一時的にこれらと和睦を結ぶことを余儀なくされた（「石川忠総留書」「上杉文書」戦六五他）。しかしその一方で、氏綱は両上杉氏に対して後方攪乱を図り、山内上杉氏の本国上野において、その重臣の惣社長尾左衛門大夫顕景を味方に付けて、憲房と敵対させたらしく、さらに上野の背後に位置する越後長尾為景にも接近を図った（「上杉文書」戦六五～六七他）。

大永五年二月になると、氏綱は再び入間川を越えて、六日に岩付城を再攻略し、城主太田資頼を石戸城（同県北本市）に後退させ、同城には前城主渋江右衛門大夫の子とみられる渋江三郎を入部させた。また古河公方足利氏奉公衆で菖蒲《しょうぶ》城（同県菖蒲町）に拠る金田佐々木氏を味方に付けている（「上杉文書」戦七〇）。こうした状況に対し、朝興は憲房・信虎との共同の軍事行動を展開した。さらに活発な外交活動を展開し、小弓公方足利氏の擁立主体である真里谷武田氏を氏綱と断交させて、小弓公方勢力を味方に付けることに成功し、また越後長尾為景についても、氏綱に味方しないで両上杉氏支持の立場をとることに成功している（「上杉文書」）。

これらにより、氏綱は周辺の政治勢力によって包囲網を形成された格好となり、またそれらは互いに連携して軍事行動を展開してくることとなる。八月には朝興が、江戸城奪回のため、江戸地域に向けて進軍してきたようで、二十二日に白子原（同県和光市）で合戦となっている。これは北条氏の敗北で、大将の伊勢（福島）九郎までが戦死している（「石川忠総留書」「年代記配合抄」）。この伊勢九郎については不明だが、伊勢名字を称していること、仮名も北条氏当主歴代の新九郎に通じる「九郎」を称していることから、氏綱の一族であることは間違いないとみられる。別に福島（「櫛間」）氏と称されていることから考えると、今川氏宿老福島《くしま》氏の出身で、氏綱の一族となっていた者であったことがうかがわれる。おそらく氏綱の養子となる綱成《つなしげ》の実父にあたる人物ではないか、と推測される。

そして大永六年五月には、朝興によって蕨城を攻略された（「本土寺過去帳」）。この時、小弓公方勢力の有力武将である真里谷武田氏と安房里見氏の軍勢が、海路江戸湾に侵攻して、朝興の行動を支援している（「妙国寺文書」他）。次いで九月には、朝興・憲房によって多波川南岸の小沢原（東京都稲城市）、十一月には相模玉縄城まで進撃され、同時に里見氏によって鎌倉を攻撃されている（「本朝通鑑」他）。このように氏綱と朝興方との抗争は、朝興方による互いに連携しての軍事行動の展開の前に、合戦は主として江戸地域以南において展開され、氏綱にとっては劣勢の展開を余儀なくされた。そして享禄四年（一五三一）には、朝興方の太田資頼によって岩付城まで奪回された（「年代記配合抄」）。これにより、氏綱の勢力は、入間川まで後退した。

小弓公方勢力の分裂

こうした状況を変化させたのが、房総における内乱の展開であった。まず天文二年（一五三三）七月から、安房里見氏に内訌が生じた。これは当主義豊と、その従弟の庶家義堯との抗争として展開され、氏綱はこの内訌に介入し、義堯を支援して、八月には三浦郡から海路、援軍をおくっている（「越前史料」戦一〇八）。これに対して義豊を支援する朝興は、信虎に相模への進軍を要請したとみられ、これをうけて武田勢は九月に津久井に侵攻してきた。そして朝興自身も、十一月に相模中郡まで侵攻しているが、義豊は、すでに九月末に安房から没落していた。また氏綱は、江戸城代遠山綱景（直景の子）を下総に出陣させ、下総・上総からも支援を働いたらしいが、翌三年閏正月に、遠山氏は小弓公方足利義明に詫言を容れているから、義豊を支援する小弓公方足利氏や真里谷武田氏らとの合戦に敗れたとみられる。しかし結局、義豊は義堯の攻勢に抗しえず、同年四月に滅亡した。これにより里見氏は、氏綱が支援する義堯が継承し、朝興方勢力から離脱した（「快元僧都記」「大藤文書」）。

次いで同年十一月から、今度は真里谷武田氏に内訌が生じた。これは当主の八郎太郎信隆と叔父の大学頭信秋ら一族との抗争として展開されたとみられる。ここでは氏綱は、当主の信隆を支援した。この内訌は、天文六年五月まで続いていく。この内訌は結局、その五月に、信秋らを支持する足利義明が、信隆方に対して大規模な攻撃を行ったことによって、信隆は義明に降服し、氏綱のもとに追放され、信秋らの勝利に帰した。また里見義堯も、氏綱との関係から信隆を支援していたが、この時に義明に服属し、氏綱の政治勢力から離脱している。さらにこの時、氏綱は重臣大藤金谷斎栄永らの軍勢を信隆への援軍として派遣しており、信隆方の真里谷新地城に籠めていたが、この北条軍も義明に降服した。氏綱は義明に対して、懇命に詫言して、ようやく大藤氏らを帰国させることができた（「快元僧都記」「東慶寺文書」戦一四二・一四三他）。

結果としては、真里谷武田氏・里見氏ともに、小弓公方足利氏への帰属を維持した格好となったが、これら小弓公方足利氏方の有力武将における相次ぐ内訌の展開は、義明方勢力、さらには朝興方勢力を大きく減退させた。同四年八月に、氏綱は駿河今川氏輝（氏親の子）から援軍の要請をうけて、甲斐に進軍し、郡内山中（山梨県山中湖村）において武田勢と合戦したが、逆に信虎から援軍の要請をうけたとみられる朝興が、その留守を衝いて、九月末に中郡に侵攻してきている。甲斐からの帰還後、氏綱はただちにこの朝興に対する報復のため、十月十三日に河越に向けて出陣し、同十五日に武蔵入間川（埼玉県狭山市）において合戦となり、これに勝利している（「快元僧都記」他）。ここにきて氏綱は、朝興の本拠周辺までの進撃が可能となっていた。朝興方勢力の減退が、それまでの両者間の軍事的均衡関係を崩したといえるであろう。

河越城を攻略

天文六年四月に上杉朝興が死去し、その家督は嫡子朝定に継承された。その翌五月に、氏綱は真里谷武田氏の内訌に大規模な介入を行い、重臣大藤栄永らによる援軍を上総に派遣したが、小弓公方足利義明の攻撃のために敗北を喫し、また安房里見義堯も義明方に転じた。これらにより氏綱の房総における政治的影響力は、大きく減退する（「快元僧都記」他）。そうした状況をうけてか、七月初めになって、朝定が武蔵府中に進出して、神太寺《じんだいじ》古要害（東京都調布市）を取り立てた（「藩中古文書」戦一四七）。

これに対して氏綱は、同十一日に武蔵に向けて出陣し、神太寺要害を攻略して、逆に河越城に向けて進撃した。そして同十五日に、河越城近くの三木で、朝定の叔父上杉左近大夫朝成を大将とする扇谷上杉軍と合戦となり、これに勝利した。扇谷上杉軍はそのまま敗走し、朝定も河越城を維持することは困難と考えて、同城から逃れた。これにより氏綱は、そのまま同城を攻略した（「快元僧都記」他）。本城を攻略された朝定は、家宰難波田《なんばだ》弾正左衛門尉（実名は憲重か、法名善銀《ぜんぎん》）の居城松山城（埼玉県吉見町）に移るが、ここに氏綱は、享徳の乱以来、扇谷上杉氏の本拠であった河越城の攻略に成功した。それはまた、扇谷上杉氏の政治的勢力の衰退を決定的とした。氏綱は、その河越城には三男為昌を据えた。為昌はこれまで相模玉縄城主であったが、ここに河越城代をも兼ねることになった。

翌天文七年正月に、朝定が河越城の奪回を図ってであろう、山内上杉憲政（憲房の子）とともに、河越に進撃してきたが、氏綱はこれを迎撃している（「高白斎記」）。さらにその余勢をかってであろう、扇谷上杉氏方の大石石見守が拠る下総葛西城（東京都葛飾区）攻めに転じて、二月二日にこれの攻略にも成功している（「快元僧都記」）。これにより、扇谷上杉氏が保有する拠点は、わずかに当主朝定が在城する松山城と、重臣太田資頼が拠る岩付城のみという状況になった。また葛西城は、江戸地域とは隅田川を挟んで対岸に位置していたから、これの攻略は、江戸地域の確保のためにも大きな意味を持った。さらに氏綱にとっては、下総における橋頭堡《きょうとうほ》の確保ともなった。

葛西城を拠点とする葛西地域には、江戸城代遠山氏の所領が、一〇〇〇貫文余にのぼって大量に設定された。これによって遠山氏の知行高は二〇〇〇貫文を越えるものとなったが、その半分はこの葛西地域におけるものであった。遠山氏は、江戸城代ではあったが、江戸地域においては、江戸太田氏をはじめとする旧勢力の所領が大半を占めており、遠山氏の所領は極めて限られたものでしかなかった。そのためこの葛西地域において大量の所領を獲得したことにより、遠山氏は江戸地域周辺において、ようやく強固な領主的基盤を確保することができるようになったのである。そして同城についても、遠山氏が管轄し、同城にはその家中衆が在城した（黒田基樹「小田原北条氏と葛西城」）。

二　関東管領職の獲得

河東一乱

天文五年（一五三六）二月五日から一ヶ月ほど小田原に滞在していた今川氏輝は、三月五日に駿河に向けて帰国したが、その直後の十七日に突然に死去してしまった。しかも弟彦五郎と同時の死去であった（「為和集」）。氏輝兄弟の死去により、今川氏では善得寺殿承芳《しょうほう》（のち義元）と花蔵殿《はなくらどの》恵探《えたん》の二人の弟によって、家督をめぐる内乱が生じた。これを花蔵の乱という。この今川氏の内乱に対して、氏綱は義元を全面的に支援し、六月八日に氏綱の援軍を中心とする義元方の攻撃により、恵探は滅亡し、今川氏の家督は義元が継承した（「勝山記」）。

しかし義元は、氏綱の全面的な支援によって家督を継承することができたにもかかわらず、その後、父氏親以来、ながく対立関係にあった甲斐武田氏との同盟成立へと外交政策を一転させた。そして翌天文六年二月に、義元は、武田信虎の娘をその正室に迎えた。この義元の行為に怒った氏綱は、同月二十六日に駿河に向けて出陣し、富士川以東の河東地域に侵攻した（「快元僧都記」「勝山記」他）。同時に氏綱は、実弟にあたる駿東郡の国衆葛山氏広をはじめ、遠江堀越氏延《うじのぶ》・井伊直宗、三河戸田宗光・奥平定勝らの有力国衆を味方につけて、義元に対して蜂起させた。これにより、北条氏と今川氏の抗争は、今川氏の領国全域にわたって展開された。

氏綱は二月末以降、断続的にその侵攻を展開しており、義元は信虎の援軍を得てこれに対抗するが、合戦の多くは氏綱の勝利に帰した（「快元僧都記」他）。そして同年六月までに、氏綱はほぼ河東一帯を確保し、その支配下におさめ、吉原城（静岡県富士市）がその前線拠点とされた。そしてその後、両氏の抗争はしばらく小康状態に入っていった。ちなみに、先に触れた真里谷武田氏の内訌に対する、上総への援軍派遣がされたのは、ちょうどこの間のことであり、扇谷上杉氏による武蔵府中への進軍とそれへの氏綱の反撃は、この駿河からの帰陣直後におけるものとなる。

この北条氏と今川氏の抗争は、「河東一乱」と呼ばれる。両氏は、宗瑞・氏親の代以来、長きにわたって密接な政治的関係を築いてきたが、ここに至って全面的に抗争を展開することになった。その原因については定かではないが、宗瑞がかつて今川氏の領国下にあったとき、その所領は河東地域に展開されたとされており、また駿東郡最大の国衆の葛山氏が、北条氏の親族であったから、その後においても、北条氏は同地域に対して一定の政治的影響力を有していたと思われる。乱勃発当初より、氏綱が河東一帯をすぐにその領国下におさめているのは、その現れとみることもできる。義元は、花蔵の乱という内乱に勝利して家督を継承した存在であり、しかもそれは氏綱の全面的な支援によるものであった。そのため、自身の駿河国主としての権威確立のためには、駿河全域の完全な把握、氏綱の河東地域に対する政治的影響力の排除が必要となったのであろうか。こうしたことが義元を、氏綱との断交へと動かしていったのであろうか。あるいはより現実的なこととして、花蔵の乱後も、北条氏の軍勢が河東地域に駐留して、実質的には占領状態が継続していた、というようなことも考えられる。そうであるとすれば、義元による氏綱との断交は、占領地回復のための行動であったことになろう。

これまで北条氏は、その政治的自立後も、今川氏を「駿府御屋形」(「土屋文書」戦一二四)と敬称しており、思想的には今川氏との政治的上下関係を克服しきっていなかった様子がうかがわれる。今川氏においても、その逆の状況が存在していたとしても不思議ではない。こうした現実と思想との乖離が、ある意味では河東一乱を生じさせたといえるかもしれない。この抗争ののち、両氏は全く対等の戦国大名として、互いに認識することになる。北条氏にとっては、この抗争は今川氏からの精神的自立を遂げた戦いでもあった。

第一次国府台合戦

これより先、大永四年（一五二四）に江戸城を攻略した直後、氏綱は古河公方足利高基に対して、「忠信」（旗下に属す）の旨を度々にわたって言上し、その重臣遠山直景は高基に起請文《きしょうもん》を提出している（「東京大学史料編纂所所蔵文書」）。これは明らかに氏綱が両上杉氏との抗争にあたり、古河公方足利氏への接近を図っていたことを示している。しかし高基は、氏綱が小弓公方足利義明に服属する存在であったことから、この氏綱の態度を容易には信用しない態度をとった。この後、氏綱が高基に対してどのような接近を図っていったのかは不明であるが、一方の義明とは、大永四年以来の扇谷上杉氏との抗争、天文二年（一五三三）以降の房総における内乱での対応をめぐって、対立と妥協を繰り返すという状況にあり、とくに天文六年の真里谷武田氏と安房里見氏の動向をめぐる状況から、次第に対立化の傾向を強めていた。

こうした状況のなか、高基、次いでその子晴氏と、義明との抗争は、継続して展開されていた。そこでは義明は一貫して高基・晴氏方の拠点下総関宿《せきやど》城（千葉県野田市）の攻略を図っていた。天文七年二月、義明は、下総西部に進撃し、国府台《こうのだい》（同県市川市）に着陣した。ちょうどこの時、氏綱が扇谷上杉氏方の葛西城を攻略しているから、義明は扇谷上杉氏の支援のために、進軍してきたとみられる。義明は、晴氏や氏綱に圧力をかけるため、そのまま同地に在陣し続けた。これに対して氏綱は、義明に古河公方足利晴氏との和睦の周旋をもちかけたが、義明はこれを拒否したとされる。そして義明は、十月になって、関宿城攻めのためであろうか、北上の姿勢をみせ、先陣を相模台（同県松戸市）に進めたらしい。

こうした状況に対して晴氏は、氏綱に義明「退治」の「上意」を内々にたのんだ（「歴代古案」戦二七四）。氏綱は、晴氏からの「上意」を請け、十月二日に小田原を出陣し、同六日に江戸城を出陣した。義明が国府台から北上しようとしたのをうけての出陣とみられ、相模台と国府台の間の、松戸台（同前）に陣を取った。そして翌七日に、義明方が松戸台の北条軍に攻撃をかけたことによって合戦となった（「快元僧都記」「本土寺過去帳」「小弓御所様御討死軍物語」他）。合戦は氏綱の勝利に帰し、しかも義明をはじめ嫡子義純、弟基頼らを討ち取るという大勝利であった。そしてこれにより、小弓公方足利氏は滅亡した。

関東管領職と足利氏御一家

この合戦は、氏綱と義明、あるいは氏綱と義明を擁立する里見氏との合戦ととらえられることが多いが、あくまでも晴氏と義明の抗争の一環であり、氏綱は晴氏の「上意」に基づいて直接に合戦したにすぎない。さらにこの合戦の結果、小弓公方足利氏は滅亡し、関東足利氏の内訌もこれをもって実質的に終息を遂げ、晴氏は関東足利氏の正嫡としての地位を確保することに成功した。しかしそれは、氏綱の軍事力によってもたらされたものだった。晴氏にとっては、氏綱の軍事力以外に頼るべきものがなかったともいえる。

ここに氏綱は、関東足利氏の軍事的保護者としての立場を確立し、それを踏まえて、同合戦の勲功として、晴氏からその御内書《ごないしょ》をもって、関東管領職に補任された（「伊佐早文書」戦一二二一）。本来、同職は鎌倉公方が補任するのではなく、室町幕府将軍家が補任するものだったが、享徳の乱によって鎌倉府が崩壊すると、同職の本質は失われ、関東武家勢力における政治的地位を示すものとなっていた。室町幕府将軍家からの補任も行われなくなり、それまで同職を家職としていた山内上杉氏の家督と一体化したものとなっていた。したがってここで晴氏が、御内書をもって氏綱を同職に補任した、というのは、先例のない、全く異例な事態であった。当時、関東管領の地位にあったのは、山内上杉憲政であるが、氏綱が同職に補任されたことによって、二人の管領が存在することになった。そして北条氏は、この後、代々管領の地位を認められ、「管領家」として存在していく。

さらに翌天文八年八月に、氏綱は娘（芳春院殿《ほうしゅんいんでん》）を晴氏の正室とする婚約を成立させて、古河公方足利氏との婚姻関係を成立させた（「簗田文書」戦一六三）。晴氏には正室がなく、家女房の宿老簗田氏（高助か）の娘を側室として、嫡子幸千代王丸（のち藤氏）以下の男子があった。これに対して、氏綱の娘は正室として迎えられた。これにより、氏綱は古河公方足利氏の外戚として存在し、そのため氏綱は、足利氏の「御一家」としての身分的地位を与えられることになった。この足利氏「御一家」という身分的地位は、関東足利氏の一門のうちでも、最も家格の高いもので、関東公方足利氏に次ぐ身分的地位にあった。当時、その地位にあったのは、足利氏一門の渋川氏・吉良氏・新田岩松氏、そして山内上杉氏にすぎなかった。ここに北条氏も加わることとなり、古河公方足利氏に次ぐ身分的地位を獲得した。

こうして北条氏は、関東管領職に補任され、また足利氏「御一家」としての地位を、相次いで獲得した。前者は関東支配における地位、後者は関東社会における地位ということができるが、ともに関東足利氏に次ぐ地位であった。こうした立場にあったのは、それまでは山内上杉氏があるのみであった。ここに北条氏は、同氏と全く同等の政治的立場に位置することになった。かつて北条氏は、他国出身のために、「他国の逆徒」などと非難されていたが、ここに至って関東政治社会のなかで事実上の頂点に位置した。まさに関東の「副将軍」として、関東においては領国外部の領主等に対しても、一段高い地位を得たのであり、その政治的立場を著しく伸張させた。

支城制の展開

北条氏の領国は、氏綱の家督継承時には伊豆・相模二ヶ国であったが、氏綱の晩年には、武蔵半国・駿河半国・下総の一部にまで拡大され、すでに北条氏は、関東随一の戦国大名へと成長を遂げていた。氏綱は、これら拡大された領国に対して、ほぼ郡・領という地域ごとに支配の拠点となる城を取り立て、軍事力を配属させた。こうした城を、本城小田原城に対して支城と称している。この支城に、一定の地域を管轄させ、その城主や城代にそれらの地域支配や軍事指揮を任せるという、領国内の地域分権化ともいうべき領国支配体制を整えていった。これを支城制と称している。こうした状況が明確に史料上にあらわれてくるのは、およそ大永年間（一五二一～八）に入ってからのこととなる。

伊豆は、豆州（口伊豆）・伊豆奥の二郡に分けられ、韮山城が支城とされた。かつて宗瑞の代にその本城であった同城は、氏綱以降においては、伊豆支配のための支城として位置付けられた。相模は西・中・東・三浦各郡と奥三保（津久井）の四地域に分けられ、西・中両郡は本城小田原城の管轄とされた。東郡では支城として玉縄城が取り立てられ、同城は東郡と武蔵国久良岐郡とを合わせて管轄して、玉縄領が形成された。三浦郡では三崎城が支城として取り立てられた。武蔵では、小机城、江戸城、河越城が支城として取り立てられた。小机城は橘樹《たちばな》・都筑《つづき》二郡を管轄して、小机領が形成された。江戸城は江戸・下総葛西両地域を管轄して、江戸地域が形成された。河越城は河越とその周辺地域を管轄して、河越地域が形成された。

こうして韮山・玉縄・三崎・小机・江戸・河越の六城が支城として取り立てられ、それぞれ領域支配の拠点としての役割を担った。ちなみにそれ以外の地域は、北条氏に従属する国衆の支配領域であり、相模奥三保の内藤氏、武蔵由井領の大石氏、同勝沼領の三田氏らがあり、それぞれ津久井城（神奈川県相模原市）・由井城（東京都八王子市）・勝沼城（同都青梅市）を本拠としている。これらの城々は、北条氏の支城ではないが、ともに領域支配の拠点であったという点において、同じ性格をもっていた。

氏綱は、これらの支城に一門や伊豆入部以来の重臣を配置して、その領域支配権や軍事指揮権の一部を彼らに委任した。韮山城には、伊豆両郡の郡代笠原氏（綱信）・清水氏が置かれた。玉縄城には、当初は大道寺氏が城代として置かれたようであるが、やがて氏綱の弟氏時が城主として置かれ、享禄四年（一五三一）に氏時が死去すると、氏綱の三男為昌がこれにかわった。三崎城、小机城には、それぞれ山中氏、笠原氏（信為）が城代として置かれていたが、のちに為昌の玉縄城主化にともなって、両地域ともに為昌の管轄下に入れられている。この為昌のもとで、氏綱の婿の綱成《つなしげ》が玉縄城代を務め、大道

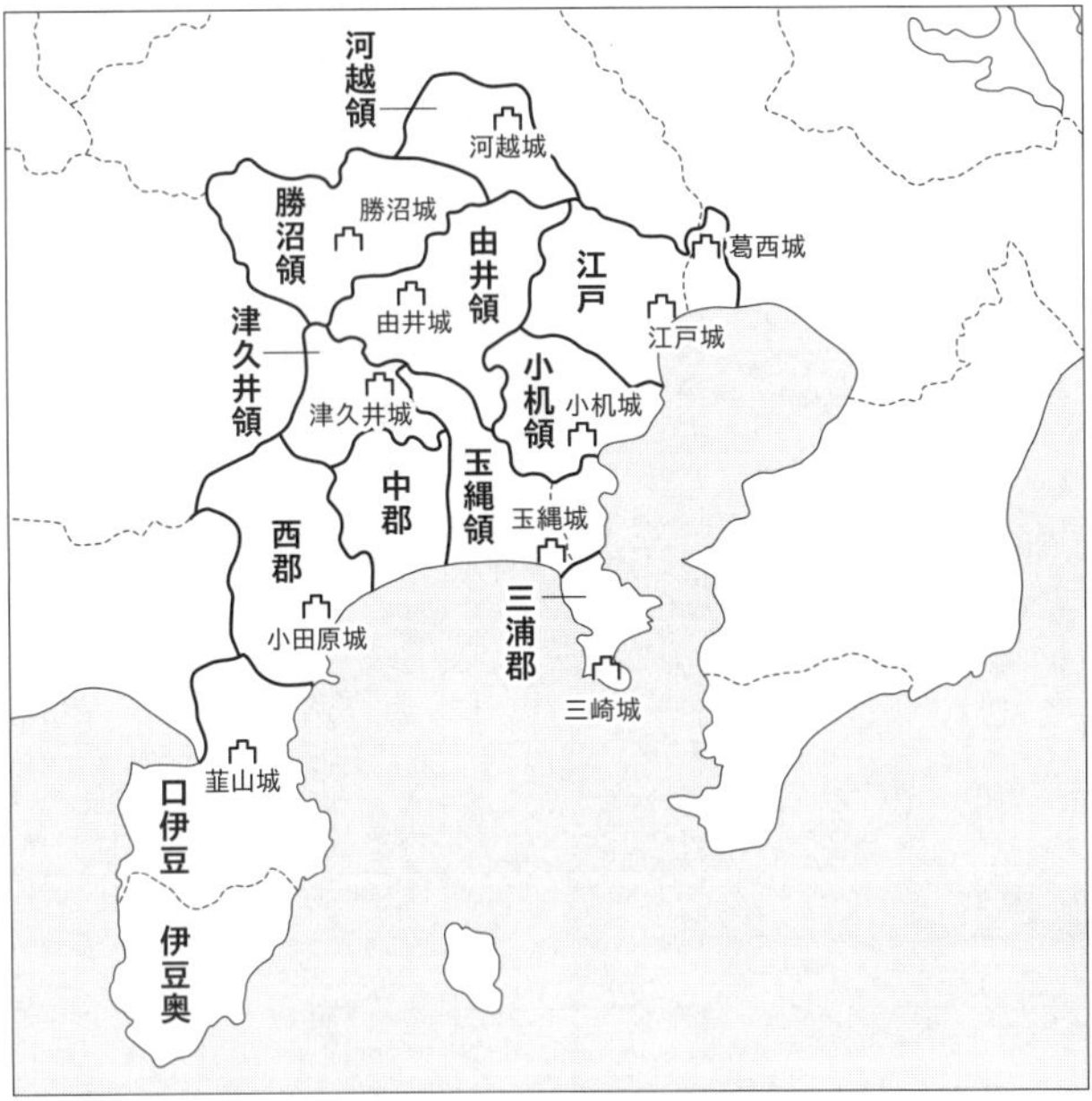

図6　氏綱時代の北条氏の支配領域

寺・山中・笠原（信為）らは、それぞれの領域における代官を務めて、為昌を補佐したとみられる。そして江戸城には、遠山氏が城代として置かれ、河越城については、玉縄城主の為昌がその城代を兼ねた。当初、領域支配の多くは重臣たちによって担われていたが、氏綱の晩年には、その多くを三男為昌が管轄するようになっていた。為昌の管轄する地域は、およそ相模の東半分に武蔵の河越地域を加えた広大なものであり、そのことからも、為昌が氏綱の領国支配のなかで、嫡子氏康に匹敵するほどの重要な役割を与えられていたことがうかがわれる。

鶴岡八幡宮の造営

氏綱の生涯のなかで、領国拡大を別とすれば、その一大事業としてあげられるのは、鎌倉鶴岡八幡宮の造営事業であろう。造営は、天文元年（一五三二）五月から始められ、同社別当職を管掌していた小弓公方足利義明の了承を得て進められた。造営にあたっては、両上杉氏をはじめ武蔵・上野や房総三ヶ国の諸領主にも、造営のための奉加が求められたが、当然のことながら両上杉氏はこれを拒否している。翌二年四月から実際に造営工事が着手され、その費用の多くは北条氏の領国内の領主や郷村から役として徴収された、いわゆる臨時の税金によって賄われた。また造営には領国内の職人等が大量に動員されたほか、京都・奈良からも職人が招かれている。

工事は上宮仮殿の造営からはじめられ、次いで上宮廻廊やその他の諸建物の造営がすすめられた。同五年八月に仮殿への遷宮が行われて、いよいよ上宮正殿（神殿）の造営が開始され、同九年十一月二十一日に正殿遷宮、すなわち落慶式が行われた。そして当日は下宮で、翌二十二日には上宮で、氏綱をはじめ北条氏の一門・部将、京都下りの人々の臨席のもとに、種々の神事が盛大に挙行された（「快元僧都記」小I四三九）。なお造営事業そのものは、その後も下宮を中心に行われ、最終的に終了するのは、子の氏康の代の同十三年六月のことである。

鶴岡八幡宮は、いうまでもなく源頼朝以来の東国の守護神であり、聖都鎌倉のシンボルであった。同宮の造営は、同宮の外護者となることを意味し、単に相模国主としての事業にとどまるものではなかった。氏綱が小弓公方足利義明から了承を得たり、領国外の諸領主に奉加を求めたりしたのはそのためである。また、本来造営を行うべき関東公方足利氏、関東管領山内上杉氏、さらに相模国守護扇谷上杉氏らは、すでにいずれもその力はなく、両上杉氏と対決を続け、両氏にとってかわることを意図していた氏綱は、この造営を主宰し、ほぼ独力で遂行していくことによって、自らの行動とその立場の正当性の確立を図った。この造営事業のさなかに、氏綱は関東管領職に就任して、名実共に両上杉氏との対決にあたっての正当性を獲得していたが、この造営の成就は、それを精神的世界からも補強し、さらには「八ヶ国の大将軍」（「快元僧都記」）の資格をも備えるものとなった。

氏綱の死去

氏綱は、この上宮正遷宮から約半年後の天文十年夏頃から病気となり（「異本小田原記」）、七月四日に出家し、同十七日に死去した。享年は五十五。法名は春松院殿快翁宗活大居士とおくられ、早雲寺に葬られた（「快元僧都記」「北条家過去帳」小Ⅰ四四〇・四四一）。まさに鶴岡八幡宮の造営という一大事業を成し遂げた上での往生であった。

氏綱の妻

氏綱には二人の妻の存在が確認されている。前妻は、出自は不明で、法名を養珠院殿《ようじゅいんでん》春花宗栄大禅定尼といった。享禄元年（一五二八）七月にはすでに死去しており（「宗刊阿毘達磨大毘婆沙論巻廿九墨印記」戦八七）、命日は十七日であった（「伝心庵過去帳」小Ⅰ四四二）。そして天文九年（一五四〇）七月に十三回忌法要が行われているから（「以天和尚語録補遺」）、その忌日は、大永七年七月十七日であることがわかる（立木望隆「北条氏綱夫人養珠院殿と後室近衛殿について」）。彼女については、それ以外のことはわかっていない。

後妻は関白近衛尚通の娘（稙家《たねいえ》の姉）である。「為和集《ためかず》」天文二年三月十一日条に、「氏綱女中は近衛殿、関白殿（稙家）御姉にてましますｌ」とある。婚姻時期は明らかでないが、柴田真一氏は、氏綱と近衛尚通の交流の推移から、享禄四年七月から翌天文元年三月までのことと推測している（「近衛尚通とその家族」）。ただ弟稙家が享禄四年に三十一歳であるから、彼女はそれ以上の年齢であった。このことから、この婚姻は多分に名目的なものであったことがうかがわれる。氏綱としては、京都政界への強力なパイプを形成すること、摂関家と婚姻関係を結びうるほどの家格の上昇を図って、行われたものであったのであろう。

なお小田原板橋妙安寺には、近衛家の墓三基があった。尚通の父政家、尚通、勝光院殿《しょうこういんでん》のものとされる。このうち勝光院殿は、天文二十三年七月二十四日死去、法名を勝光院殿妙安尊尼といったが、同寺の伝えでは、近衛氏の妻で、北条氏政室の母にあたり、晩年に小田原に下向してきたものとされている（「新編相模国風土記稿」）。氏政室というのは、前妻は武田晴信の娘（黄梅院殿《おうばいいんでん》）であるから、出自不明の後妻鳳翔院殿《ほうしょういんでん》のことを指しているのであろうか。しかしその死去年から考えると、氏政室の母とするには無理があり、この寺伝には何らかの錯誤があるとみられる。近衛氏の関係者であることは間違いないであろうから、むしろ氏綱後妻その人である可能性も考えられる。

氏綱の子女

氏綱の子女は、現在のところ四男六女の存在が確認されている。長男は嫡子氏康で、永正十二年（一五一五）生まれ。母は養珠院殿であろうか。幼名伊豆千代丸、仮名は氏綱と同じ新九郎を称した。北条氏三代当主となる。次男は早世したようである。

三男が為昌で、永正十七年生まれ。仮名は彦九郎。相模玉縄城主・武蔵河越城代を務め、天文十一年五月三日に死去、享年二十三。法名は本光院殿竜淵宗鉄大禅定門（「北条家過去帳」）。玉縄城主の地位は義兄の綱成に継承された。

四男は氏尭《うじたか》といい、大永二年（一五二二）三月十五日生まれ。官途名左衛門佐。永禄四年（一五六一）頃から武蔵小机城主を務めた。某年四月八日に死去、法名は円通院花岳宗白大居士（「早雲寺記録」他）。

他に養子的な存在として、娘婿の綱成がある。これまで綱成は氏綱の婿養子になったと考えてきたが、娘婿となったことをもとに北条氏御一家衆に加えられた可能性が高い。また為昌の遺跡を養子になって継承したと考えられてきたが、違うようである（黒田基樹「北条綱成の父母」）。駿河今川氏の宿老福島氏の出身。氏康と同年齢で、のちに為昌の遺跡を継承して、玉縄城主を務めた。その子孫は代々にわたって同城主を務めたため、玉縄北条氏と称される。

女子は、太田資高室（浄心院、天文十九年死去）、北条綱成室（大頂院殿、永禄元年死去）、吉良頼康室、足利晴氏室（芳春院殿、永禄四年死去）、堀越六郎室（山木大方・高源院、天正十四年死去）、葛山氏元室（ちよ）である。生年が明らかなのは、最後の葛山氏元室のみで、大永六年である。そのため、それらの長幼の順は明らかではないが、それぞれの子の生年を勘案すると、およそ右に記した順であったと推測される。

第三章 北条氏康

北条氏康画像　神奈川県箱根町・早雲寺蔵

一　北条氏康の関東経略

氏康の登場

氏綱の嫡子氏康は、永正十二年（一五一五）の生まれで、母は養珠院殿とみられる。幼名は伊豆千代丸と称し、大永三年（一五二三）六月の「箱根権現宝殿造営棟札銘」（「箱根神社文書」戦五六）に、父氏綱に続いてその名がみえている。当時、氏綱は伊勢名字を称していたため、氏康も同名字を称していた。氏綱はこの年の九月までの間に、伊勢名字から北条名字に改称するが、氏康は同五年八月の時点で、「伊勢伊豆千代丸」とみえており（「内閣文庫所蔵文書」戦四七九〇）、いまだ伊勢名字を称している。北条名字への改称は、当初は当主氏綱のみであり、その子弟らは伊勢名字のままであったらしい。詳しい経緯はわからないが、この後、氏綱はその一族に対して、順次、北条名字を与えていったと思われる。氏康については、おそらく元服などを機にして、北条名字を称するようになったのだろう。

氏康の元服・初陣・婚姻

氏康の元服した時期についてもはっきりとしていないが、元服によって、仮名新九郎、実名氏康を得て、北条新九郎氏康と称した。ただ父氏綱は、享禄二年（一五二九）八月から同三年二月までの間に、左京大夫に任官している（佐脇栄智『後北条氏と領国経営』）。それ以前、氏綱は仮名新九郎を称していた。そして、その後に新九郎の仮名を称したのが、元服した氏康であったから、その元服は、少なくとも享禄二年八月以降のことであったとみられる。さらに、遅くても享禄三年頃のものとみられる某書状に、氏綱と並んで新九郎の仮名、すなわち氏康がみえているから（「幼童抄紙背文書」戦四二九三）、その元服は、氏綱の左京大夫任官と同時のことであった可能性が高い。むしろ氏綱は、氏康を元服させるにあたって、仮名新九郎を彼に譲る必要から、同官に任官したと考えられる。こうした元服は、普通は年末に行われるから、それは享禄二年末頃に行われた可能性が高い。時に十五歳。

初陣についても、良質の史料によって確認することはできない。ただ、江戸時代前期に成立した、北条氏を主題とする軍記物である「異本小田原記」などでは、享禄三年六月十二日の武蔵小沢原（東京都稲城市・神奈川県川崎市）における合戦と伝えている。元服の直後にあたるから、事実を伝えている可能性は充分に考えられる。それによると、当時、武蔵河越城（埼玉県川越市）を本拠としていた扇谷上杉朝興が、重臣難波田善銀・上田蔵人らの軍勢を武蔵府中（東京都府中市・調布市）に進軍させてきたため、氏綱は氏康を大将にして、その迎撃に向かわせた。そして六月十二日に、上杉軍が在陣する多摩川端の小沢原に攻め懸かり、これを退散させた、というものである。時に十六歳であった。

この年正月、北条氏は、扇谷上杉氏の反撃をうけて、多摩川流域の小沢城（東京都稲城市・神奈川県川崎市）・世田谷城（東京都世田谷区）を落城させられ、武蔵中部支配の拠点としていた江戸城（同都千代田区）まで攻撃されている（「石川忠総留書」）。こうした経緯からすると、六月に、扇谷上杉氏が再び府中に進軍してくることは、充分に考えられる。氏康は、これを首尾よく撃退し、初陣を飾ることができた、ということになる。もっとも、これによって扇谷上杉氏の反撃をくい止めえたわけではなく、その後もしばらく続き、武蔵南部から相模にかけて合戦が繰り広げられている。

続いて氏康は、駿河の戦国大名今川氏親の娘瑞渓院殿と婚姻した。瑞渓院殿というのは、いうまでもなく出家後の法号であり、その名などは伝えられていない。今川氏親は、祖父宗瑞の甥、父氏綱の従兄にあたるから、瑞渓院殿とは又従兄弟にあたる。婚姻の時期も、瑞渓院殿の年齢もいずれも不明である。この時の今川氏の当主は、氏親の長男氏輝であり、彼は氏康よりも二歳年長であった。瑞渓院殿はそれよりも年少とみられ、おそらく氏康よりも年少であったと推測される。

天文五年（一五三六）二月に、氏輝は弟彦五郎とともに小田原を訪問している。これは氏康の婚姻をうけてのものであったと考えられるから、婚姻はそれより以前のこと、少なくとも同四年以前のことであったと推測される。瑞渓院殿との間に生まれた、次男で後に家督を継ぐ氏政は、天文七年生まれ（同十年生まれ説もある）と伝えられ、その兄に早世した長男新九郎（天用院殿）があったから、その婚姻は、天文年間前半頃のことであったことは間違いないとみられる。この婚姻は、宗瑞以来、一体的な関係にあった今川氏との関係を確認し、さらに強化しようとするものであったとみられる。もっとも、氏輝兄弟は小田原訪問からの帰着直後に死去してしまった。今川氏では家督をめぐる内訌が起こり、それに勝利したその弟義元は、翌六年に外交政策を大転換し、長年にわたって敵対関係にあった甲斐武田氏との同盟を選択した。これにより氏綱は、今川氏と敵対することとなり、河東一乱と呼ばれる抗争を展開していく。

そして、同六年七月二十三日付で鶴岡八幡宮に宛てた、社領武蔵佐々目郷（埼玉県戸田市・さいたま市）についての寄進状において（「鶴岡八幡宮文書」戦一四八）、父氏綱とともに連署しているのが、発給文書における初見である。そして翌七年正月十三日付で相模大山八大坊（神奈川伊勢原市）に宛てた制札《せいさつ》が（「相州文書」戦一四九）、単独での発給文書の初見となる。氏康が、氏綱の後継者として、領国支配においてもその一部を担いはじめていたことがうかがわれる。

氏康の家督継承

氏康は、天文十年（一五四一）七月十七日の父氏綱の死去により、北条氏の家督を継承した。時に二十七歳であった。氏綱の晩年には、北条氏は古河公方足利氏から関東管領職に補任され、さらに同氏との婚姻関係を成立させて、足利氏御一家という政治的地位を獲得していた。いわば、関東武家勢力のなかで公方足利氏に次ぐ地位にあったのである。またその領国は、伊豆・相模二ヶ国に加え、小机・江戸・河越・葛西の武蔵中部・下総南西部、及び駿河河東の駿河半国にわたっていた。さらに武蔵西部の大石氏・三田氏を旗下に従え、下総の千葉氏勢力や上総真里谷武田氏に対する指導的立場を確立させていた。北条氏は、すでに名実ともに関東における最大の政治勢力を形成していた。

しかしその反面、氏綱は周囲を敵対勢力に囲まれていた。特に武蔵松山（埼玉県吉見町周辺）・岩付（同県さいたま市周辺）を勢力圏とする扇谷上杉氏と、その同盟者で上野・北武蔵を領国とする山内上杉氏とは、氏綱の武蔵への領国拡大が、彼らの領国の経略によっていたため、鋭く対立していた。また駿河河東地域をめぐって、駿河今川氏とその同盟者である甲斐武田氏と対立し、上総の領有をめぐっては、安房・上総南部を領国とする里見氏と競合関係にあった。氏綱の死去は、それら敵対勢力にとっては、反攻の好機となった。

まず氏綱死去から三ヶ月後の十月に、扇谷上杉氏がかつての本拠河越城（同県川越市）奪回を図り、同城を攻撃するとともに（「大藤文書」戦一九八他）、同時に江戸地域に対しても攻撃をかけてきている（「妙国寺文書」）。河越城では、籠城戦の末に、扇谷上杉氏の攻撃を撃退している。氏康は、家督継承直後の敵方の反攻を、まずは撃退に成功した。次いで天文十三年（一五四四）四月には、氏康は荒川（現元荒川）端で扇谷上杉氏と合戦し（「平之内文書」戦二四五）、九月には玉縄北条綱成の軍勢を海路から安房に侵攻させている（「妙本寺文書」戦二四九）。これは、この頃勃発した上総真里谷武田氏の内訌への介入にともなうものであろう。

河越合戦

天文十四年になると、忍城《おし》（同県行田市）の成田氏を服属させ（「小山文書」）、真里谷武田氏における反対勢力から上総峰上城（千葉県富津市）を奪取した（「妙本寺文書」戦四四五二）。ところが八月になって、駿河今川義元が河東地域に進攻し、九月には義元の要請をうけた甲斐武田晴信（信玄）も河東地域に進軍してきた。そのため北条軍は、同十六日に最前線の吉原城（静岡県富士市）を放棄し、伊豆国境に近い長窪城（同県長泉町）まで後退した。この今川・武田両軍の進攻に合わせて、関東では九月末に山内上杉憲政・扇谷上杉朝定の両上杉氏が、叔父宗哲と義弟綱成を守将として在城していた河越城を包囲し、さらに古河公方足利晴氏にも氏康との断交と河越への出馬を要請した。氏康は、河東と河越の両面において大軍による進攻をうけることになった。氏康は、家督継承後において最初の大きな危機を迎えた。

十月下旬になって、氏康は晴信の調停をうけて義元・憲政との和睦を受け入れることとし、二十二日に義元と矢留め（停戦）した。そして十一月六日に長窪城から軍勢を退去させ、同城を義元に引き渡した（「高白斎記」）。この和睦により、氏康は河東地域一円を義元に割譲することとなった。これは駿河からの明確な撤退であった。一方、河越では、十月二十七日に足利晴氏が両上杉氏の要請を受け入れ、氏康と断交して河越に向けて出陣し、同城包囲に加わってきた。氏康は河東地域から帰陣すると、晴氏に対して翻意を促したが、受け入れられなかった。翌十五年三月初めになると、扇谷上杉氏の重臣で岩付城主の太田左京亮全鑑《ぜんかん》（実名は資顕・資時）を従属させた（「上原文書」戦二六九）。そして四月中旬になって、氏康はついに河越城の後詰めのために出陣し（「岩本院文書」戦二七三）、二十日に河越砂窪に陣する両上杉軍を攻撃した。三〇〇〇余人を討ち取る大勝利をおさめた。いわゆる河越合戦である。

扇谷上杉氏の滅亡

山内上杉憲政や足利晴氏はそれぞれ本拠に退却し、扇谷上杉朝定やその重臣難波田善銀は合戦で戦死した。その残兵も本拠松山城を放棄し、これによって扇谷上杉氏は滅亡した。氏康はそのまま松山城を攻略し、重臣垪和《はが》伊予守を在城させた（「太田資武状」）。氏康は、東西両面での敵対勢力の進攻に対して、今川氏・武田氏とは河東地域の放棄を引き換えに和睦を成立させ、両上杉氏に対しては、これを撃退して河越城の確保を遂げたのである。それだけでなく、扇谷上杉氏を滅亡させ、かつての関東管領山内上杉氏に軍事的勝利をおさめたことにより、同氏の衰退を決定付けるという、大きな成果を得た。

合戦後の九月になって、氏康は房総において対立関係にあった里見氏の攻略を図り、その本拠の上総佐貫城（千葉県富津市）を包囲した。しかしこの隙を衝いて、上野新田領の高林（群馬県太田市）に逃れていた扇谷上杉氏旧臣の太田源五郎資正が、九月二十八日夜に松山城を奪取し、そのため佐貫城包囲の北条軍も、十月一日・二日に後退した（「藩中古文書」「太田資武状」）。さらに翌十六年十月九日に岩付太田全鑑が死去すると、弟にあたる資正が岩付城の攻略を図り、十二月九日にその攻略を遂げて、自身は同城に移った。そして松山城には、同じく扇谷上杉氏旧臣の上田又次郎朝直（のち案独斎宗調）を据えた。しかしこの朝直は、すぐに氏康に内応してしまった。これをうけて氏康は、ただちに同城を攻めてその攻略を遂げ、松山城はそのまま上田朝直に与えた。そして十二月十三日には続いて岩付城を包囲し、翌十七年正月十八日に、資正を服属させた（「年代記配合抄」）。こうして氏康は、旧扇谷上杉氏領国すべての併合を遂げた。

山内上杉氏の没落

続いて氏康は、山内上杉氏領国の経略をすすめていき、天文十七年（一五四八）には上野国峰城（同県甘楽町）の小幡尾張守憲重を上杉憲政から離叛させている（「小林文書」）。同十八年には、武蔵花園城（埼玉県寄居町）の藤田右衛門佐泰邦をその旗下に従えている（「浄法寺文書」戦三五二）。そして同十九年八月には、氏康は、軍勢を山内上杉氏の膝元にあたる西上野にまで進軍させている（「由良文書」戦三八三）。当然そこでは、敵地における秋の収穫の掠奪が行われていたとみて間違いない。そして十一月初めには、山内上杉氏の本拠平井城（群馬県藤岡市）を攻めている（「小林文書」）。

天文二十年冬になって、氏康は再び山内上杉氏攻略のための軍備を整え、翌二十一年二月に入って、武蔵北西部へ進軍した。山内上杉氏の武蔵における唯一の拠点として御獄《みたけ》城（埼玉県神川町）があった。山内上杉氏の当主憲当《のりまさ》（もと憲政）の嫡子竜若丸を擁し、城主安保全隆が拠っていた。北条軍は、十一日から同城攻撃にかかり、三月初めに、城主安保氏の投降によって、同城を攻略した。竜若丸は捕縛され、後に処刑されることになる。この御獄城落城は、山内上杉氏に大きな動揺をもたらし、西上野の国衆や東上野赤石城（群馬県伊勢崎市）の那《な》波宗俊らは氏康に応じた。さらに憲当の馬廻衆のなかからも離叛者が続出することとなった。西上野の国衆とは、これ以前から氏康に従属していた国峰城（同県甘楽町）の小幡憲重をはじめ、安中城（同県安中市）の安中長繁、箕輪《みわ》城（同県高崎市）の長野憲正らをいうとみられる。

そのため憲当は、平井城の維持は困難とみて、ついに同城から退去した。憲当は、味方の新田金山（同県太田市）城主横瀬成繁《なりしげ》や、家宰筋の下野足利（栃木県足利市）城主長尾当長《まさなが》を頼ったが、彼らも氏康に応じた周辺の国衆から攻撃をうけたため、両城に入ることができず、重臣筋の白井長尾憲景の本拠、北上野の白井城（群馬県渋川市）に逃れた。そしてさらに、五月初めには、越後の長尾景虎を頼って、越後に没落した（「仁王経科註見聞私奥書」「伊佐早文書」）。こうして、関東管領職を歴任してきた山内上杉氏は、ついに没落を遂げた。

しかし、これによって上野の領国化が遂げられたわけではなかった。金山城の横瀬成繁をはじめ、厩橋城（同県前橋市）の長野賢忠《けんちゅう》、桐生城（同県桐生市）の佐野直綱など、国内には山内上杉氏与党勢力の抵抗があり、隣接する下野でも、足利城の長尾当長、佐野城（栃木県佐野市）の佐野豊綱らも氏

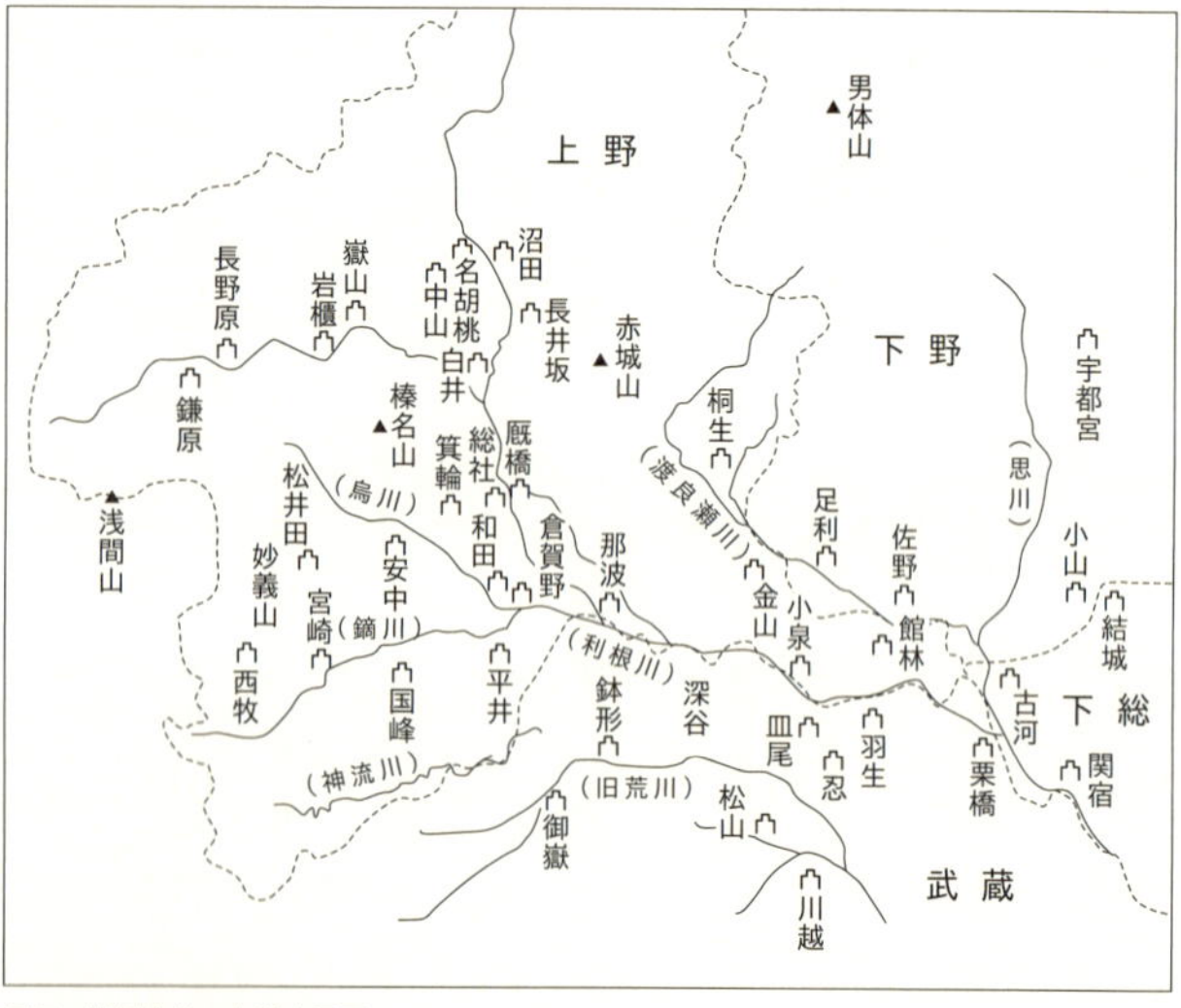

図7　戦国時代の北関東要図

康に敵対していた。さらに憲当も、越後没落後は、出家して成悦《じょうえつ》と号していたが、長尾景虎に関東復帰の支援を盛んに要請した。景虎はその要請を容れて、五月には越後勢を関東に進攻させている。さらに七月付で、山内上杉氏の家臣岡部左衛門尉に対し、その所領武蔵北河辺矢島郷（埼玉県深谷市）における、軍勢の濫妨・狼藉の禁止を保証する制札を与えているから（「岡部文書」）、この頃には景虎自身も関東に進軍していたと思われる。

景虎の関東在陣がいつ頃まで行われたのかはわからないが、十月二十二日付で従軍する越後武将に、その陣労をねぎらう書状を出しているから（「謙信公御書」他）、その頃までは在陣していたとみられる。これに対して氏康は、その間の九月上旬に上野に進軍し、味方の館林《たてばやし》城（群馬県館林市）の赤井氏の救援のために、それと抗争していた佐野氏・横瀬氏の支配地域を放火する動きをみせている（「原文書」戦四二二）。景虎の進軍への対抗のためとみられる。氏康は十二月十二日付で、安中氏の一族安中源左衛門尉に対して、陣労への見返りとして、白井長尾氏領の勢多郡上南雲（同渋川市）を与えているから（「市谷八幡神社文書」戦四二三）、在陣はその頃までおよんでいたことがうかがわれる。

その後、弘治元年（一五五五）には、金山城の横瀬成繁と桐生城の佐野直綱は氏康の味方に属し（「由良文書」）、同二年には足利城の長尾当長も従属しているから（「小野寺文書」戦五三〇）、この頃には、山内上杉氏与党勢力による抵抗もほぼ終息をみていたと推測される。永禄元年（一五五八）閏六月には、氏康は、北上野の吾妻谷に向けて進軍しているから（「井伊文書」戦四六五三）、それまでに厩橋長野氏・白井長尾氏も氏康に従属していたとみられる。

ちょうどこの頃、上野最北端の国衆となる、沼田城（群馬県沼田市）の沼田氏で内訌が生じている。内実は山内上杉氏派と北条氏派の抗争であり、敗れた山内上杉氏派は越後に赴き、長尾景虎を頼った。この内訌の結果、同二年八月には、その沼田氏の名跡を、義弟北条綱成の次男康元が継承している（「御府内備考」戦六〇八）。そして同年十月には、吾妻郡岩下城（同県東吾妻町）の斎藤氏の支配領域も、氏康の勢力下に入っている（「永源寺文書」戦六一三）。こうしてこの頃には、上野の国衆はすべて氏康に従属し、氏康はほぼ上野一国を勢力下におさめている。

古河公方足利義氏の擁立

関東武家勢力における支柱の一つであった山内上杉氏の没落は、これまでの関東の政治秩序そのものを大きく動揺させた。関東武家勢力の頂点に位置する古河公方足利晴氏は、氏康の妹芳春院殿を正室に迎えていたが、天文十五年（一五四六）の河越合戦後から、氏康との関係は良好ではなかった。合戦後、氏康は徐々に晴氏に圧力をかけ、同二十年十二月十一日には、公方宿老の簗田晴助と起請文を交換した（「簗田文書」戦四〇四）。ここで氏康は、上意（晴氏）を無沙汰にしないこと、晴助は氏康に対して無沙汰にしないことなどを互いに誓約した。ここでは直接の相手は簗田氏となっているが、実際は晴氏との誓約であった。

そして山内上杉氏の没落後は、氏康はさらに晴氏に対して圧力をかけたようで、ついに同二十一年十二月十二日、晴氏の長男ですでに嫡子に位置付けられていた藤氏を廃嫡させ、芳春院殿所生の末子でわずか十歳の梅千代王丸（のち義氏）に、公方家督の地位を委譲させた（「喜連川文書」）。ここに、氏康の外甥が古河公方を継承した。以後において氏康は、この公方を前面に立てながら、関東の武家勢力全体に対峙していく。梅千代王丸は同二十三年五月頃に、氏康支配下の下総葛西城（東京都葛飾区）に入城して、同城を御座所とした（佐藤博信「古河公方足利義氏についての考察」）。以後においては「葛西様」と称された。

ところが同二十三年七月二十四日に、隠居の晴氏と廃嫡された藤氏は、葛西城から元の本拠である下総古河城（茨城県古河市）に勝手に入部して、氏康に反旗を翻すという事件が勃発した。晴氏には、下野小山氏や下総相馬氏が支援していた（「谷田部家譜」）。さらに上野桐生の佐野氏も晴氏方を支援していた。いまだ上野では、旧山内上杉氏勢力との抗争が続いており、桐生佐野氏もその一人であった。晴氏は謀反にあたり、そうした上野における旧山内上杉氏勢力からの支援もあてにしていたと考えられる。これに対して氏康は、公方御一家の一色氏、宿老簗田氏・野田氏らを味方に付け、野田氏や松山衆をもって古河城を攻撃し、十一月初め頃に攻略した。氏康は、降服した晴氏を捕らえて相模波多野（神奈川県秦野市）に幽閉した。さらにその後、下総栗橋城（茨城県五霞町）の野田氏に預けた。

晴氏の挙兵とその鎮圧により、公方権力は梅千代王丸に一本化されることとなった。そして翌弘治元年（一五五五）十一月、梅千代王丸は氏康の計らいのもと、葛西城において元服し、実名を義氏と称した。さらに永禄元年（一五六一）二月二日に従四位上《じゅしいのじょう》・右兵衛佐《うひょうえのすけ》に叙位・任官され、同年四月には鎌倉鶴岡八幡宮への参詣を遂げた。そして同年八月に、宿老簗田氏の持城であった下総関宿城（千葉県野田市）に、本拠古河城との交換のうえで、同城に御座所を移した。こうして義氏は、名実ともに関東公方としての立場を確立した。注目されるのは、古河公方にとって、右兵衛佐任官と鶴岡八幡宮参詣は初めてであったことである。これは武家政権の始祖源頼朝を強く意識したものとみることができる。

一方、氏康も、遅くても天文二十一年三月には父氏綱と同じ左京大夫に任官していた。

前年の同二十年十二月十一日に簗田氏に宛てた起請文では（「簗田文書」戦四〇四）、仮名新九郎を称しているが、その年三月二十一日に嫡子新九郎（天用院殿）が死去している（「北条家過去帳」）。おそらくその間の同二十年の年末に、彼は元服して仮名新九郎を称したとみられ、それにともなって氏康は左京大夫に任官したと推測される。この官途は鎌倉幕府執権北条氏歴代のものであった。ここに頼朝に擬された公方義氏と、執権北条氏に擬された管領氏康による、新しい政治秩序が形成された（長塚孝「戦国武将の官途・受領名」）。氏康は、これまでの古河公方の段階とは異なる、新たな政治秩序の構築を目指したといえる。

甲相駿三国同盟

義氏の擁立後、氏康はその権威を背景に、関東各地における国衆間抗争にも介入していく。氏康は、天文二十二年（一五五三）頃から、常陸太田城（茨城県常陸太田市）の佐竹義昭・同小田城（同県つくば市）の小田政治と対立する、下総結城城（同県結城市）の結城政勝・同府中城（同県石岡市）大掾《だいじょう》慶幹《よしもと》・陸奥白川晴綱らから支援を求められ（「白川文書」戦四六二）、弘治二年（一五五六）四月には、援軍を派遣して小田氏との海老島《えびしま》合戦（同県筑西市）に勝利している（「聚古文書」戦五一六）。

また房総においては、天文二十一年に上総真里谷武田信応《のぶまさ》（信隆の弟）が死去すると、その支配領域を接収している（「上総国古文書」戦四二四）。そして同二十二年四月頃から、その真里谷武田氏領をめぐって対立関係にあった、安房里見氏の領国に対して、本格的な侵攻を展開し（「妙本寺文書」戦四三九）、内房正木氏を味方に付けた。続いて里見氏の本拠上総佐貫城（千葉県富津市）を攻略して、内陸部の同久留里城（同県君津市）に後退させた。弘治元年九月には、西上総最南端の金谷城（同県富津市）を攻略している（「白川文書」戦四九三）。そして永禄三年五月になると、氏康は里見氏の本拠久留里城の攻略をすすめ、向かい城を構築して包囲した（「白川文書」戦六二八）。

このように、関東における勢力を、ほぼ順調に拡張していった状況の一方で、天文二十年からは、駿河今川氏・甲斐武田氏との三国同盟交渉を開始している。そして同二十三年七月に、氏康の娘早河殿が今川義元の嫡子氏真に嫁ぎ、同年十二月に氏康の嫡子氏政が武田晴信の娘黄梅院殿を娶って、互いに婚姻関係によって結ばれた強固な攻守軍事同盟が成立された。天文十四年の河東一乱の際における和睦により、氏康と両氏とは敵対関係ではなくなっていたが、かといって積極的な味方でもなかった。天文十九年に今川氏と武田氏との間で婚姻関係の再形成がすすめられたのをきっかけに、これに北条氏をも加えた三者間同盟が構想された。そしてこの同盟は、甲斐（武田氏）・相模（北条氏）・駿河（今川氏）のそれぞれ一字をとって、甲相駿三国同盟と称されている。この同盟形成により、氏康は今川・武田両氏をバックとすることによって、関東経略に専心できるようになった。

それだけではなく、この同盟はきたるべき越後長尾景虎との対決に備えたものでもあった。すでに武田氏は、長尾氏との全面的な抗争を展開しつつあった。そして北条氏も、天文二十一年に、山内上杉氏への支援というかたちで長尾景虎の関東進軍をうけており、弘治三年には、逆に武田氏への援軍として、信濃上田（長野県上田市）に進軍するというように（「御書集」）、すでに直接的な交戦を行っていた。さらに上野経略をすすめていく過程で、山内上杉憲当を庇護する長尾景虎との全面的対決は必至の状況となっていた。永禄二年六月に、景虎は将軍足利義輝から憲当の「進退」について一任され、関東侵攻にあたっての名分を調えている。こうしてその関東侵攻は、時間の問題となりつつあった。

氏康の隠居

永禄二年（一五五九）十二月二十三日、氏康は家督を嫡子氏政に譲り隠居した（「年代記配合抄」）。氏康は四十五歳、氏政は二十二歳であった。もっとも隠居とはいっても、氏康は決して政治の第一線から退いたわけではなく、小田原城の本城に居住して「御本城様《ごほんじょうさま》」と称されつつ、実質的に北条氏権力を主導し続けるのである。この氏康の隠居の背景には、弘治三年から、天候不順を原因とする飢饉と疫病の流行により、領国内において死者が続出するという、深刻な領国危機の展開があった。氏康はこの危機に十分に対応できなかったために餓死者を続出させた責任をとり、天道（天と人の感応）に適うもののみが大地の支配を行えるという天道思想と、社会的危機に対する民衆の世直しへの期待に従って、まずは自ら北条氏当主の地位から退位して、新当主のもとで、そうした社会状況の再建を図ったのである。そして翌三年二月に、新当主氏政の名により、領国全域にわたって徳政令が発布され、領民の債務の一部を破棄し、彼らに対する救済が行われる（藤木久志「永禄三年徳政の背景」）。

二　上杉謙信・武田信玄との抗争

長尾景虎（上杉謙信）の来攻

永禄三年五月から、北条氏は上総里見氏の本拠久留里城を包囲したが、これに対して里見氏は、長尾景虎に越山（関東に入ること）を要請した。景虎はこれに応えるかたちで八月末に山内上杉光哲《こうてつ》（憲政）を擁して出陣し、九月初めに上野に進攻し、ついに越山を遂げてきた。五日に吾妻郡の明間城・岩下城、利根郡の沼田城が攻略され、岩下斎藤氏は景虎に服属し、沼田城主の沼田（北条）康元は同城から退去した。沼田領は景虎に接収された。そして同月中に、白井長尾憲景・惣社（群馬県前橋市）長尾景総《かげふさ》・箕輪（同県高崎市）長野業正・新田横瀬成繁・足利長尾禅昌《ぜんしょう》（当長）らの上野・下野国衆が景虎に服属した（「歴代古案」）。こうした状況の展開により、久留里城包囲の北条軍は後退せざるをえなくなった。これに対して氏康は、同月末に迎撃のために河越城、次いで松山城まで進軍した（「真壁文書」戦六四四・「白川証古文書」）。先陣は上野惣社などで迎撃をこころみたが叶わず（「古文書」戦六五一）、河越城・江戸城など重要拠点において籠城戦を展開した。河越城に弟氏堯が在城したのも、その帰陣に際してのことであろう。

景虎は、九月下旬には上野中部に進んで、那波宗俊の赤石城（同県伊勢崎市）を攻め、十二月七日にこれを攻略して、那波氏を没落させた。那波領は接収され、横瀬成繁に与えられた。同十四日、一旦は服属してきた厩橋（同県前橋市）長野彦九郎（彦太郎とも）とその叔父大胡左馬允《おおごさまのじょう》を謀反の嫌疑が生じたために誅殺し、その厩橋領・大胡領（同前）を接収した。そのまま厩橋城で越年し、翌四年二月に小田原城に向けて同城を出陣した。この進軍に参陣した関東の国衆は、上野では岩下斎藤越前守・沼田衆・白井長尾憲景・惣社長尾景総・箕輪長野業正・新田横瀬成繁・桐生（同県桐生市）佐野直綱、下野では足利長尾禅昌・佐野昌綱・小山秀綱・宇都宮広綱、武蔵では忍成田長泰・崎西（埼玉県騎西町）小田伊賀守・羽生《はにゅう》衆・藤田衆・深谷上杉憲盛・岩付太田資正・勝沼（東京都青梅市）三田綱定、下総では古河衆・小金（千葉県松戸市）高城胤吉、上総では東金（同県東金市）酒井胤敏・里見義堯、常陸では小田氏治・真壁久幹らであった（「関東幕注文」）。それまで北条氏に従属していた上野・武蔵の国衆のほとんどが、北条氏から離叛して景虎に従属していた。

いわば北条氏の勢力圏は、一気に河越城あたりまで後退した。北条氏方に立って抵抗し続けたのは、上野では館林（群馬県館林市）赤井文六、武蔵では松山上田宗調（朝直）、下野では那須資胤、下総では結城晴朝・千葉胤富・小弓（千葉県千葉市）原胤貞、上総では土気

（同県千葉市）酒井胤治、常陸では大掾貞国らであった。また古河衆というのは、古河公方足利氏の宿老簗田晴助をはじめとするもので、彼らは公方義氏から離叛し、その兄藤氏を擁立して、景虎に応じたものであった。そのため義氏は本拠関宿城で籠城戦を展開し、公方権力は再び分裂した。

関東管領上杉政虎（謙信）

景虎の南下にともなって、岩付太田資正によって松山城、里見義堯によって葛西城が攻略された。そして景虎は、永禄四年三月には相模に進攻して小田原城を包囲した。しかし攻略しきれなかったため、閏三月に包囲を解いて帰陣の途につき、鎌倉鶴岡八幡宮に参詣した。その社前で山内上杉氏の名跡を継承し、光哲からその実名憲政のうち「政」字の偏諱をえて、上杉政虎と改名した。その後、政虎は翌五年に将軍足利義輝から偏諱をえて実名を輝虎と改名し、さらに元亀元年（一五七〇）に出家して法名謙信を称する。以下では煩雑になるので、上杉謙信の名で記述することにする。そして謙信は、永禄四年四月に上野厩橋城に帰陣し、六月末に越後に帰国した。

この謙信の来攻は、氏康にとっては初めて本拠への攻撃を許すという、最大の試練となった。しかも謙信は山内上杉氏の名跡を継承した。同氏は関東管領職を家職としていたから、その名跡の継承は、同時に関東管領職の継承を意味した。これにより謙信は、関東の「大名」層に対しては関東管領「山内殿」として、山内上杉氏家臣に対しては「御屋形様」として、にわかに君臨することとなった。ここに謙信との対決は、いずれが関東管領かという、関東支配の正当性をめぐる戦いとして表現された。

この後、北条氏は謙信を「長尾」と、謙信も北条氏を「伊勢」と、互いに旧名字で呼び続け、「上杉」「北条」とは呼び合っていない。これは「上杉」「北条」がともに関東管領職と一体の名字として認識されていたため、相手を旧名字で呼ぶことにより、その正当性を否定し、自らが唯一の関東管領であることを表明するものであった。

関東支配をめぐる攻防

謙信の帰国後、北条氏は反撃を展開して勢力の回復に努め、永禄四年九月に勝沼三田綱定を滅ぼし、藤田衆の天神山城（埼玉県長瀞町）を開城させた（「士林証文」戦七一六）。また小金高城胤吉・忍成田長泰・崎西小田伊賀守・深谷上杉憲盛・桐生佐野直綱・下野佐野昌綱らを従属させた。なお関宿城の足利義氏は、七月に同城を開城して、高城胤吉の本拠小金城、次いで上総佐貫城に移った（「野田家文書」戦七〇八）。関宿城は簗田晴助に接収され、その本拠とされた。さらに同盟者武田信玄にも支援を要請した。信玄は十一月から西上野への侵攻を展開し、吾妻郡・甘楽郡らを勢力下におさめた。そのなかで謙信の侵攻によって没落していた小幡憲重を、本拠国峰城（群馬県甘楽町）に復帰させている。

謙信は同五年二月に、北条氏方であった上野館林赤井文六を滅ぼして同領を接収し、これを足利長尾景長（禅昌）に与えている。一方、北条氏は、四月二十四日に葛西城を奪回し（「吉田文書」戦七六五）、七月に常陸小田氏治を味方に付けた（「古文書」戦七八六）。しかしこれによって大掾貞国は、佐竹氏方となっていく。武田氏は、五月に箕輪長野氏配下の和田業繁・浦野中務少輔を、九月に惣社長尾氏配下の安中景繁らを従属させている。同六年二月四日、北条氏は武田氏の援軍を得て松山城を奪回した（「国分文書」戦八〇五）。謙信は後詰めを働いたが間に合わず、その帰路に、武蔵忍成田長泰・崎西小田伊賀守、上野桐生佐野直綱、下野藤岡（栃木県藤岡町）茂呂因幡守・小山秀綱、下総結城晴朝らを攻撃して、これらを従属させている。

同七年正月七日・八日に、北条氏は下総市川国府台（千葉県市川市）に進軍してきた里見義弘（義堯の子）、これに加わった岩付太田資正、北条氏から離叛した江戸太田康資の連合軍と国府台において合戦し、これに勝利した。いわゆる第二次国府台合戦である。北条方では宿老遠山綱景・隼人佑父子、江戸城将富永康景らを戦死させるほどの苦戦であった。合戦の結果、江戸地域最大の領主であった江戸太田氏は没落し、その遺領・家臣団は収公された。さらに里見氏配下の上総勝浦（同県勝浦市）正木時忠、東金酒井胤敏が従属してきたが、逆にそれに隣接する土気酒井胤治は里見方となった。また岩付太田氏についても、同年七月に嫡子氏資（氏康の娘婿）が当主資正を追放して、北条氏に従属してきた（「謙信公御書」）。他方、謙信は、正月に常陸小田氏治を本拠小田城から退去させ、二月に下野佐野昌綱を従属させている。武田氏は、四月頃に箕輪長野氏配下の倉賀野直行を没落させて、その本拠倉賀野城（群馬県高崎市）を攻略している。

同八年には、北条氏は二月に土気酒井胤治の土気城（「河田文書」）、三月から五月にかけて簗田氏の関宿城を攻撃している（「長楽寺永禄日記」）。また八月に、常陸小田氏治が佐竹氏方から本拠を奪回し、十一月に、武田氏は嶽山（もと岩下）斎藤氏を没落させている。

相次ぐ国衆の従属

同九年二月、謙信は再び小田城を攻略して、小田氏治を服属させた。続いて高城胤辰（胤吉の子）の小金城、小弓原胤貞の臼井城の攻略を図ったが失敗した。謙信は四月に越後に帰国したが、その直後の五月から年末にかけて、多くの国衆が雪崩をうったように、北条氏に従属してきた。武蔵忍成田氏長（長泰の子）、上野新田横瀬成繁・小泉（群馬県大泉町）富岡主税助・館林長尾景長、下野小山秀綱・宇都宮広綱・皆川俊宗、下総結城晴朝・関宿簗田晴助、常陸小田氏治らである（「楓軒文書纂」「三浦文書」戦九四八・九七七）。下総栗橋野田景範・上総土気酒井胤治が従属してきたのもこの頃のことであろう。さらに謙信の重臣で厩橋城に据えられていた北条《きたじょう》高広も従属し（「会津四家合考」戦一〇二三）、常陸佐竹義重（義昭の子）も和睦を結んできた（「家蔵文書」戦一〇〇五）。これらにより北条氏は、武蔵・東上野・下総のほとんどの国衆を再び従属させた。一方、武田氏は、九月に箕輪長野氏業（業正の子）を滅亡させている。

同十年三月から五月にかけて、武田氏は白井長尾憲景と惣社長尾景総を相次いで没落させ、ついに西上野一円の領国化を達成した。北条氏は八月に、里見氏の本拠佐貫城攻めを図ったが、三船台合戦（千葉県富津市）において敗北を喫した。またこの合戦で岩付太田氏資が戦死し（「平林寺文書」戦一〇三五）、後継者がなかったため、北条氏は同領を接収し、九月から十一月にかけて同領の仕置きを行っている（「武州文書」戦一〇三八他）。十月に下野佐野昌綱が謙信から離叛し、佐野城から出城してその攻略を図った。そのため謙信は、十一月に同城に着陣して昌綱を撃退するが、その維持を諦めて自ら佐野城から撤退した（「歴代古案」）。そして佐野昌綱は同城に復帰し、北条氏に帰属した。実弟の桐生佐野重綱（直綱の養子）もそれに同調したと思われる。

これによって、謙信の関東における勢力は、上野沼田領、武蔵羽生領（埼玉県羽生市）のみとなった。ちょうど同じ頃に、佐竹氏・宇都宮氏・小山氏・簗田氏らが再び味方となってきたが、その勢力の後退は明らかであった。これまで謙信は、ほぼ毎年のように関東に越山してきていたが、翌十一年についいては全くそうした動向はうかがわれない。ここに謙信の関東支配は、大きく頓挫することとなった。こうして北条氏は、武田氏との連携によって、謙信方によって攻略された諸城の奪回、謙信方に従属した国衆の再従属をすすめていった。謙信との関東支配をめぐる攻防において、その優勢を決定的とした。

相模守受領と「武栄」朱印

この間に、氏康は官途名左京大夫から受領名相模守に、同時に氏政は仮名《けみょう》新九郎から官途名左京大夫にそれぞれ改称している。現在のところ、氏康の同官途についての終見は、永禄八年三月であり（「上杉文書」）、翌九年五月には受領名相模守でみえるから（「服部玄三氏所蔵文書」戦四四四三）、改称はその間のことになる。同受領名は相模国主の政治的表現であるとともに、何よりも鎌倉幕府執権北条氏のそれを踏襲するものであった。同受領によって、北条氏が自らを鎌倉幕府執権北条氏に擬す過程は、最終的な完成をみたといっていい。またこの改称に対応するようにして、対外的に北条氏の代表として、氏政の姿が顕著となっている。例えば、謙信が北条氏を非難する場合、永禄九年五月までは氏康の名をあげているが（「上杉文書」）、同十年八月からは氏政の名を挙げるようになっている（「謙信公御書」）。

しかも永禄八年から、軍事行動の中心は氏政に移されたようで、氏康の出陣はほとんどみられなくなっている。これは実質的な隠居にも近い状態といえ、こうしたことが、対外的にも氏政を代表として認識させることとなったとみられる。この出陣がみられなくなることとかかわるのが、「武栄」朱印の使用である。これは「武栄」の印文を刻んだ方形の朱印で、氏康個人が使用したものである。現在のところ、これを押捺した朱印状は、永禄九年五月十五日付で伊豆狩野牧百姓中に宛てたものが初見である（「大川文書」戦九四九）。注目されるのは、追而書《おってがき》に「虎御判御陣へ被分（進か）候、御本城様御印判也」と、虎朱印は戦陣にあるから、「御本城様」氏康の印判で出されたことが示されている。これは本来なら虎朱印で出されるべきものだが、同印は当主氏政の出陣にともなってその陣中にあるので、代わって氏康の印判で出されたことがわかる。以後、「武栄」朱印状は元亀二年（一五七一）五月まで五〇点に及んで確認されている。これは主に、氏政の出陣にともなって戦陣にある虎朱印にかわり、小机領以南の領域支配において用いられている（山口博『戦国大名北条氏文書の研究』）。

越相《えっそう》同盟の展開

ところが永禄十一年（一五六八）十二月の武田信玄による三国同盟破棄により、情勢は急展開する。駿河に侵攻する信玄に対し、北条氏は、すぐさま今川氏への援軍を派遣し、同十二日には氏政が小田原城を出陣して伊豆三島（静岡県三島市）に着陣した（「上杉文書」）。翌十三日に今川氏真は本拠駿府館を攻略されて、遠江懸川城（同県掛川市）に後退するが、その翌十四日に、北条氏の先陣は富士川を越えて蒲原城（同県静岡市）に入城している（「御感状之写并書簡」戦一一一六）。そして同月中に、北条氏信（宗哲の子）が同城の守将として入城し、河東地域一帯の制圧を遂げている。

その一方で北条氏は、外交政策を大転換させて、謙信との同盟を図り、同十九日に氏康の三男氏照が書状を送っている（「春日俊雄氏所蔵文書」戦一一二七）。また四男氏邦も書状を送った。上杉氏からは年内のうちに、同盟成立のための条件が提示されてきたようで、翌十二年正月二日に、小田原在城の氏康が、条件の受諾の旨を記した書状を、上杉方の沼田在城衆に宛てて送った（「歴代古案」戦一一三四）。これ以後、両氏の同盟交渉が展開していき、六月に成立をみる。この同盟は、越後（上杉氏）・相模（北条氏）から一字をとって越相同盟と称している。さらに氏康は、安房里見氏との同盟成立をも模索したが、こちらは里見氏から拒絶された（「妙本寺文書」戦一一四五・四四五二）。

同盟成立の条件は、おおよそ①関東管領の譲渡、②領土割譲、③養子縁組にまとめられる。①関東管領の譲渡とは、北条氏のその地位を謙信に譲ることである。これは両氏間の身分関係にも変化を生じさせた。三月までは北条氏は謙信を「上杉弾正少弼殿」と宛名書きして、対等の大名として扱っているが（「上杉文書」戦一三八八）、四月からは「山内殿」と宛名書きし、関東管領として目上の扱いに変化している（「上杉文書」戦一二〇〇）。

②領土割譲については、現状で北条氏領国となっている東上野・北武蔵が焦点であり、上野は上杉氏本国ということで謙信に割譲されることとなった。武蔵は基本的には北条氏の領国とされたが、かつて上杉氏の勢力下にあった藤田・秩父・成田・岩付・松山・深谷・

羽生の各国衆領の帰属が問題となった。北条氏は基本的に割譲に応じるが、藤田・秩父領は氏邦の支配領域、岩付領は直接的支配領域となっていたように、現実的には難しかった。そのためそれは謙信の自力次第とされた。結局、これ以前から謙信に従っていた羽生領、この同盟を機に謙信に従属した深谷上杉憲盛の深谷領だけが、謙信方に帰属した。

③養子縁組は、氏政の子が謙信の養子となってその名跡を継承する、というものである。六月の時点で、その養子には氏政の次男国増丸《くにますまる》(のち太田源五郎)が予定されていたが、十月には氏政はあまりに幼少であることを理由に、難色を示している(「北条文書」戦一三一三)。結局、翌元亀元年(一五七〇)二月には、養子は氏政の末弟三郎に変更された(「上杉文書」戦一三八〇)。三郎は、三月五日に小田原城を出立、同十日に沼田城に到着し、翌日に謙信との対面を遂げた(「歴代古案」戦一四〇七)。次いで謙信に従って越後に入り、同二十五日にその本拠春日山城(新潟県上越市)で養子縁組を遂げて、謙信からその初名景虎を与えられ、上杉三郎景虎と名乗った(「上杉文書」戦一四一八)。

この養子縁組は、この同盟において実現された関東管領職や領土の譲渡を保証するものであった。そのため、後に同盟が破綻しても謙信は景虎を離縁しなかった。景虎が存在していれば、北条氏もそれを尊重せざるをえず、それらの契約内容が維持されたからである。

後の越後御館《おたて》の乱による景虎の滅亡をうけてはじめて、北条氏はそれらの契約の破綻を宣言して、上野支配権を主張するようになる（「集古文書」戦二〇六七）。

武田氏との抗争

永禄十二年（一五六九）二月、駿河河東の吉原城（静岡県富士市）に在陣していた氏政は、薩埵山（同県静岡市）在陣の武田勢を撃退して、同陣に布陣した（「上杉文書」戦一一五一）。その後、興津城（横山城、同前）に在陣する信玄と対陣したが、四月に信玄は甲斐への退路を断たれるのを嫌って、甲斐に帰国した。氏政は、今川氏真が籠城する懸川城を包囲していた三河徳川家康と交渉して、氏真の救出を工作した。五月九日に和睦が成立（「古今消息集」戦一二二九）し、同十五日に氏真は同城を開城して、北条氏に引き取られ、同十七日に蒲原城に入城した（「色色証文」「歴代古案」戦一二二二・四〇）。これをうけて氏政は相模に帰国した。その後、閏五月には、駿河御厨《みくりや》地域の防衛拠点として深沢城（同県御殿場市）を構築し、玉縄北条綱成と宿老松田憲秀を守将とした（「上杉文書」戦一二六五）。また興国寺城（同県沼津市）には重臣垪和《はが》氏続が守将とされた（「諸家所蔵文書」戦一二三二）。しかし七月に、北条方の富士信忠が拠る大宮城（同県富士宮市）が攻略され、富士郡北部は武田氏の勢力下に入った。

九月になると、信玄は武蔵に進軍し、九日に北条方の国衆平沢政実の拠る御嶽城（埼玉県神川町）を攻撃、十日に氏邦の居城鉢形《はちがた》城（埼玉県寄居町）を攻撃した（「上杉文書」戦一三一二）。次いで南進して氏照の居城滝山城（東京都八王子市）を包囲、さらに月末頃に小田原に進軍して小田原城攻撃の機会をうかがった。十月四日に小田原から退陣し（「上杉文書」戦一三二〇）、五日に相模津久井に後退した。氏照・氏邦らは三増《みませ》峠（神奈川県愛川町）に在陣してこれを待ち構えた。六日早朝、信玄はこれを突破して甲斐に帰国した。氏政は、五日に小田原を出陣したが、一日の差でこれに間に合わず、信玄の退却を許してしまった（「上杉文書」戦一三三二・二五）。

十一月、信玄は今度は駿河に侵攻し、十二月六日に蒲原城を攻略した。守将北条氏信をはじめとする在城衆は戦死した。同十二日に、北条方の最前線であった薩埵陣も崩壊し、翌十三日に信玄は駿府の再占領を遂げた。翌元亀元年（一五七〇）五月に信玄は駿東郡・伊豆に進攻し、八月にも再び同地域に進攻して韮山城・興国寺城を攻撃した（「尊経閣文庫所蔵文書」戦一四三四〜五）。十二月に再び御厨地域に進攻し、翌元亀二年正月三日から深沢城を包囲した（「歴代古案」）。これに対して氏政は、十日に小田原を出陣し、その日のうちに箱根を越えて敵方と対陣した。しかし十六日、守将北条綱成は支えきれずに同城を開城した（「新田英雄氏所蔵文書」戦一四六二）。これにより北条氏は、御厨地域を失い、駿河における勢力は、駿東郡南部に限定された。この後、六月には深沢城に代わる拠点として平山城（静岡県裾野市）を取り立て、深沢城から後退した松田憲秀が守将を務めた（黒田基樹「北条氏の駿河防衛と諸城」）。

武蔵北部においては、元亀元年六月五日に、御獄城の平沢政実が武田氏に従属して、同城は武田氏に帰属した（黒田基樹「武蔵北西部における地域権力の動向」『戦国期東国の大名と国衆』）。同二年正月の深沢落城後は、信玄は鉢形領への攻撃を展開し、九月、十二月と同領への進攻がみられている（「吉田文書」「高岸文書」戦一五一〇・一五六三他）。このように武田氏との抗争は、全体的には劣勢の展開であった。駿河では薩埵陣・蒲原城・大宮城・深沢城が攻略され、河東地域の大半はその勢力下とされた。北条氏が確保したのは、興国寺城と平山城にすぎず、その勢力は駿東郡南部に限定された。武蔵においても、御獄城が攻略され、武田氏の勢力が武蔵にも及ぶようになっている。

氏康の死去

北条氏が越相同盟を締結したのは、武田氏との抗争において、謙信から援軍を得るためであった。しかし謙信からは、越中出陣を理由にして援軍はほとんど得られなかった。そのため、北条氏では謙信との同盟の有効性について疑問が出されるようになっていた。元亀二年（一五七一）四月には、北条氏は武田氏と同盟を結ぶのではないか、と噂されていた。これについて謙信から詰問され、氏康はこれを否定しているが（「上杉文書」戦一四七五）、実際には武田氏との同盟締結も模索されていたとみられる。

そうしたなか、氏康は元亀元年八月、重病に襲われた。子供の見分けもつかず、食べたい物には指を差すばかりという状態であった。そして重要事項についても知らず、信玄の伊豆進攻も知らない様子であったという（「上杉文書」小Ｉ四六三）。翌二年四月に謙信に書状を出しているから、病状は持ち直したとみられるが、そこでは花押を据えず、代用に「機」朱印を押捺しているから、自署はできない状態であったらしい。そして発給文書も、同年五月（「相州文書」戦一四八四）を最後にしてみられなくなっている。その後、重態となったのであろう。そして同年十月三日に、氏康は五十七年の生涯を閉じた。法名は大聖寺殿東陽宗岱大居士といい、菩提寺早雲寺に葬られた（「北条家過去帳」小Ｉ四六八）。

氏康の妻

氏康の正室は、今川氏親の娘瑞渓院殿《ずいけいいんでん》である。長男新九郎・次男氏政・三男氏照・四男氏邦・五男氏規、今川氏真室早河殿・足利義氏室浄光院殿らの母であった。元亀二年（一五七一）十一月二十一日に逆修《ぎゃくしゅう》している（「北条家過去帳」小I四六八）。夫氏康死去の四十九日忌にあたってのことと思われる。以後は「御大方様」と称された（「青木文書」戦一五五四）。小田原合戦中の天正十八年（一五九〇）六月二十二日に死去した（「伝心庵過去帳」）。氏政室鳳翔院殿と同日の死去であるから、あるいは自害の可能性もある。法名は瑞渓院殿光室宗照大姉といった。

氏康には、側室が何人かいたとみられるが、六男景虎の母は、重臣遠山左衛門尉康光室の妹であったとみられる（黒田基樹「江戸遠山氏の族縁関係について」『戦国大名領国の支配構造』）。その出自は不明である。康光は景虎には母方の伯父にあたることとなり、景虎が越後上杉謙信の養子となって越後に赴くと、それに付されて越後に移っているのも、そうした関係に基づくものであろう。以後、康光は景虎の家老となっている。

氏康の子女

氏康の子女は、現在のところ八男八女の存在が確認されている。長男は早世した嫡子新九郎で、天文二十一年（一五五二）三月二十一日に死去、法名は天用院殿雄岳紹栄大禅定門（「北条家過去帳」）。次男が家督を継いだ氏政、三男は氏照、四男は氏邦、五男は氏規で、彼らについては第四章で取り上げる。

六男は景虎で、天文二十三年生まれと伝えられている。幼名は西堂丸《せいどうまる》。永禄十二年（一二六九）末から翌元亀元年初めに、久野北条宗哲の婿養子になって、元服して、久野北条氏当主の仮名の三郎を称した。次いで同年三月に越後上杉謙信の養子になって、越後に移り、謙信から前名を与えられて景虎を名乗った。天正六年（一五七八）三月の謙信死去により、義兄弟の景勝と家督をめぐって抗争したが、敗北、同七年三月二十四日に死去した。享年は二十六、法名は徳源院要山浄公とされる（花ヶ前盛明「越後長尾氏系図」『上杉景勝のすべて』）。

七男氏忠・八男氏光は、実は弟氏堯の子で、その死後に養子とされた可能性がある。氏忠は、仮名六郎・官途名左衛門佐を称した。以前に私は、氏忠の仮名を六郎とする通説に対して、両者は別人であると考えた（黒田基樹「北条氏堯と氏忠・氏光」『戦国大名北条氏の領国支配』）。それは、六郎宛の北条家朱印状（「相州文書」戦一七八一）の文中に氏忠の名がみえていること、内容は氏忠を上位にしたものと理解したことによる。しかし同文書をよく読んでみると、命令の客体は宛名の六郎ではなく、その指揮下にある人々であった。そうすると文中にみえる氏忠が、彼らの上位に位置するのは当然であり、宛名の六郎の立場にも一致することになる。そのため、あらためて氏忠と六郎は、同一人物として理解することができると考えるようになった。ここでは前説を訂正し、以上のように考えておきたい。永禄十二年十一月から活躍がみられる。天正十四年八月頃に下野佐野宗綱の婿養子として佐野城主を務める。文禄二年（一五九三）四月八日に死去、法名は大関院殿大峯宗哲大居士（「林際寺過去帳」）。

氏光は、仮名四郎・官途名右衛門佐を称し、元亀元年十二月から活躍がみられる。久野北条宗哲の娘婿になって、武蔵小机城主などを務めた。天正十八年九月十五日に死去、法名は西来院殿栢岳宗意大禅定門（「北条家過去帳」）。

このうち生年が明確なのは五男氏規のみで、天文十四年（一五四五）生まれ。他に、六男景虎は同二十三年生まれと伝えられている。なお氏政・氏照・氏邦についても、生年についての所伝はあるが、諸説あって現在のところ確定できない。

女子は、今川氏真室（早河殿・蔵春院殿、慶長十八年死去）・北条氏繁室（七曲殿・新光院殿）・

小笠原康広室（種徳寺殿、寛永二年死去）・千葉親胤室・太田氏資室（長林院）・足利義氏室（浄光院殿、天正九年死去）・武田勝頼室（桂林院殿、天正十年死去）・円妙院殿である。長幼の順は不明であり、このうち生年が明確なのは武田勝頼室のみで、永禄七年（一五六四）生まれである。他に養女として、吉良氏朝室（鶴松院、実は北条宗哲の娘）・太田康資室（法性院、実は遠山綱景の娘、天文十一年生まれ・天正十六年死去）がある。

第四章

北条氏政

北条氏政画像　神奈川県箱根町・早雲寺蔵

一 北条氏権力の変質

氏政の登場

氏康の嫡子氏政《うじまさ》は、その次男であった。母は瑞渓院殿。天文二十一年（一五五二）に兄新九郎（天用院殿）が死去したため、それに代わって嫡子となった。生年について、各種北条系図は天文七年としている。これに対して「顕如上人貝塚御座所日記」の表紙見返しには、「相模国北条氏政〈四十六歳、天正十四年〉、氏直〈廿三歳〉当家督也」とあって、これによればその生年は天文十年となる。こちらの史料のほうが良質であるから、常識的にはこれを採用すべきとなる。ただ、その嫡子氏直の生年について、これによると永禄七年（一五六四）となるが、各種北条系図では同五年生まれとされており、これについても相違する。

北条系図において年齢記載は、戦国期についてはほぼ氏綱以降の当主に限定されているうえ、氏綱・氏康については採用して、氏政・氏直については採用しない、というのでは一貫性がなくなる。もちろん氏綱・氏康の年齢についても誤りがある可能性も想定できるが、それらは信頼性の高い情報とみられるだけに、簡単に否定するには躊躇される。他方、

「顕如上人貝塚御座所日記」の情報も、遠方でかつ間接的な情報であることを踏まえると、本当に正確かどうかという疑念も生じてくる。現段階ではいずれとも判断し難く、「顕如上人貝塚御座所日記」の記載に魅力を感じつつも、氏綱・氏康についての年齢記載との整合性を図って、とりあえずは北条系図の記載に基づいて述べていく。

幼名は、松千代丸といった可能性が高い。同幼名は、西堂丸とともに、天文十八年十月七日に飛鳥井《あすかい》雅綱から蹴鞠《けまり》伝授書を与えられている(「内閣文庫所蔵文書」戦四七九二~三)。いずれかが新九郎(天用院殿)で、他方が氏政にあたると考えられる。このうち西堂丸は後に弟景虎の幼名としてもみられるので、景虎誕生時には死去していたと考えられる。そうすると、西堂丸が新九郎の幼名にあたり、松千代丸が氏政の幼名であった、と推測される。これが氏政の幼名であるとすれば、同時にそれが氏政の史料上における初見となる。実名氏政が初めて見えるのは、同二十三年六月である。そこで父氏康は、室町幕府に、氏政を家督継承者と定めたことをもって、その将軍家相伴衆化を申請している(「類従文書抄」戦四六五)。兄新九郎死去の二年後であるから、氏政がそれに代わって新たな嫡子として取り立てられていたことがわかる。また元服もそれ以前に行われていたことが知られる。仮名についても、各種北条系図に記載がみられないうえ、氏政が仮名を記した発給文書が一点もみられないため、以前は知られていなかったが、当主歴代の新九郎を称していた。そのことを示すのが、次の将軍足利義輝御内書案である（「大館記紙背文書」戦四四三二）。

晴信与景虎和談儀、去年申下候、相談義元急度遂其節事、可為神妙、為其申含悦西堂差下之候、委曲晴光可申也、

三月十日

北条左京大夫とのへ

北条新九郎とのへ

これと同時に、武田晴信・同義信父子宛のものも存在している。その武田氏側の関連史料から、これは永禄元年（一五五八）のものであることがわかる。「北条左京大夫」は氏康を指すから、「北条新九郎」は必然的にその嫡子である氏政を指すこととなり、氏政は元服後に、当主歴代の仮名新九郎を称したことが確認される。そうするとその元服は、兄新九郎（天用院殿）死去後のことであった可能性が高い。天文二十三年に氏康が、氏政を嫡子に定めたうえでその幕府相伴衆化を申請しているのは、氏政の元服をうけてのことである可

能性がある。その場合、元服は前年の同二十二年末頃のことであった可能性がある。おそらく元服と仮名新九郎は一体のものとみていいであろう。時に十六歳となる。

同二十三年十二月、氏政は武田晴信の娘黄梅院殿を正室に迎えた（「勝山記」小I四四六）。先にみたように甲相駿三国同盟の形成の一環による。続いて翌弘治元年閏十月に、初見の発給文書が確認される（「広瀬典採訪書写文書」戦四九四）。これは陸奥白川晴綱に宛てた外交文書であり、氏政が対外的にも北条氏の嫡子として活動し始めている。そして永禄二年十二月二十三日に、氏康から家督を譲られ、北条氏当主となった（「年代記配合抄」小I四五三）。しかしこれは、飢饉による領国の危機的状況への対応のため、緊急に行われたものであった。そのため実質的な主導権は、「御本城様」と称された氏康のもとにおかれ、領国支配や外交関係についても、引き続き氏康が中心になって行った。そのため両者は「小田原二屋《ふたや》形《かた》」などと称された。

同四年頃から氏政の独自の活動がみられだすが、いまだ限定的である。氏康の発給文書よりも、氏政のそれが質量ともに優越するようになるのは、同八年後半からである。この頃、氏政は当主歴代の官途名左京大夫に任官し、氏康は代わって相模守に受領している。さらに氏康の出馬がみられなくなっている。氏康は実質的にも隠居に近い状態となり、これによって氏政は、外交関係や家臣団統制などの側面を中心にして、実質的にも北条氏当主としての活動をみせていくようになっていく。

甲相同盟の復活

元亀二年（一五七一）十月三日の「御本城様」氏康の死去により、氏政の単独政権が誕生することとなった。家督継承から十二年が経っており、ここに氏政は、ようやく名実ともに北条氏権力の最高実力者となった。時に三十四歳であった。この氏康の死去も、北条氏にとっては「代替わり」と認識されており、翌元亀三年に氏政は、家臣の軍役人数（着到）の改定や検地などの「代替わり」政策を行っている（「道祖土文書」戦一五六九・「大野文書」戦一六〇七他）。

氏政が、氏康の死去を契機に北条氏権力の最高実力者として最初に行った政策は、外交政策の大転換であった。すなわち、永禄十二年（一五六九）に締結されていた越相同盟を破棄し、甲相同盟を復活させたのである。もっともこれについては、元亀二年の四月にすでに風聞されており、上杉謙信から詰問をうけて、氏康がこれを否定していることから（「上杉文書」戦一四七五）、氏康生前からの懸案であったことがうかがわれる。また「異本小田原記」などの軍記類には、氏康は死去に際して、越相同盟の破棄と甲相同盟の復活を、氏政に遺言したとされているから、この外交政策の転換は、北条氏にとっては一定の既定路線であったとみられる。同盟締結後、度重なる援軍要請に一向に応じようとしない謙信に対して、北条氏は越相同盟の不実用性を認識しており、氏康死去を契機に実現化された。

武田氏との同盟交渉はかなり極秘にすすめられたようで、北条氏の御一家衆・家老らにも十二月二十七日に初めて公表されたという。氏政は、ただちに弟氏邦に命じて、北条氏に従属する上野国衆に対して、上杉氏方への戦略を指令した。そして上杉氏とは、互いに同盟破棄を通知する「手切れの一札」を交わした（「由良文書」戦一五七二）。また武田氏との同盟締結にあたっては、互いの分国の承認と不可侵を協定する「国分《くにわけ》」が行われた。関東については北条氏の領有権が認められ、武田氏はこれに干渉しないこと、ただし武田氏が支配している西上野に関しては武田氏の領有を認め、北条氏からは干渉しないことが協定された。

そして駿河・武蔵においては、国境画定が行われた。まず駿河では、狩野川・黄瀬川を境にして西側が武田領国とされて、両河川の西側に存在した北条領は武田氏に割譲された。翌元亀三年正月初めに、武田氏は駿東郡興国寺城（静岡県沼津市）・平山城（同県裾野市）を北条氏から受け取っている（「中村不能斎採集文書」）。北条氏に留保された大平城（同県沼津市）周辺地域は、この後、「伊豆」と称されることとなる。次に武蔵では、上野・武蔵国境がそのまま国境とされ、武蔵側に存在した武田領の御獄城（埼玉県神川町）が北条氏に割譲されることとなった。もっともこれについては、武田方の御獄城主長井政実がなかなか承服しなかったためか、その割譲はただちには行われず、それが実現したのは同盟締結から一年後の元亀三年十一月六日のことであった（「中院家古文書類」）。

そしてのちの天正五年（一五七七）正月二十二日には、氏政の妹が武田勝頼（信玄の後継者）に嫁ぎ（「小田原編年録」）、両氏の同盟関係は、再び婚姻関係をともなう強固なものとされた。

上杉氏との攻防

甲相同盟の締結により、再び北条氏・武田氏と上杉氏との抗争が展開されることとなり、早くも元亀三年（一五七二）正月に、関東在陣中の上杉氏によって、武田方の西上野石倉城（群馬県前橋市）の攻略、倉賀野城（同県高崎市）における両軍の合戦が行われている（「山川文書」）。その一方、それまで武田氏と好《よしみ》を通じていた常陸佐竹氏・安房里見氏らが上杉方に属し、下総結城氏・下野宇都宮氏らが佐竹氏と和睦し、あるいは上杉方の常陸小田氏が北条氏に属すなど、諸勢力の結び付きにも変化がみられた。それらは何よりも互いの領主間抗争に重点をおいていたため、北条氏や上杉氏といった上級権力の動向が変化すると、それに連動するようにそれぞれの帰属関係を変化させていた。

そして北武蔵では、羽生城（埼玉県羽生市）の木戸氏、深谷城（同県深谷市）の深谷上杉氏、北下総では関宿城（千葉県野田市）の簗田氏が、上杉氏勢力の最前線に位置しており、氏政はまずこれらの勢力に対して本格的な経略をすすめ、元亀三年秋には氏政自身が出陣して攻撃している（「歴代古案」）。また佐竹氏・結城氏・小山氏・宇都宮氏らの北関東の反北条方諸将との抗争も展開され、同年十二月末に、下野多功原（茨城県古河市）において対陣している（「上杉文書」）。翌天正元年（一五七三）四月には、羽生・深谷両城を攻め（「上杉文書」）、さらに七月からは簗田氏の関宿・水海（茨城県古河市）両城を攻撃した（「宇都宮氏家蔵文書」）。

天正二年に入っても、北条氏の関宿・水海両城に対する攻撃は続き（「潮田文書」）、また二月から三月にかけて、武蔵岩付城代北条氏繁が深谷・羽生両城への攻撃を行っている（「結城寺文書」戦一六三三）。こうして北条氏の攻勢が強まるなか、関東諸将の要請に応じて上杉謙信が「越山」し、北条方の新田由良氏の赤石城（群馬県伊勢崎市）を攻めた後（「下之坊文書」戦一六九二）、由良氏の赤堀（同県前橋市）・善（同前）・山上（同前）・女淵（同前）各城を攻略

那須氏
河田氏
壬生氏
宇都宮氏
佐竹氏
真田氏
白井長尾氏
皆川氏
内藤氏
厩橋北条氏
佐野氏
江戸氏
和田氏
那波氏
小川氏
由良氏
館林長尾氏
結城氏
安中氏
倉賀野氏
多賀谷氏
富岡氏
足利氏
深谷上杉氏
小田氏
小幡氏
木戸氏
栗橋城
成田氏
鉢形城
簗田氏
岡見氏
上田氏
相馬氏
土岐氏
河越城
岩付城
高城氏
豊島氏
千葉氏
葛西城
原氏
八王子城
江戸城
酒井氏
小机城
津久井城
長南武田氏
玉縄城
小田原城
正木氏
土岐氏
里見氏
三崎城

図 8　関東諸将分布図

し、由良方の桐生領深沢城（同県桐生市）に着陣、同城を攻略した（「西沢徳太郎氏所蔵文書」）。そして同月下旬に由良氏の本拠金山城（同県太田市）攻撃のために南下して新田領藤阿久（同前）に在陣し、四月に入ってさらに南下して利根川端の大輪（同県明和町）に在陣してきた。北条氏も迎撃のために出陣し、利根川を挟んで対陣となった。しかし利根川の増水のため、互いに渡河することができず、氏政は武蔵本庄（埼玉県本庄市）から本田（同県深谷市）へ後退し、謙信は赤石に後退した（「中山小太郎氏所蔵文書」「志賀槙太郎氏所蔵文書」「歴代古案」他）。五月に入ると、氏繁が関宿に進出していった。その一方、謙信はそのまま沼田城（群馬県沼田市）に後退し、越後に帰国した（「並木文書」戦一七〇二）。

関宿城攻略

七月十五日から十日ほど、氏政は由良氏からの要請をうけて、上杉氏の上野における前線拠点である厩橋城（同県前橋市）を攻撃した（「名古屋大学文学部所蔵文書」戦一七一八）。そして十月中旬から、氏政は関宿城・水海両城を攻撃した（「香取嘉三氏所蔵文書」戦一七三三）。これに対して謙信は後詰めのために「越山」し、十一月七日に利根川を越えて武蔵に進攻し、鉢形（埼玉県寄居町）・忍（同県行田市）・松山（同県吉見町）各領を放火した。さらに利根川を越え返して足利（栃木県足利市）・館林（群馬県館林市）・新田（同県太田市）各領を放火した。こうした謙信の動向をうけて、北条氏繁が迎撃のために西庄《さいのしょう》島村（同県伊勢崎市）に在陣している（「鶴岡八幡宮文書」戦一七四四）。そして同二十五日頃に、謙信は下野小山城（栃木県小山市）に進み、宇都宮（同県宇都宮市）在陣の佐竹氏の参陣を待った（「那須文書」）。

しかし佐竹氏は、謙信の要請をうけて出陣してきたものの、謙信に対する不信感から同陣を拒否し、さらには関宿城の扱いについて一任されることを要求した。この頃、上杉方であった結城氏が再び北条氏に従属している（「高橋義彦氏所蔵文書」戦一七四六）。謙信は仕方なく、関宿城については佐竹氏に一任し、自身は下総古河（茨城県古河市）・同栗橋（同県五霞町）・上野館林、さらに再び利根川を越えて武蔵崎西（埼玉県騎西町）・菖蒲（同県菖蒲町）・岩付などの武蔵・下総国境地域の北条方諸城を攻撃した。そして閏十一月十八日に羽生城を自ら破却し、在城衆を上野に引き取って、翌十九日に厩橋城に帰陣し、そのまま越後に帰国した（「名将之消息録」）。

そして関宿城については、北条氏と佐竹氏らとで和議が成立し、佐竹氏らの仲介により十九日に開城、簗田氏は北条氏に従属した（「賜芦文庫文書」戦一七四七）。簗田氏は北条氏から赦免をうけ、関宿城から退去して水海城に後退し、関宿城は、北条氏に接収された。こうして北武蔵・北下総をめぐる北条氏と上杉氏との攻防は、北条氏の関宿城攻略、上杉氏による羽生城からの撤退により、一応の決着がつけられ、武蔵・下総ともに北条氏の勢力下に帰した。とりわけ、かつて氏康が「一国を取りなされ候にも替わるべからず候」(「喜連川文書」戦五八二)と、一国を取ることに匹敵すると評価していた関宿城を攻略しえたことの意義は大きかった。関宿は、利根川水系と常陸川水系とを連絡する交通・流通上の要地にあった。同地を直接に掌握することにより、北条氏は関東全域の流通体系に大きな影響力を有することになる。

公方勢力の統一

簗田氏の従属により、もはや公方奉公衆のなかで公方足利義氏＝北条氏に敵対するものはなくなり、公方勢力は完全に義氏のもとに統一された。同時に、公方領国全域が完全に北条氏の勢力下におさめられた。それはまた、義氏を通じて、公方権力そのものが北条氏に取り込まれたことを意味した。関宿城攻略直後の十二月二日に、古河公方足利氏の奉行人は、下総下河辺庄《しもこうべ》・幸島《きしま》郡における公方家臣領のうち、戦後処理として百姓の還住が必要な郷村について、北条氏にその旨の禁制の発給を要請している(「喜連川家料所記」)。そこで出された制札には、関宿城の所用については、簗田氏などの領主に直接、虎朱印状で命令することが明記されている（「楓軒文書纂」戦一七五〇）。

戦後処理の百姓還住といい、その後における関宿城所用（普請役であろう）の賦課といい、いずれも北条氏が命令するものとされているように、北条氏は簗田氏領を含む公方領国全域に対して、その平和維持の役割を直接に担う存在となった。そして北条氏は、氏照が領有する栗橋城に対し、この関宿城については当主の直接管轄下に置き、両城をもって公方領国の防衛拠点とした。関宿城には北条氏の直臣衆が在番衆として派遣され、大道寺政繁・北条氏繁・同氏秀らの御一家衆・家老が相次いで城将を務めていく。また城付きの直轄領について、武蔵岩付領の奉行衆が派遣され、その管理や運営にあたった。

北関東諸将との抗争

天正三年（一五七五）に入ると、北条氏の経略の標的は、下野小山氏、安房里見氏らに向けられた。まず六月二十二日に榎本城（栃木県大平町）を攻略し（「吉備雑書抄書」）、続けて小山城の攻略をすすめた（「林一氏所蔵文書」戦一七二二）。また八月からは、里見氏から攻撃をうけていた北条方の上総一宮城（千葉県一宮町）の一宮正木氏や万喜《まんぎ》城（同県いすみ市）の万喜土岐氏の救援のために、下総・上総に侵攻し、十九日に里見方の上総土気（同県千葉市）・東金（同県東金市）の両酒井氏を攻撃した。同月末には藻原（同県茂原市）まで進攻し、さらに十月には里見氏と対陣した（「清水文書」戦一八〇一他）。

こうした状況に対して、八月に佐竹氏・宇都宮氏は再び謙信と盟約したのをはじめ、謙信と里見氏との盟約、佐竹氏と里見氏との盟約が相次いで成立され、謙信と佐竹氏・里見氏との政治的連携関係が成立した。また上野では、九月五日・八日に由良氏が上杉方の沼田衆が守備する黒河谷寄居・五覧田城（群馬県桐生市）の奪回に成功している（「集古文書」）。謙信は里見氏からの要請をうけて、九月下旬頃に「越山」し（「上杉文書」）、十月に沼田衆が守る桐生領仁田山城（同前）に対する向かい城として由良氏が構築した谷山城（同前）を攻略し（「由良文書」）、続いてその南に位置する猿窪城（同前）を攻略した（「太田文書」）。しかし十一月初めには赤堀に後退し（「由良文書」）、やがて帰国した。もはや謙信の「越山」も大きな効果をもたらしえなかった。そして北条氏は、十二月末に小山氏の本拠小山城の攻略を遂げ、小山秀綱を佐竹氏のもとへ追った（「岡本文書」戦一七五六）。

翌天正四年二月、氏政は小山城を弟氏照に与え、氏照は同城に入部した（「歴代古案」）。五月になって謙信が「越山」し、由良氏領の西庄・新田領、館林長尾氏領の足利領に侵攻し、続いて桐生領における由良領を攻撃した（「田中文書」）。これに対し氏政は、迎撃のため出陣を準備するとともに、由良氏へは鉄炮衆を合力した（「小田原編年録」「林文書」戦一九一一・三八五六）。前年とこの年の謙信の「越山」については、これまでは天正二年・同五年におけるものと混同されてきたが、関係史料を検討すると、上述のように整理することができる。そしてこの四年五月の「越山」が、確認できる最後の「越山」となる。その一方で、前年に攻略した榎本城が佐竹氏勢力に攻略されたようであるが、同月中には北条氏は同城を奪回したようである（「平間文書」戦一八五三）。いずれにせよ、北条氏は小山氏を没落させ、小山・榎本両城の領有を遂げたことにより、本格的な下野への進出を果たした。

佐竹氏勢力の「一統」

天正四年冬に北条氏は再び上総に進攻した。両酒井氏を服属させ、有木城（千葉県市原市）を取り立てて、里見氏を圧迫した（「吉川金蔵氏所蔵文書」）。そして翌天正五年九月初めに再び房総に出陣し（「藻源寺文書」戦四七二二）、同月下旬には里見方の長南武田氏を従属させた（「越前史料」戦四〇二五）。さらに里見氏の本拠佐貫城（同県富津市）を攻撃した末に（「越前史料」戦一九五七）、十一月初めには里見氏と和睦を結び、同盟関係を成立させた（「喜連川家文書案」戦四四七七)。さらにその帰路に、常陸小田城(茨城県つくば市)攻略のため下総相馬郡に進軍している(「早稲田大学所蔵文書」)。これによって、以後において里見氏との抗争はみられなくなり、房総半島の情勢は一応の安定をみることになる。ちなみに、この時の房総への出陣において、氏政の嫡子氏直の初陣が遂げられている。

こうした北条氏の下野進出、房総平定により、佐竹氏らの北関東諸将は危機感を強め、上杉氏に頻りに「越山」を要請した。天正五年六月に佐竹氏と結城氏との和睦が成立し、結城氏は北条氏から離叛した(「吉川金蔵氏所蔵文書」)。そして彼らは互いに婚姻関係を結び、同年末には佐竹氏を中心に諸家が「一統」する状況が生まれ、反北条氏連合を形成した。結城氏の離叛に対し、北条氏は同五年七月に、公方領国防衛のために新たに飯沼城(同県坂東市)を築城し、北条氏繁を城代として派遣した(「士林証文」戦一九二四)。閏七月に結城城を攻撃したが、同月中に退陣した(「富岡家古文書」戦一九二六)。

翌天正六年に入ると、北条氏は陸奥の伊達氏・芦名《あしな》氏と連絡をとって、いよいよ佐竹氏攻略をすすめた。四月に宇都宮氏が北条方の壬生《みぶ》氏を攻撃し、佐竹氏・那須氏らがその援軍として出陣したのをうけて、北条氏は芦名氏・田村氏など南奥勢力と連携して佐竹氏の挟撃を図るとともに、壬生氏救援、結城氏攻略のために北下総に出陣した(「小田部庄右衛門氏所蔵文書」戦一九八六）。五月に入ると、北条氏は結城・山川両城を攻撃した（「平沼文書」戦一九九二）。これに対して佐竹氏ら北関東諸将は、結城氏救援のために南下してきた。そして北条氏は結城陣に、佐竹氏らは常陸小川台（同県下館市）にそれぞれ陣して、両軍は絹川を挟んで対陣することとなった。この両軍の対陣は、双方とも決定的な動きをとることができないまま七月初めまで続き、ようやく停戦となってそれぞれ退陣した。北条氏は、北関東諸将の連合の前に、いわば立ち往生を強いられた。

御館《おたて》の乱と上野支配権

天正六年（一五七八）三月十三日、越後の上杉謙信が死去した。これにより上杉氏では謙信の家督をめぐる景虎と景勝による家中を二分しての抗争が展開された。この抗争を御館の乱という。景虎は、かつて越相同盟の際に謙信の養子とされて越後に赴いていた氏政の弟であり、そのため景虎は兄氏政に援軍の派遣を求めた。しかし氏政は、当時は下総・常陸国境の絹川に在陣中であったため、ただちには本格的な支援は行いえなかった。そのため同盟者の武田勝頼に援軍の派遣を要請するとともに、弟氏邦や新田由良国繁など上野の他国衆を通じて、厩橋北条《きたじょう》高広・白井長尾憲景・沼田河田重親らの上野在国の上杉方諸将を調略し、彼らをもって景虎支援のための先鋒の役割を担わせた。

景虎方諸将は、七月十七日に沼田城を攻略（「武州文書」戦二〇〇九）、そのまま越後上田荘に進攻し、蒲沢城（新潟県南魚沼市）などを攻略した。さらに上田荘の拠点である坂戸城（同前）を攻撃した。八月になると北条氏の軍勢も上野に進軍し、九月初めには氏邦らが上田荘まで進軍した（「富岡家古文書」戦二〇一八他）。氏政は厩橋北条氏・河田氏に蒲沢城の守備を委ね、来年の氏政自身の進軍を約して、それまでの維持を命じた。そして北条勢については十二月には上野に後退させて、氏邦に沼田城を管掌させた（「伊佐早謙採集文書」戦二〇三四）。

一方、氏政から景虎支援の要請をうけた武田勝頼は、五月末には越後国境まで先鋒を進軍させていたが、六月上旬になって景勝と和議を結んだ。勝頼は、景虎と景勝との和睦の斡旋を図るとともに、八月半ばには景勝と正式に同盟（甲越同盟）を締結し、同月末には甲斐に帰国してしまった。ここで勝頼は、北条氏との同盟を破棄したわけではなく、氏政・景勝双方との同盟関係の構築を図り、あわせて景虎・景勝の和睦成立をも図ったのである。しかし景虎と景勝との和睦成立は不調に帰し、そのため逆に、勝頼と景勝との同盟成立は、景勝方に極めて有利に作用し、景虎方の劣勢を決定付けることとなった。翌天正七年になると景勝方の攻勢は強まり、二月中に厩橋北条氏・河田氏らの守る蒲沢城は攻略され、彼らは上野に後退した（「宮崎求馬氏所蔵文書」戦二〇五五）。そして三月二十四日に景虎も滅亡を遂げ、御館の乱は景勝の勝利に帰した。

この景虎の滅亡をうけて、氏政は「景虎没命の上は、上州の仕置《しおき》、当方申し付くべくの条勿論に候」（「集古文書」戦二〇六七）と、上野支配権の掌握を表明し、旧上杉領国と上杉方諸将をその領国下におさめた。かつて越相同盟に際して、北条氏は上杉氏に上野支配権を譲渡したが、それは景虎の上杉氏への養子入りと一体のものとして認識されていたらしい。そのため氏政にとっては、景虎が滅亡した以上は、その支配権譲渡も消滅し、再び北条氏が掌握するものと認識していたと考えられる。そしてこうした経緯から、氏政と勝頼との関係は次第に悪化していった。甲越同盟の締結にあたって、勝頼の妹が景勝に嫁ぐという両者間の婚姻関係が成立し（実際の輿入れは同七年十月）、あわせて景勝は東上野支配権を勝頼に譲渡したとされる。ここに北条氏と武田氏は、ともに上野支配権の掌握を主張することとなった。北条氏はすでに二月の時点で武田氏に対する警戒を強めており（「宮崎求馬氏所蔵文書」戦二〇五五）、五月頃から小田原城などの普請を行っている（「桐生文書」戦二〇七四他）。これは武田氏との対決を想定してのものとみられ、もはや両者の衝突は避け得ない状況となっていた。

武田氏との対戦

八月下旬になると、勝頼は駿河に出陣し、伊豆国境に沼津城（静岡県沼津市）を構築して、北条氏に対して公然と敵対行動をとった。さらに勝頼は、佐竹氏ら反北条方諸将との連携を図り、七月には両者間に盟約が成立している。佐竹氏らは、三月から五月にかけて、小山・榎本への攻撃を断続的に行っていたが、勝頼との盟約成立をうけて、七月下旬から再び小山・榎本、さらに常陸土浦（茨城県土浦市）・森屋（同県守谷市）・古河を攻撃した。

こうした勝頼の敵対行動に対して、氏政は遠江徳川家康と盟約し、軍事行動を連携して勝頼の挟撃を図った（「家忠日記」）。そして下野・下総に進攻してきた佐竹氏らに対しては、嫡子氏直を出陣させ（「川田文書」戦二一〇一）、自身は九月中旬に伊豆に出陣し、同時に泉《いずみ》頭《がしら》城（静岡県清水町）などを構築して、その防備を固めた（「渡辺文書」戦二〇九九・「藩中古文書」）。そして両軍は、伊豆・駿河国境の黄瀬川を挟んで対陣した。ここに北条氏と武田氏は、本格的な抗争を展開することとなった。北条氏は徳川氏と、武田氏は佐竹氏らとそれぞれ盟約し、互いに遠交近攻策をとって対抗したのである。また氏政は、家康と盟約したうえでさらに、その同盟者である織田信長への接近をも図った(「信長公記」小Ⅰ四七六)。

黄瀬川での対陣は、双方に決定的な動きはなく、十一月下旬に氏政は退陣し、これをうけて勝頼は、伊豆に進攻したうえで、十二月九日に甲斐に帰国している(「野口文書」)。しかしその間に、勝頼は厩橋北条高広・那波顕宗・河田重親・白井長尾憲景ら、北条氏に属す旧上杉方の国衆の調略に成功し、彼らをもって氏邦の家臣が在城していた沼田城を攻撃させている(「藩中古文書」)。これにより上野において北条氏に従属する国衆は、御館の乱以前からの由良国繁・館林長尾顕長・富岡六郎四郎のみとなった。また佐竹氏らの進攻は、下野小山から下総古河・森屋に至る広い範囲にわたって、断続的に行われており、十一月にも再び小山・古河への攻撃がみられ、北条方の下野皆川氏が調略されている。さらに上野・武蔵国境地域においても北条・武田両軍の抗争が繰り広げられ、北武蔵における最大の拠点である氏邦の居城鉢形城が武田勢の攻撃にさらされた。

二　中央政権との接触

織田政権への従属

武田氏との抗争は、氏政にとっては劣勢の展開であったといえ、そのため翌天正八年（一五八〇）三月に、氏政は織田信長に再び使者を派遣した。この時の使者派遣の趣旨は、「御縁辺相調え、関東八州御分国に参る」（「信長公記」小I四七九）というものであった。これは織田氏側の認識ではあるが、氏政は、北条氏と織田氏との婚姻関係の成立を要請し、これをもって北条氏はその領国を信長の領国のうちに参じることを申し出た。いうまでもなく、これは北条氏の信長への従属の表明を意味した。氏政は、勝頼の攻勢の前に、ついに中央政権織田氏の旗下に属す途を選択したのである。ちなみに両氏の婚姻関係については、嫡子氏直に信長の娘を娶るという約束がなされた。またここで、北条氏の領国は「関東八州」と称されているが、北条氏が現実に関東全域を領国化しえていないことはいうまでもない。これは北条氏の関東全域の領有を信長が承認したことを意味しているととらえられる。

信長への使者派遣ののち、氏政は再び家康と軍事行動を連携し、三月末に伊豆に出陣して、六月初めまで伊豆・駿河国境で勝頼と対陣した（「那須文書」「内藤文書」）。さらに七月末にも、武田勢の伊豆方面への進攻をうけて、再び家康との連携のうえで、氏直が伊豆に出陣している（「新編会津風土記」戦二一八四）。氏直は、九月末まで伊豆における在陣している。この時、武田勢によって伊豆大平城（静岡県沼津市）が攻撃されている（「堀内文書」戦二一九四）。その一方、八月末頃に上野において北条氏の唯一の拠点であった沼田城が攻略された（「松代古文書写」）。氏邦の重臣で城将の用土《ようど》新六郎（のち藤田信吉）が、武田方の真田昌幸に調略されたことによる。そして九月二十日には、勝頼が上野に出陣して東上野に侵攻し、由良・館林長尾・富岡各領を席巻したうえで、由良氏の善城を攻略した（「家蔵文書」）。

これに合わせて、佐竹氏らも盛んに活動し、北条方であった下野壬生氏・佐野氏をも味方に付けた。さらに九月から十月にかけては、勝頼の上野侵攻に合わせて、小山・足利・上野館林を攻撃している。もはや、下野の国衆で北条方のものは存在しなくなり、佐竹氏らの軍事行動は上野にまで及ぶようになった。またこの年に、佐竹方は下総飯沼城の攻略も遂げている（「年代記配合抄」）。氏政は、勝頼の迎撃のために出陣し、武蔵本庄に着陣したものの、勝頼が利根川を越えてくると、決戦を避け、すぐに退陣するに至った。そして十月十二日に、勝頼は甲斐に帰国している（「上杉文書」）。

家督の交代

この間において注目されるのは、八月十九日に、氏政が氏直に軍配団扇《ぐんばいうちわ》を譲渡していることである（「北条文書」戦二一八七）。軍配団扇というのは、軍勢を指揮するための団扇であり、いわば軍事指揮権を象徴するものである。この軍配団扇が氏政から氏直へ譲渡されたということは、その軍事指揮権の譲渡を意味する。これはすなわち、家督の委譲を示している。この八月十九日の時点で、氏直は伊豆に向けて出陣する直前にあった可能性が高い。この軍配団扇の譲渡は、その出陣に際して行われたと推測される。

それでは何故、この時期に家督の交代がなされたのか。その直接の理由を示す史料はみられないが、おそらく、信長に派遣していた使者が帰国し、氏政の申し出に対する信長の返答が伝えられ、これをうけて、信長の娘婿となるべき氏直を一刻も早く家督に据える必要が生じたのであろう。そのため氏直の出陣にともない、実質的な家督の交代がなされたのではないかと考えられる。北条氏は、織田政権への従属の途を選択したことにより、その実現のために、家督の交代がなされたとみられる。この後、氏政は「御隠居様」と称され、「截流斎《せつりゅうさい》」の斎号を称した。一方の氏直は「御屋形様」、その陣中は「大手」と称されることとなる。時に氏政は四十三歳、氏直は十九歳であった。そして翌天正九年には、軍役改定、検地に替わる増反銭の設定などの「代替わり」政策が行われた（「道祖土文書」「甘粕文書」戦二二五二・六三他）。もっとも隠居とはいっても、その立場は当主と同等であり、権力から離れるわけではなかった。事実、氏康がそうであったように、氏政もこの後においても実質的な北条氏権力の最高指導者として君臨し、当主氏直を立てつつも、実質的に北条氏権力を主導していくのである。

天正九年（一五八一）三月二十二日に、徳川家康は遠江における武田方の最大の拠点である高天神《たかてんじん》城（静岡県大東町）の攻略に成功し、これにより武田氏は、遠江からの実質的な後退を余儀なくされ、その衰勢は決定的となった。これをうけてか、氏政は翌四月に、相模津久井衆・武蔵滝山衆らを甲斐郡内に侵攻させている（「新編相模国風土記稿」戦二二二六他）。また五月には、武田方の西上野国衆の宇津木下総守を調略し（「宇津木文書」戦二二三二）、白井長尾氏の調略にも成功している（「寿命院文書」戦二二三五）。他方、佐竹氏らは、五月に榎本城を攻撃、七月には小山領を攻撃している（「安良岡文書」戦二二三六・四九）。そして十一月には上野に進攻し、足利・館林・新田各領を攻撃して、十二月に帰陣している。

北条氏はこれより先に、駿河駿東郡における武田方の長窪城（静岡県長泉町）を攻略し、家老清水太郎左衛門尉を在城させていた（「清水正花武功覚書」）。そして武田氏は、これへの向かい城として天神ヶ尾《てじかお》（「手鹿尾」）城（同県沼津市）を構築していた。また北条氏は、八月中旬に、沼津城に対する向かい城として新たに徳倉《とくら》城（同県清水町）を構築した（東島誠「戦国時代の清水町」）。そして同月下旬に、伊豆在陣とみられる大藤式部少輔《だいとうしきぶのしょう》政信（二代目）がその天神ヶ尾城を攻撃し（「大藤文書」戦二二六八）、さらに徳倉在城衆らが沼津城を攻撃し、「宿城」（本城）にまで迫っている（「加古文書」戦四九三四他）。

この徳倉城には、伊豆郡代笠原新六郎政晴が在城した。彼は宿老松田憲秀の長男であったが、天正三年（一五七五）三月二日、伊豆郡代笠原千松（蒲原城で戦死した美作守の嫡孫であろう）が幼少のため、同十一年までその軍代を務めることを命じられている（「松田文書」戦一七七二）。その後、松田名字ではなく、笠原名字を称しているところをみると、千松の死去などがあり、あらためてその家督を継承したと推測される。またその実名については、これまで系図・軍記類に基づいて「政尭」「範貞」などとされてきたが、「古文書花押写」に収録されているその署判から、「政晴」であったことが確認される。

天正八年庚戌　笠原
七月三日　　政晴（花押）

これについては、「在庁知行書附」「豆州君沢郡安久村《やすひさ》土民所蔵」と注記されている。本文は知られないが、伊豆在庁に所領を充行ったものと推測される。また同文書は、安久村(同県三島市)百姓に所蔵されていたことが知られる。

ところが天正九年十月二十七日になって、その笠原政晴が、武田方の沼津城将曾祢《そね》河内守の調略によって、武田氏に寝返るという事態が生じた(「堀内文書」)。これをうけて、勝頼はその支援のために援軍を派遣し、さらに自身も駿河に出陣した。また氏政・氏直も伊豆に出陣し、両軍は再び国境において対陣した。しかしここでも、双方ともに決定的な動きはなく、十二月中旬に両軍ともに退陣している(「上杉文書」)。

武田氏の滅亡

北条・武田両軍がちょうどそれぞれ退陣した頃の十二月十八日、織田信長からの使者が徳川家康のもとにもたらされ、来春における武田氏攻めが通知されていた(「家忠日記」)。明けて天正十年(一五八二)二月一日、信濃の木曾義昌が武田氏から離叛して信長に従属した。これを皮切りに、信長の嫡子信忠、重臣滝川一益《かずます》らを先陣とする織田軍の武田領国への侵攻が開始された。続いて家康も駿河に進攻した。

北条氏は織田氏からの詳しい連絡がなかったため、この頃は織田氏と武田氏との戦闘状況についての情報収集に努めていたが、二十日になって織田氏からの連絡を得たとみえて、同日に陣触れを発し、駿河・上野への進攻を開始した（「武州文書」戦二三一四）。そして駿河方面では、北条氏規・太田源五郎（氏政の次男）を大将として、二十六日に天神ヶ尾、二十八日に徳倉・沼津両城、三月一日に深沢城（同県御殿場市）を相次いで攻略し、翌二日には吉原（同県富士市）まで進攻して、河東地域一帯を制圧した（「三上文書」「湯浅文書」戦二三一九・二二〇）。さらに富士川沿いを北上して、甲斐に向けて進軍している（「竹川文書」「渡井文書」戦二三二二〜二二四）。他方、上野方面では氏邦を大将として、神流川《かんながわ》を越えて西上野に進攻し、箕輪内藤昌月《まさあき》・和田信業《のぶなり》らの調略に成功している（「正村正視氏所蔵文書」戦二三二五）。

勝頼は織田軍の進攻を阻止できず、二月二十八日には信濃から甲斐に後退し、さらに三月三日には本拠新府城（山梨県韮崎市）からも退去して、郡内方面への逃避を図った。かたや織田方では、信長がようやく出陣したのがその翌々五日のことであった。そして先陣の信忠は、早くも同七日には甲斐に進攻し、甲府に本陣を据えている。また信忠の弟信房（一般には勝長とされている）らは、同日に上野に進攻し、武田方の国衆らの従属をすすめている。

そして十一日に、勝頼は東郡田野《たの》（同県甲州市）において滝川勢の攻撃をうけて、妻桂林院殿（氏政の妹）・嫡子信勝ともども切腹するに至り、ここに武田氏は滅亡を遂げた。信長は十九日に信濃諏訪（長野県諏訪市）に陣を据え、降参衆らの出仕などをうけた。氏政は端山《たんざん》という者を使者として、信長に進物を贈るとともに、祝儀を言上し、さらに二十六日、四月二日・三日と、立て続けに進物を進上している（「信長公記」小I四八三）。

北条氏は、武田氏の滅亡の時点で、駿河河東地域、上野中央部を制圧していたが、信長による旧武田領国の仕置で、上野は東国への取次を担当していた滝川一益に、駿河は徳川家康に与えられ、北条氏は全くその配分にあずかれなかった。むしろ、北条氏の勢力下にあった東上野も、信長の領国として画定され、北条氏は上野からの後退を強いられた。三月二十八日に、信長・信忠父子はともに諏訪を発って帰国の途につくが、同日に氏政は、伊豆三島社（静岡県三島市）に願文《がんもん》を捧げている（「三島神社文書」「清水文書」戦二三二九〜三〇）。願文の趣旨は、「信長公」が兼ねての約束のとおりに、氏直への娘の輿入れを一刻も早く実現して欲しい、というものである。さらに輿入れが実現すれば、北条氏と織田氏との関係は入魂となり、氏直の「関東八州」の領有も実現される、と述べている。氏政が信長との婚姻関係の成立を切実に願っていることがわかる。北条氏が数年来にわたり抗争を展開していた武田氏を、わずか一ヶ月で滅亡させてしまった織田氏の圧倒的な実力を目《ま》の当《あ》たりにした氏政は、信長との友好関係なくして、自家の存続と発展はありえないことを認識していた。

神流川合戦

天正十年（一五八二）三月二十三日に、滝川一益は織田信長から上野一国・信濃二郡を与えられたが（「信長公記」）、すでにそれ以前の同月十九日には上野に入国し、西上野の箕輪城（群馬県高崎市）に入城して、領国支配の拠点とした（「松平義行所蔵文書」）。さらに四月中旬には、国衆北条高広からその居城厩橋城（同県前橋市）を提供させて、同城に移っている（「石川忠総留書」）。そして上野国衆を自身のもとに出仕させ、人質を徴収するなどし（「滝川一益事書」）、さらに本領・新恩の知行充行などを行って（「北条文書」他）、上野国衆の把握をすすめていった。同時に下野・上総の国衆、安房里見氏、陸奥の芦名氏・伊達氏らの、関東・南奥の諸領主に対し、織田氏への従属、あるいは友好を呼びかけている。

ところが六月二日に京都本能寺の変によって信長が死去したため、にわかに織田分国は分裂化の様相を呈した。信長死去の情報は、同十日前後には関東の諸領主も入手し、ことの真相を一益に尋ねている。これに対して一益は、諸領主の動揺を恐れてか、つとめて平静を装う返答をしている（「富岡家古文書」）。氏政も信長死去とその後の情勢については、徳川家康から連絡を受けていたようであり、六月十一日に一益に書状を送り（「高橋一雄氏所蔵文書」戦二三四七）、「京都の様子」について実儀を尋ねている。さらに氏政は、当方に対して少しも疑心を抱く必要のないこと、氏政父子に相談してくれたなら、何事についても精一杯協力することを伝えている。この書状は、武蔵深谷に在陣する狩野宗円（弟氏照の家老）からの注進をうけて出されたものであるから、氏照衆が深谷に在陣していること、一益がその氏照衆に対して何らかの働きかけを行っていることがうかがわれる。

おそらく信長死去により、北条氏・滝川氏ともに互いに「疑心」を抱き、上野・武蔵国境地域の情勢が不安定なものとなったのであろう。そのため北条氏は深谷に軍勢を派遣し、滝川氏も同様の動きをみせていたとみられる。なおこの書状で注目されるのは、氏政が旧型の花押を据えていることである。氏政は、天正九年五月（「寿命院文書」戦二二三五）から八月（「服部玄三氏所蔵文書」戦二二三九一）の間に花押形を改判しているので、本来であればこの書状にも新型の花押が据えられるはずである。ここでわざわざ旧型の花押が据えられている理由については明確ではないが、花押形の改判以降、一益との間で連絡を取り合うことがなかったか、新型の花押は一益などの対外関係にはいまだ用いられていなかったか、いずれかであろう。

しかし氏政が協力を申し出ているのは、あくまでも社交辞令といえ、すでに武蔵国境に軍勢を派遣していることからみても、両者の政治的対立は決定的であった。そもそも北条氏は、上野半国の領国化を遂げていたにもかかわらず、それらが従属する国衆領であったことから、織田氏の東国進出にともなって、事実上の撤退を強いられていた。信長死去を契機に、その回復を図ったことは十分に推測される。その根底には、一益に従わざるをえない状態にいた、それら国衆の思惑もあったとみられる。そしてその数日後には、両者は手切れとなり、十六日に氏直を大将とする北条軍が上野倉賀野を攻め、一益がこれを迎撃した。次いで十八日・十九日に上野・武蔵国境の神流川畔の金窪（埼玉県上里町）・本庄原（同県本庄市）において両軍の激突がみられた。これを神流川合戦という。

十八日の初戦では、それぞれ先陣を務める氏邦勢と上野国衆勢が激突し、滝川方が勝利したが、続く十九日に氏直軍と一益軍との本軍同士が激突し、ここでは氏直軍が大勝し、滝川軍は退却した。さらに一益は、二十日に厩橋城からも後退して西上野の松井田城（群馬県安中市）に着城し、翌二十一日には信濃小諸城（長野県小諸市）に着城した。一方の氏直は、そのまま滝川勢を追撃して倉賀野を越え、惣社（群馬県前橋市）と箕輪の間まで進軍した。さらに同月下旬には上野・信濃国境の碓氷峠を越えて信濃に進軍した。一益は小諸城において態勢の立て直しを図ったとみられるが、すでに上野国衆や東信濃の国衆のほとんどが北条氏の調略に応じたため、二十六日に小諸城を発って、本国伊勢へ後退した。

徳川家康との同盟

滝川一益が上野・東信濃から没落すると同時に、信濃に配置されていた他の織田氏諸将も没落し、甲斐や信濃における織田分国はたちまちに崩壊した。そしてにわかに空白地となったそれら旧織田分国に対しては、東信濃へは一益を追撃するかたちで北条氏が、北信濃へは越後上杉景勝が、甲斐・南信濃へは遠江徳川家康が進軍し、それら周辺大名の草刈り場と化した。

滝川軍を追撃しつつ信濃に進攻した氏直は、七月十二日に小県郡海野《ちいさがたぐんうんの》（長野県東御市）に着陣し、翌十三日に真田昌幸ら小県・佐久両郡の国衆から出仕をうけ、同時に諏訪郡の諏訪頼忠の従属に成功している（「千野文書」「甲斐国志」戦二三六九・七七）。一方、徳川家康は甲斐を制圧したあと、信濃の経略をすすめ、十九日に先陣の酒井忠次が諏訪に着陣し、諏訪氏が徳川氏に従属しないために同氏を攻撃した。諏訪氏は援軍を氏直に要請し、そのため氏直は諏訪郡に向けて南進した。八月一日には先鋒の上野国衆小幡信真の軍勢が、諏訪高島城を包囲する徳川軍に迫っている。ここに信濃領有をめぐり、北条氏は徳川氏との抗争を展開することとなった。氏直の進軍をうけて、諏訪在陣の徳川軍は甲斐に後退した。氏直はこれを追って甲斐に進攻し、若神子（山梨県北杜市）まで進軍して、新府城に在陣する家康と対陣した。また北条氏は、氏忠を大将とする軍勢を、武蔵から甲斐郡内に進攻させ、御坂城（同県富士河口湖町・笛吹市）を取り立てて、郡内地域を確保した（「上野文書」戦二四三九他）。

ところが九月末になって、信濃の真田昌幸が徳川方に寝返り（「真田文書」）、十月に入ると家康と連携した佐竹氏ら北関東諸将による上野・下野への進攻がみられた（「金室道保氏所蔵文書」戦二四三〇）。また家康においても、北信濃をめぐる上杉氏との攻防もあり、織田信長の遺子信雄の勧めもあって、北条・徳川両氏は和睦を結ぶこととなった。十月二十九日に両氏間に和睦が成立し、甲斐郡内・信濃佐久郡・同諏訪郡は北条氏から徳川氏に割譲され、徳川方の真田氏が領有する上野吾妻・沼田二領は北条氏に割譲されるという、「国分」協定が結ばれた。さらに家康の娘が氏直に嫁すという婚姻関係も約され、両氏間の和睦は同盟関係へと転換した。翌天正十一年（一五八三）八月に輿入れがなされることになる。

ここに北条氏は、徳川氏との同盟締結、それによる国分により、上野一円の領有権を確保した。しかし徳川氏から割譲を約された真田氏領の帰属問題は、この後ただちには解決されず、やがて訪れる小田原合戦勃発への伏線をなす。

上野・下野への進攻

家康との和睦により、氏直は天正十年十一月十二日に武蔵に退陣し、さらに小田原に帰陣した（「高橋義隆氏所蔵文書」戦二四四六）。その一方、十月末から離叛した真田氏と味方の白井長尾氏らとの抗争が北上野において展開され（「林文書」戦二四九六他）、同月に北条氏は北上野に出陣した（「須田文書」戦二四四三他）。ここで北条氏は、上野国衆に参陣を要請したが、厩橋北条氏はこれに応じず、さらに離叛した。そのため北条氏は、翌天正十一年（一五八三）正月に、同氏攻略のために再び上野に出陣し、同氏が抱える利根川西岸の石倉城・惣社城を攻略した（「富岡文書」戦二四八九他）。次いで利根川を越えて厩橋領に進攻した。厩橋北条氏はこれに対して、越後上杉氏に服属を表明して、その援軍派遣を要請するとともに、佐竹氏・宇都宮氏らの反北条方諸将とも連携を図った。佐竹氏らは、同氏の要請をうけて下野の皆川領と佐野領の間まで出陣してきた。そのため北条氏は、同氏を攻略することができず、二月中には一旦帰陣した（「江口文書」）。

四月になって、北条氏は再び厩橋領を攻撃するとともに（「佐竹文書」）、同時に真田氏の沼田城や下野佐野領を攻撃した（「北条文書」「新編会津風土記」）。その後、氏直も厩橋北条氏攻略のために出陣する予定であったが、徳川氏との婚姻のために延引となった。その婚姻は、八月十五日に徳川家康の娘督姫が小田原に着輿して、氏直との祝言が行われている。この婚姻の成立により、徳川氏との、真田氏領の沼田・吾妻二領の北条氏への割譲協定が正式に成立した。そしてこの祝言ののち、北条氏は厩橋北条氏の本格的な攻略にかかり、九月十八日に同氏を降服させた。厩橋北条氏は、北条氏から赦免をうけるにともなって、本拠厩橋城から退去し、大胡領に後退することとなった。また北条氏は、下野の佐野氏・皆川氏・壬生氏らの攻略もすすめている。佐野氏は降服を申し出ているが、北条氏が本拠佐野城（栃木県佐野市）からの退去を要求したため、いまだ佐野氏の降服は確定されていなかった。また皆川氏・壬生氏については、じきに降服してくる状況にあった（「藩中古文書」）。厩橋北条氏の攻略を遂げただけでなく、下野の国衆の攻略も間近の状況にあった。

北条氏は圧倒的な実力を背景に、上野・下野に対して本格的な攻略戦を展開したのである。こうした状況に対し、吾妻・沼田領の真田氏は上杉氏と、また佐竹氏・宇都宮氏・結城氏らの北関東の反北条方諸将も上杉氏との連携を遂げた。さらに上杉氏を通じて京都の羽柴秀吉との結び付きを図っていた。いわば広範な外交活動を展開することによって、北条氏の攻勢に対抗しようとした。

古河公方の断絶

北条氏の北関東への本格的な進出に際して、北条氏の権力的性格に大きな変化をもたらすこととなったのが、関東の「将軍」である古河公方足利氏の事実上の断絶である。古河公方足利義氏は天正十年(一五八二)閏十二月二十日に死去したが、嫡子がなく、わずかに二人の娘が存在していたにすぎなかった。そのため後継者はただちには立てられなかったのである。義氏の葬儀は、翌十一年正月十三日に行われたが、北条氏が細部にわたって足利氏の奉行衆に指示を与えている(「喜連川文書」戦二四八一他)。また義氏死去後の古河城の仕置についても、北条氏が奉行衆に様々な指示を与えているから(「喜連川家文書案」戦四五〇五他)、義氏の死去により、古河公方権力は完全に北条氏に包摂された。さらにこの後、古河公方領国そのものも北条氏の直接的な支配下におさめられて、名実ともに公方領国は北条氏の領国に併合された。そして北条氏は、関宿城を拠点とする新たな領域を編成した。

この関宿領支配は、「御隠居様」氏政が担い、同時に氏政は、同領に隣接する武蔵の江戸地域と岩付領の支配も管掌して、領域支配体制の整備を図った。そしてそれらの領域に対する一体的な支配体制を確立することになる。氏政によるこの三領支配の掌握は、同時に利根川水系と常陸川水系の掌握をもたらし、関東の流通・交通体系において決定的な影響力を与えるものだった。そのため北関東の反北条方諸将は、北条氏に対する従属か、徹底的な抗戦かの選択を迫られることとなった。

また古河公方の事実上の断絶により、同氏が北条氏に実質的に包摂されたことで、それまで同氏が有していた権力も、次第に北条氏に吸収されていった。例えば、関東の国衆に対する官途補任は、古河公方の権限であったが、以後においては北条氏がこれを行っている(「小幡文書」戦二七九九)。国衆に対する官途補任権の事実上の掌握は、北条氏が関東における身分秩序体系の頂点に位置し、その構築者としての地位に立ったことを示している。そしてこれに呼応するかのように、北条氏の権力、あるいは北条氏当主の公的権力としての側面を表現する「大途」という用語が、北条氏は、あるいはそれに従属する国衆らは、これまで以上に強調し、多用するようになる。これらのことは、北条氏が「関東管領」という政治的地位を超えて、実質的な「関東将軍」化を遂げたことを示していよう。

氏政の妻

氏政の妻は二人の存在が確認される。最初の妻は武田信玄の長女黄梅院殿、後妻は出自不明の鳳翔院殿である。

黄梅院殿は、天文十二年（一五四三）生まれ。同二十三年十二月に、甲相駿三国同盟形成の一環として、氏政に嫁いだ（「勝山記」小I四四六）。その後は「小田原南殿」と称されている。弘治元年（一五五五）十一月八日に氏政の男子を出産しているが（「勝山記」）、この子は早世したとみられる。次いで同三年にも懐妊し、十一月十九日に父信玄は富士御室浅間社に安産を祈願している（「富士御室浅間神社文書」小I四四九）。おそらく同年末頃に出産したとみられるが、男女の別は不明である。氏政の子女の出生順を考えると、千葉邦胤室となる娘の可能性がある（高橋健一『芳桂院』）。その後、永禄五年（一五六二、一説に同七年）に長男氏直、同八年に三男氏房を生んでいる。さらに同九年にも懐妊したことが知られ、五月・六月に父信玄は先と同様に安産を祈願している（「富士御室浅間神社文書」小I四五六・「諏訪文書」）。この時に出生したのは、四男直重の可能性がある（佐藤八郎「武田信玄の娘たち」）。

しかし同十一年十二月の信玄の駿河侵攻によって、北条氏と武田氏の同盟関係は崩壊し、おそらく翌十二年になって、黄梅院殿は離別され、武田氏のもとに帰された。堪忍分として甲斐南古荘内定納一六貫文余を与えられている（「大泉寺文書」）。そして同年六月十七日に甲府で死去した。享年は二十七、法名は黄梅院殿春林宗芳大禅定尼（「北条家過去帳」小Ｉ四六二）。甲府大泉寺内に菩提寺として黄梅院が建立された。後に北条氏でも、天正三年（一五七五）に早雲寺内に菩提寺として同名の寺院を建立している。

後妻の鳳翔院殿については、具体的なことはほとんど伝えられていない。天正十八年（一五九〇）の小田原籠城中に生まれた七男勝千代は、彼女の所生とみられている。そして籠城中の同年六月二十二日に死去、法名は鳳翔院殿寄雲宗崇大禅定尼（「伝心庵過去帳」）。これは氏政の母瑞渓院殿と同日の死去であるから、自害の可能性があろう。

氏政の子女

氏政の子女としては、七男三女の存在が知られている。もっとも実際の長男として、弘治元年（一五五五）十一月八日に誕生している某がいるが（「勝山記」）、早世したとみられる。母は武田氏。この某の死後に長男として生まれたのが、家督を継承した氏直で、永禄五年生まれと伝えられる。母は武田氏で幼名は国王丸。

次男は源五郎で、永禄七、八年生まれ。母は武田氏とみられ、幼名は国増丸。天正三年から同五年頃に武蔵岩付太田氏資の遺女（母は氏政の妹長林院）の婿になり、その名跡を継承し、同八年から岩付城主になる。同十年七月八日に死去、法名は広徳寺殿功林宗勳大禅定門（「伝心庵過去帳」）。

三男は氏房で、永禄八年生まれ。母は武田氏で幼名は菊王丸。仮名は十郎を称し、天正十一年から岩付城主を務めた。文禄元年（一五九二）四月十二日に死去、法名は梅雲院殿玉翁昌蓮大禅定門（「伝心庵過去帳」他）。

四男は直重で、母は武田氏とみられる。永禄九年生まれか。仮名は七郎。はじめ叔父氏照の養子になっていたらしいが、天正十三年頃に下総千葉邦胤の遺女（母は姉芳桂院殿）の婿になり、その名跡を継承し、作倉城主を務めた。小田原合戦後は阿波蜂須賀氏の家臣になった。寛永四年（一六二七）三月一日に死去、法名は即室謙入居士（「北条家過去帳」）。

五男は直定で、叔父氏邦の養子になり、仮名新太郎を称した。小田原合戦後は紀伊徳川氏の家臣になったが、没年は不明。

六男は源蔵で、幼名を鶴と称し、叔父氏照の養子になった。小田原合戦後は采女と称したという（「小田原編年録」所収系図）。

七男は勝千代で、天正十八年生まれで、母は鳳祥院殿とみられている（同前）。

女子は、千葉邦胤室（芳桂院殿、弘治三年生まれか・天正八年死去）・里見義頼室（鶴姫・竜寿院殿、天正七年死去）・庭田重定室である。他に養女が二人あり、皆川広照室（実は中御門宣綱の娘）・小山秀綱室である。

三　氏政兄弟衆の動向

氏政兄弟衆

永禄年間（一五五八～七〇）以降の北条氏権力において、当主氏政・氏直を支えた中心的な存在は、氏政の弟たちであった。彼らは氏政の「兄弟衆」と称され、軍事・外交、さらに領域支配と、あらゆる側面において大きな役割を担っていた。氏政の弟は、氏照・氏邦・氏規・景虎がいたが、このうち景虎は越後上杉氏の養子となった。そのため兄弟衆といった場合、それは具体的には氏照・氏邦・氏規の三人であった。ここでこの三人の動向について、まとめてみていく。

氏照《うじてる》の登場

氏康の三男で、母は瑞渓院殿とされている。生年については諸説があり、およそ天文九年（一五四〇）、同十年、同十一年説がある。いずれも後世の史料によるものであるため確定できない。北条氏作成の系図類のなかで最も充実した内容にある「狭山藩史料一」所収北条家系図では、天文九年生まれとしているから、さしあたりここではこれを採用しておく。

幼名は藤菊丸といった（加藤哲「『油井領』の性格」）。史料上の初見は、弘治元年（一五五五）十一月に下総葛西城（東京都葛飾区）で行われた古河公方足利義氏の元服式に、父氏康に従って参加していることである（「鎌倉公方御社参次第」）。時に十六歳となる。後に氏照は足利義氏の後見役を務めるが、この元服式に参加した御一家衆は氏照だけであるから、それはすでにこの時から予定されていたとみられる。

次いで翌二年五月二日の相模東郡座間郷鈴鹿明神社（神奈川県座間市）再造棟札銘（戦五一八）に、大旦那として「北条藤菊丸」の名がみえている。同郷は武蔵由井城（東京都八王子市）を本拠とする他国衆大石綱周《つなかね》（道俊の子）の所領であった。藤菊丸は、大石綱周の婿養子となってその家督を継承するが、この時点で養子となっていたことが確認される。さらに綱周についての史料上の所見が前年までしかみられないから、この時点ですでに家督を継承していた可能性もある。

永禄二年（一五五九）十一月から、氏照は由井領支配のための朱印状を発給している（「三島明神社文書」戦六一五）。朱印は、「如意成就」の印文を刻んだ方形のもので、この後、同十二年七月までの使用が確認される（「斎藤直指氏所蔵文書」戦一二七八）。ちなみに同年十一月からは、印文未詳の別朱印を使用している（「新編武蔵国風土記」戦一三二九）。この初見発給文書がみられた時点で、すでに家督を継承し、由井領に入部して領域支配を行っていたことが知られる。

通称と本拠の変遷

永禄四年（一五六一）三月に「大石源三氏照」と署名しており、大石名字と、仮名源三、実名氏照が確認される（「加藤文書」戦六七〇）。大石名字は、大石氏の家督を継承した存在であることを明確に示し、元服もしくは家督継承にともなって称したとみられる。仮名源三は、養父綱周（初名憲重）のそれを襲用したものである（長塚孝「北条氏照継承前の大石氏」）。また在城名をとって「由井源三」と称されることもあった。元服は、弘治二年から永禄四年の間のこととなるが、年齢的なことを考えると、弘治二年五月からそれほど下らない時期に行われたのではないかとみられる。

名字については、その後、同十一年十二月に越後上杉謙信に送った書状において「平氏照」と署名しており（「春日俊雄氏所蔵文書」戦一一二七）、平姓＝北条名字に改称している。また仮名源三は、天正三年（一五七五）二月まで確認され（「諸家文書」戦一七六二）、同四年四月には受領名陸奥守を称している（「色部文書」戦一八四七）。「北条陸奥守」は、鎌倉幕府執権北条氏においては、相模守・武蔵守に次いで、北条氏の有力者が称する由緒あるものであった。氏照の同受領も、そうした由緒が踏まえられたとみられる。

氏照は、その本拠を二回にわたって移転している。永禄三年十二月に由井城が攻撃されている（「落合文書」戦一七五五）。おそらく上杉氏に応じた周辺の敵対勢力によるものと思われる。氏照は上杉氏の来攻に際しては同城に在城し、支配領域の維持に努めたことがうかがわれる。翌四年七月、北条氏は謙信方に属していた武蔵勝沼領の三田綱定を滅亡させた（「士林証文」戦七一六）。その支配領域はすべて氏照に与えられ、氏照は大石氏の由井領に加えて、三田氏の勝沼領を併せて領有することとなった。

さらに同六年四月から同十年九月までの間に、滝山城（東京都八王子市）を新築し、本拠を同城に移した（斎藤慎一「戦国期『由井』の政治的位置」）。上杉氏との攻防に対応するためであった。これにより、その支配領域は滝山領と称された。その後さらに、天正八年八月（「渡辺文書」戦二一八五）から同九年二月（「並木文書」戦二二一九）までの間に、八王子城（同前）を新築して、本拠を同城に移した。ちょうど甲斐武田氏との抗争が展開されていた時期にあたるから、それへの対応によると考えられる。これにより、支配領域は八王子領と称された。

氏照の動向

氏照は、他国衆に対する指南(取次)を多く務めている。永禄五年(一五六二)には下野佐野氏に対して務めているのをはじめとして(「涌井文書」戦七四六)、上総勝浦正木氏、武蔵忍成田氏、上野厩橋北条氏・那波氏、下総関宿簗田氏・同栗橋野田氏らの古河公方家臣、下総結城氏、下野壬生氏、常陸佐竹氏・牛久岡見氏・足高岡見氏、陸奥芦名氏・白川氏・田村氏・伊達氏などが確認されている。古河公方勢力および下野国衆、陸奥「大名」層が多くみられているのが特徴といえるであろう。受領名に陸奥守を称したのは、こうした陸奥の諸領主との関係にも基づいていたかもしれない。

古河公方足利氏との関係は、永禄十年に公方家宿老の簗田氏・野田氏に対して、北条氏への従属を取り次いだことから明確にみられるようになる(「簗田文書」「野田家文書」戦一〇一五・二〇)。同十一年九月頃から、野田氏は本拠栗橋城(茨城県五霞町)から退去させられ、同城には北条氏から在城衆が置かれた。その後、同城は氏照が管轄したとみられるから、在城衆も氏照の軍勢であったとみていいであろう（「小沼氏文書」「武州文書」戦一〇九七・一一〇八）。

同十二年七月に、氏照は栗橋衆を由井城在番に充てるため、前城主野田景範にその間における栗橋在城を要請している（「野田家文書」戦一二七七）。しかし北条方としての野田氏の存在はこれを最後にみられなくなり、その後、妻の実家簗田氏との関係からか、上杉氏に従属したようである。これに対して北条氏は、元亀三年（一五七二）十二月七日にこれを攻略し、城主野田景範を追放している（「雪の出羽路」戦四九一四）。そして同城とその支配領域は氏照に与えられ、以後において氏照は、同領支配をも管轄していく。その城代には家老布施美作守景尊《かげたか》が置かれた。

氏照が古河公方足利義氏の後見役を務めるのは、これより後のことであり、天正二年（一五七四）二月から確認される（「下之坊文書」戦一六九二）。この時、義氏は古河城に在城しており、氏照も栗橋城に在城していたようである。こうした両者の一体的関係の形成をうけて、氏照はその後見役を果たすようになったとみられる。この後、氏照は、北条氏と古河公方家の両者間における取次を一身に担い、北条領国内に所在する義氏御料所支配を管轄した。また義氏の本拠古河城の仕置について尽力し、同城に災害などで問題が生じた場合に、栗橋城をその居所として提供する、といったことがみられている。

天正四年二月からは、下野小山城・榎本城に入部し、それらを拠点とする小山領・榎本領の支配を管轄した。これらは前年に小山氏を没落させ、接収されたものである。小山城（祇園城）には、家老大石信濃守照基が城代として置かれた。彼は北条氏の宿老松田氏の一族で、盛秀の弟康定の子で、康郷・康長の弟にあたると推測される（黒田基樹「大石秀信について」『戦国大名領国の支配構造』）。大石綱周の叔父大石信濃守の婿養子となって、その家督を継承している（「異本小田原記」）。榎本城には、家老近藤出羽守綱秀が城代として置かれた。

小山城はその後、天正十年五月十八日に織田政権の介入により滝川一益に引き渡され、さらに同人より前城主小山孝山《こうざん》（秀綱）に返還された（「立石知満氏所蔵文書」戦二三四三）。併せて一定の所領も返還されたとみられる。孝山は滝川氏没落後は北条氏に従属し、他国衆となった。小山氏所領分以外については、引き続き氏照とその城代大石照基が支配した。孝山の小山城入部にともない、照基は同城から退去したとみられ、その後は同城の少し南に位置する長福寺城に在城したとみられている（市村高男『戦国期東国の都市と権力』）。

この他、氏照は天正十二年から下野藤岡城（栃木県藤岡町）を管轄している（斎藤慎一「北条氏照と藤岡城」）。同城を本拠とする国衆として茂呂又十郎康秀がいるが、彼は「小田原一《い》手役《てやく》書立写」（戦四二九五）では、古河公方家の城持衆の簗田氏・一色氏に続いて記載されているから、古河公方家奉公衆の出身であった可能性もある。またそれに続いて榎本城代近藤綱秀が記載されているから、氏照配下の城持衆であった可能性もある。いずれにしても茂呂氏が、氏照と密接な関係にあったことは間違いない。

氏照の妻子

天正十八年（一五九〇）の小田原合戦において、氏照は本城小田原城に籠城した。合戦後、その責任を問われて、七月十一日に兄氏政とともに自害した。享年は五十一。法名は青霄院殿透岳宗関大禅定門といった（「北条家過去帳」）。

妻は養父大石綱周の娘とみられる（「異本小田原記」）。大石氏関係の系図類では、前代の道俊の娘とするものが多いが、氏照とは世代が合わないうえ、それらでは道俊の子綱周の存在が脱落しているから、誤って伝えられたとみられる。名は「お豊」（「宗関寺記録」）とも「比左」（「大石系図」）ともされる。「宗関寺記録」によれば、天文十六年（一五四七）生まれで、文禄三年（一五九四）八月二十三日の死去、享年四十八といい、法名は月霄峯（院か）暉窓祐晃尼庵主とされる。また「永林寺過去帳」では、死去は八王子城落城の天正十八年六月二十三日、法名は天桂院殿輝窓祐晃禅定尼とされている（大石氏史跡調査研究会編「大石氏の研究」・「小田原編年録」所収系図）。

子女は、実子は女子一人が伝えられている。北条氏の重臣山中大炊助《おおいのすけ》頼元の妻で、天正十六年八月二十六日の死去、法名は霊照院殿中室貞心大姉といった（「天応院過去帳」北島藤次郎『北条氏照とその周辺』）。夫頼元の所領相模東郡下溝（神奈川県相模原市）に菩提寺として天応院が建立された。同所は、「役帳」では「油井（由井）領」として挙げられているから、元来は氏照の所領であった。そこには「今ハ中山（山中）彦四郎」という後代におけるものとみられる注記がある。この山中彦四郎は、「小田原編年録」所収山中系図によって、頼元のことと推測される。おそらく同地は、氏照から娘の化粧料として頼元に譲与されたとみられる。

頼元は、「役帳」では河越衆の「物主」の一人としてみえる山中内匠助《たくみのすけ》（頼次）の嫡子である。この山中氏は、後に河越衆から編成替えされ、当主直属となったようで、「小田原一手役書立写」では「山中〈小田原・大炊助〉」と、頼元が独自の一手（軍団）として記載されている。「天応院過去帳」では、天文十八年十一月十六日の死去、法名は慈光院殿松岸永秀大居士とされている（座間美都治『相模原の歴史』）。「小田原編年録」所収山中系図では、頼元の法名は「栄周」とされており、「永秀」と同音であるから、この慈光院殿が頼元であることは間違いない。そうするとその死去年は天文十八年ではありえないから、これは「天正十八年」の誤記とみるのが妥当であろう。

氏照は男子がなかったため、兄氏政の子を養子にしたが、それは二人が伝えられている。一人は四男直重であり、早雲寺所蔵「平姓北条氏系図」に「北条陸奥守氏輝（氏照）子無シテ直重ヲ養子トス」とある。これについては直重の子孫作成の「成立書幷系図共」にも「伯父北条陸奥守養子ニ罷成申候」と記されており、その養子から数代は大石名字を称しているることからみて、事実であった可能性は高い。直重は、天正十三年に下総千葉邦胤の婿養子としてその家督を継承し、そのまま小田原合戦を迎えるから、氏照の養子となったとすれば、それ以前のことであったと推測される。

もう一人は、六男源蔵である。「小田原編年録」所収系図には「初ハ於鶴、後釆女、陸奥守養子」とある。幼名を鶴といい、氏照の養子となって仮名源蔵を称したことがうかがわれる。「源蔵」は氏照の仮名源三と同音であるから、正しくは源三であった可能性が高く、氏照のそれを襲用したと考えられる。氏照の養子となったとすれば、兄直重が千葉氏の養子になった後、それに代わって養子とされたと推測される。通称釆女を称したのは、その後のこととみられ、高室院所蔵「北条家系図」にも、同名で記載されている。

氏邦《うじくに》の登場

氏康の四男で、母は瑞渓院殿とされている。生年については諸説があり、およそ天文十年(一五四一)、同十二年説などがある。いずれも後世の史料によるものであるため確定できない。「狭山藩史料一」所収北条家系図では、天文十年生まれとしているから、ここでもさしあたってこれを採用しておく。

幼名は乙千代といった。武蔵花園城(埼玉県寄居町)を本拠とする他国衆藤田泰邦の婿養子となって、その家督を継承する。泰邦は、弘治元年(一五五五)九月十三日に死去している。子には娘大福御前と嫡子梅王丸があったが、梅王丸は早世したという。そのため氏邦は、嫡女大福御前の婿となって、その家督を継承したとみられる。その時期については明確ではないが、永禄元年(一五五八)七月に「天神山御らう母」がみえており(「市谷八幡神社文書」戦五九三)、これが氏邦の養祖母を指すとみられるから、これより以前に婿養子となって、家督を継承していたと考えられる(浅倉直美「滝山領・鉢形領の成立と『関東幕注文』」)。その支配領域は藤田領と称された。そして同四年十二月十八日に、家臣秩父衆に対し本領を安堵する判物を発給しているのが（「逸見文書」戦七四〇）、史料上における初見である。時に二十一歳となる。

永禄五年十月（「逸見文書」戦七九一）から同七年六月（「久米文書」戦八五六）までの間に元服し、実名氏邦を名乗った。これは養父泰邦の「邦」に、北条氏の通字「氏」を冠したものである。実名が確認されるのと同時に、朱印状の発給も確認される。朱印は、上部に獅子と象の図案を据え、印文「翕応把福」を刻んだ方形のものである。この後、二回の改刻が確認されており、最後のものには像の図案はみられなくなるが、印文は同一である。元服とともに、朱印を使用したとみられる。

名字は、初め藤田名字を称した。同名字は天正十年（一五八二）七月（「武州文書」戦二三五八）まで確認され、同十五年十一月（「薄郷薬師堂鰐口銘写」戦三二一八）には北条名字を称しているから、その間に北条名字に復したことが知られる。仮名は新太郎を称した。現在のところその初見は、永禄十二年二月である（「歴代古案三」戦一一五〇）。同仮名は、元亀三年（一五七二）閏正月（「由良文書」戦一五七二）まで確認され、天正四年二月（「黒沢文書」戦一八三三）には受領名安房守を称しており、その間に改称したことが知られる。受領名安房守は、上野を本国とした山内上杉氏歴代のものであり、氏邦は北条氏の上野支配を中心的に担っていたから、氏邦による同受領は、その政治的地位の継承を表明するものとみられている（長塚孝「戦国武将の官途・受領名」）。

氏邦の動向

氏邦は、永禄十一年（一五六八）十月から翌十二年二月までの間に、鉢形城（埼玉県寄居町）を再興して、本拠を同城に移している（黒田基樹「武蔵北西部における地域権力の動向」）。ちょうど甲斐武田氏との抗争が展開され始めた時期にあたるから、これはそれへの対応によるとみられる。以後、その支配領域は鉢形領と称され、氏邦もその在所名から「鉢形」とも称されている。その後、元亀三年（一五七二）十一月に、甲相同盟にともなう「国分」の結果として、武蔵御獄領が武田氏から北条氏に割譲されると、氏邦は同領を与えられて、鉢形領に併合している。

氏邦も他国衆に対する指南を多く務めている。武蔵の深谷上杉氏、上野の新田由良氏・館林長尾氏・小泉富岡氏・国峰小幡氏・安中氏・和田氏・白井長尾氏・不動山河田氏・深沢阿久沢氏などが確認される。とりわけ上野については集中しており、氏邦の主要な役割が上野におかれていたことが、ここからもうかがうことができる。

北条氏は、天正六年（一五七八）の越後御館の乱の展開のなかで、上杉方の沼田城を攻略しており、同城は氏邦に与えられた。氏邦は同城に家臣を在城させたが、初めは家老富永能登守助盛（のち猪俣邦憲）が城代として置かれたとみられる（「北爪右馬助覚書」）。その後、同八年には重臣用土新六郎（のち藤田信吉）が城代として置かれている。しかし同年八月頃に、彼は武田氏に従属したため、同城は武田氏に帰属している（「松代古文書写」）。またやはり御館の乱の過程で、北条氏は女淵城（群馬県前橋市）を接収したらしい。同城は、御館の乱の展開にともなって、館林長尾顕長の家臣新居長重が、もと上杉方で北条氏に従属した城主後藤勝元から、その越後進軍中に経略したものであった（「真田文書」）。詳細は不明であるが、同城は直ちには新居氏には与えられず、北条氏が接収することとなったようである。そして同城は氏邦に与えられ、同七年十一月には富永助盛が在城した（「奈良原文書」戦二一一六）。沼田城からの配置替えとみられる。その後、同城は、翌八年十一月に新居長重にあらためて与えられている（「奈良原文書」）。

氏邦の上野支配

北条氏は、天正十年（一五八二）の滝川一益没落後に、再び上野において支配領域を獲得する。具体的には、国衆箕輪長野氏の支配領域に系譜を引き、武田氏、滝川氏に継承された西上野の箕輪領と、武田氏滅亡にともなって没落した西上野の三ツ山城（群馬県藤岡市）を本拠としていた国衆長井政実の支配領域を中心としたものであった。北条氏も箕輪城（同県高崎市）を支配拠点とし、それらを管轄させた。これによって新たな箕輪領が形成された。そして同領支配は氏邦に委ねられた。滝川氏没落直後の七月に、氏邦は箕輪極楽院に寺領を安堵しているから（「極楽院文書」戦二三六四）、ただちに氏邦は同領支配を担ったとみられる。

氏邦による同領支配は、北条氏当主の領域支配権を前提としたものであり、氏邦はそのなかで、城付領における検地、年貢・公事収取、家臣らへの知行安堵・充行などの権限を認められたものであった。これは北条氏本国地域における玉縄領・小机領・三浦郡と同様の性格のものととらえられる。その意味で、本領である鉢形領支配とは性格が異なった。

しかし同十五年になると、その権限は大幅に拡大されたようで、事前における北条氏当主の了解を得るなどのことがみられなくなっている。これと同時に、箕輪城には家老猪俣能登守邦憲を城代として据えている。また吾妻・沼田二領の真田氏に対する前線拠点として大戸城（同県東吾妻町）を取り立て、重臣斎藤摂津守定盛を城代として据えて、周辺地域支配を管轄させている。この箕輪城・大戸城を中心とした新たな領域編成にともなって、氏邦の権限も拡大され、そのもとで猪俣邦憲・斎藤定盛がそれぞれ城代として直接に担うこととなった（浅倉直美『後北条領国の地域的展開』）。

天正十七年七月に、羽柴秀吉の裁定によって吾妻・沼田二領が真田氏から引き渡された。北条氏はこれを氏邦に与え、氏邦は猪俣邦憲を城代として据えて、同領支配を管轄させた。箕輪城がどのように処置されたのかは明らかではないが、他の重臣が派遣されたと推測される。そしてこれにより、氏邦は箕輪領に加えて、沼田領支配をも担った。

小田原合戦後の氏邦

天正十八年（一五九〇）の小田原合戦において、氏邦は居城鉢形城に籠城した。同城への羽柴方の攻撃は、六月初旬頃から行われたようである。六月七日付で羽柴秀吉が家臣加藤清正に宛てた書状（「鳥居文書」）には、「北条安房守御詫言申し上げ候へ共、聞こし召し入れられず」と述べているから、攻撃前後に氏邦は降服を申し出ていたこと、しかし秀吉はこれを受け容れなかったことがうかがわれる。そして鉢形城は、同十四日に開城した。

これについて秀吉は、やはり加藤清正に宛てた六月二十八日付の書状（「徴古雑抄四六」）において、「武州鉢形城北条安房守居城候を押し詰められ、則御成敗有るべしと思し召され候所に、命の儀は御助け成され候様にと御詫言申し上げ候に付き、去十四日に城を請け取られ候、安房守剃髪し山林へ（候か）」と述べている。氏邦をはじめ在城兵について、当初は成敗する予定であったが、城兵等の助命の詫言をしてきたため、助命を認めたこと、城引き渡しにあたり、氏邦は剃髪して降参の姿勢をとり、出城後は「山林」（隠遁）したことが知られる。氏邦の隠遁先は、花園城下の正龍寺といわれている。

その後、秀吉から攻城軍の大将の一人であった前田利家に預けられ、利家に従って、その領国加賀に移った。利家からは、知行一〇〇〇石を与えられ、能登紬（石川県七尾市）に居住したといわれる（「高徳公武功書」）。翌十九年十月二十六日付の利家の領知目録に、能登鹿島郡佐味内太田村（同前）について、「千俵（五〇〇石）　安房守殿」とあり、知行一〇〇〇石のうち半分は、太田村で与えられていた（田尻高樹「金沢入り後の北条氏邦の所在地　知行地は鹿島郡太田村」）。そして慶長二年（一五九七）八月八日に死去した。享年は五十七。法名は昌龍寺殿天室宗青大居士といった（「正龍寺過去帳」）。

氏邦の妻子

氏邦の妻は養父藤田泰邦の娘で、大福御前と称されている。天文十年（一五四一）生まれで、文禄二年（一五九三）五月十日に死去し、享年は五十三、法名は貞心院殿花屋宗栄尼大姉といった（「正龍寺過去帳」「狭山藩史料一」所収北条家系譜）。

氏邦の子女については、長男東国丸・次男亀丸・三男光福丸・四男庄三郎（采女）の四人の男子と、養子として氏政の五男直定があった。

長男の東国丸は、天正十一年（一五八三）三月に死去し、法名は東国寺雄山桃英とされる（「新編武蔵国風土記」）。次男の亀丸は、出家して法名鉄柱と称したという。九月晦日付で氏邦が正龍寺方丈に宛てた書状（「正龍寺文書」）に、「明日亀丸得度致し、鉄柱と呼び候由、感じせしめ候」と述べている。その後の動向については伝えられていない。幼少から僧になっているところをみると、武将には相応しくない理由があったのかもしれない。三男以下は、小田原合戦時には幼少であったとみられるから、長男東国丸の死去をうけて、氏邦は兄氏政の五男直定を養子に迎えたのではないかと推測される。

三男の光福丸は、天正十五年生まれとされる。鉢形落城後は旧臣町田氏に養育されたといわれ、慶長四年（一五九九）七月十五日に死去し、享年は十三で、法名は医王院殿寿林光福大童子とされる（「鉢形城之由来並町田家譜」）。

四男の庄三郎（少三郎とも）は、「利家夜話」などによると、初め京都紫野大徳寺で喝食《かつじき》となっていたが、慶長二年に父氏邦が死去すると、利家は彼を召しだし、元服させて北条庄三郎と称させ、氏邦の遺領一〇〇〇石を相続させたという。その後、通称を采女と改め、利家の甥前田慶次郎利太《としのます》の娘を妻に迎えた（「温故集録」）。慶長十七年（一六一二）・十八年頃のものという「慶長之侍帳」に、山下兵庫・江守半兵衛組のうちに「一〈越中〉千石　人馬三拾人　北条采女」とみえ、元和年間（一六一五～二四）の「元和之初金沢侍帳」に、大西金右衛門・滝川玄蕃《げんば》組のうちに「同（千石）　北条采女」とみえている。

その後、采女は死去し、子の主殿助《とのものすけ》が家督を継ぎ、「寛永四年（一六二七）侍帳」に、滝川玄蕃・大西金右衛門組のうちに「一　千石　北条主殿助」とみえている。主殿助は、正保四年（一六四七）六月に病死した。男子がなかったため、知行は収公され、娘に五人扶持が与えられた（「古組帳抜粋」）。これにより、前田氏家臣北条氏は断絶した。

氏規《うじのり》の登場

氏康の五男で、天文十四年（一五四五）生まれ。母は瑞渓院殿。弘治二年（一五五六）十月に、母方の祖母寿桂尼（今川氏親後室）に預けられるというかたちをとって、今川氏への事実上の人質として、その本拠駿府におかれていたことが、史料上の初見である（「言継卿記」）。ここで氏規は、「大方（寿桂尼）之孫〈相州北条（氏康）次男也〉」と、氏康の次男と記されている。実際には五男であるが、嫡兄氏政に次ぐ次男と認識されている。その理由は明らかではないが、対外関係において氏規は次男格として位置付けられていたか、正室瑞渓院殿の所生で次男であったのか、といったことが想定される。仮に後者であるとすれば、兄の氏照・氏邦は瑞渓院殿の所生ではなかったことになる。

氏規の駿府生活が何時からのことなのかはわからないが、二年前の天文二十三年（一五五四）七月に氏康の娘早河殿が今川義元の嫡子氏真に嫁いでより以後のことであったと思われる。駿府生活はしばらく続いたようであり、元服も、義元のもとで行われたとみられる。仮名は助五郎を称したが、これは今川氏代々の仮名五郎に、助の一字を付したものと考えられる。そして永禄五年（一五六二）六月には、遠江浅羽荘（静岡県袋井市）を所領として、おそらく在府料（滞在費）として与えられていたことが確認される（「尊永寺文書」）。またこれによって、この時点まで駿府に居住していたことが知られる。

氏規の北条領国における活動が確認されるのは、永禄八年正月からである。すでに二十一歳になっていた。伊豆手石郷（同県南伊豆町）の修福寺住持に、寺領を安堵する朱印状を発給している（「伊豆順行記」戦八九一）。同五年六月から前年末頃までの間に、氏規は北条氏のもとに戻ってきたことがわかる。それにともなって所領を与えられ、これはその所領支配を示すものと考えられる。同郷はこれ以前は北条氏の直轄領であったから、これは領主の交替にともなって出されたと推測することができる。そうすると氏規は、永禄七年に北条氏のもとに戻り、あらためて所領を与えられた可能性が高い。朱印は、一辺三・五センチメートルの方形で、印文「真実」を刻んだものである。この朱印は、小田原合戦後においても使用された。

またその後の通称の変遷についてみておくこととする。仮名助五郎は、天正四年（一五七六）六月（「北条文書」戦四四七一）まで確認される。同四年九月（「堀内文書」戦一八七五）から同五年八月（「遠藤文書」戦一九三六）までは官途名左馬助を称している。そして同六年正月（「遠藤文書」戦一九六四）から受領名美濃守を称している。

氏規の支配領域

永禄九年（一五六六）七月に、氏規は故為昌の菩提寺本光寺に対し、本光院殿《ほんこういんでん》（為昌）の施餓鬼銭を与えている（「本光寺文書」戦九六三）。これは氏規が、故為昌の菩提者となったことを示している。本光院殿の菩提料は、それまで玉縄北条綱成が知行していたが、ここでそれらは氏規に継承されている。氏規は、綱成の次女を妻として、その婿となっているから、本光院殿の菩提者の立場は、この関係に基づいて綱成から継承されたとみられる。またその旧臣団である本光院殿衆（三浦衆）も、氏規に付属されている。これらのことは、氏規が為昌の後継者に位置付けられたことを意味している。

それは具体的には、相模三浦郡支配の継承であった。翌十年二月から、氏規は三浦郡支配を展開したことが確認される（「永島文書」戦一〇〇九）。為昌の死去後、三浦郡支配については、郡代支配は綱成が行い、三浦衆に対する軍事指揮は氏康が行っていた。氏規は、両者からそれらの権能を継承し、これを統合して三浦郡支配を展開したのである。その本拠は、引き続き三崎城（神奈川県三浦市）とされ、同城には家老の南条因幡守昌治や山中修理《しゅりの》亮《すけ》（のち上野介）康豊などが城代として置かれている。両者はいずれも為昌の旧臣で、本光院殿衆に編成されていた者である。そして北条氏滅亡まで、氏規は三浦郡支配を管轄した（黒田基樹「北条氏規の三浦郡支配の成立」『戦国大名北条氏の領国支配』）。

氏規はその後、天正十五年（一五八七）頃から上野館林城（群馬県館林市）の城代を務め、同城に付属する館林領の支配を管轄している。同領は、同十三年正月に、それまで敵対していた館林長尾顕長が北条氏に降参し、その本拠館林城とそれに付属する所領が北条氏に接収され、北条氏が直接に支配を管轄していたものである。同年十一月までは北条氏による直接支配が展開されているから、氏規の入部はその後のことである。その時期は明らかではないが、同十四年八月に北条氏が隣接する下野佐野領を接収しているから、おそらく同領接収に至る政治過程のなかで、氏規の同領入部がみられたのではないかと推測される。

入部当初、氏規は館林城に在城し、同城付属の家臣らに知行充行・安堵などを行ったとみられるが、同十五年三月以降は同城在城の形跡は全くうかがわれない。しかし、同領支配は北条氏滅亡まで管轄している。館林城にはその城代として、家老南条昌治が置かれたとされている（黒田基樹「北条氏の上野館林領支配」『戦国期東国の大名と国衆』）。

氏規の韮山城在番

この他、氏規がしばしば在城したものとして伊豆韮山城（静岡県伊豆の国市）がある。永禄十二年（一五六九）十一月（「山吉文書」戦一三四一）から翌元亀元年（一五七〇）九月（「越前史料」戦四〇二三）にかけて、武田氏との抗争にともなって同城に在城したのを始め、同二年七月には家臣朝比奈泰寄《あさひなやすより》の同城在番が確認されるから（「越前史料」戦四〇五九）、引き続きその家臣の在城がみられている。この後、西方との軍事的緊張が生じると、その都度、同城に在城している。

天正七年十月（「星谷文書」戦一二〇八）から同十二年七月（「田島文書」戦二六九一）にかけての在城は、武田氏、次いで徳川氏との抗争による。同十四年三月にも在城がうかがわれるが（「西山本門寺文書」）、それ以前からの在城が継続されていたのであろうか。この時、氏規は徳川家康から、破却となった徳川方の駿河三枚橋城（沼津城）の兵粮を貸与されている。

次いで同十五年十月に在番が確認されるが（「越前史料」戦三二〇二）、氏規の在城について、「当番」とあるので、他者との交替をともなう継続的な在城ではなかったことがわかる。これは羽柴氏との軍事的対立にともなうものとみられる。そして同十七年三月（「宮内直氏所蔵文書」戦三四三〇）から在城し、そのまま小田原合戦を迎え、同十八年六月に落城している。

氏規の在城は、基本的には在番であった。特に西方との軍事抗争が展開されたときに、継続的に在城したが、その在城は他者との共同によるものであり、氏規が単独で在城したのではなかった。氏規は、在城衆や周辺諸城に対して軍事指揮にあたったり、同城普請などを差配したが、それらは独自の権限によるものではなく、あくまでも北条氏当主の命令に基づいて行われたものであった。伊豆には別に郡代として笠原氏・清水氏が存在していたし、城付領に対しても独自の支配権は認められていなかった。韮山城における氏規の立場は、あくまでも城将の一人であり、その立場は三崎城や館林城におけるものとも大きく異なるものであった（黒田基樹「北条氏規文書の考察」）。

氏規の外交

氏規も、北条氏の他国衆に対して指南を務めているが、氏照・氏邦と比べれば圧倒的に少なく、上総長南武田氏が確認されるにすぎない。この他、上総東金酒井氏もその可能性が想定される程度である。これらのいわば領国内の外交に対して、氏規に主要な活躍がみられたのは、むしろ対外的な外交関係であった。

永禄九年（一五六六）頃に室町幕府将軍候補の足利義秋（のち義昭）の家臣らを列記した史料（「光源院殿御代当参衆幷足軽以下衆覚」小Ｉ四五七）には、北条氏については氏康・氏政に続いて氏規が挙げられており、しかも「氏康次男」と記されている。氏規が、氏照・氏邦をさしおいて、室町将軍家の直臣の地位にあり、そのため対外的には「氏康次男」と認識される存在であったことがわかる。以後においても、室町将軍家との外交は、氏規が担っている。同様に古河公方足利氏に対しても、足利義氏の書札礼書（「義氏様御代之中御書案之書留」）に、「管領」北条氏の「親類中」（御一家衆）への書札例文として、

謹言　日下（署名）アリ　北条陸奥守殿
同助五郎殿

とあって、義氏後見役の兄氏照と並んで氏規が挙げられており、氏規もその取次を務めたことがうかがわれる。

周辺大名に対しては、永禄十二年に安房里見氏、天正五年（一五七七）・六年に陸奥伊達氏との外交を担っているが、何よりも重要な役割を果たしたのは、徳川氏との外交である。永禄十二年五月に、北条氏は徳川氏と和睦し、今川氏真が籠城する遠江懸川城（静岡県掛川市）を開城させたが、その交渉を担ったのが氏規であった（「酒井文書」戦一二二九）。氏規はかつて駿府生活のおりに、人質として同地で生活していた徳川家康と知己の関係にあったというから（「武徳編年集成」他）、氏規が家康との外交にあたったのは、そういう経緯が踏まえられていたとみられる。

以後における徳川氏との外交においても、氏規が取次を務め、さらにその関係から、羽柴氏との交渉も担うこととなる。天正十六年（一五八八）八月に、氏規は上洛して羽柴秀吉に拝謁するが、これもそうした役割に基づいたものであった。結果として、この羽柴氏・徳川氏との関係が、北条氏滅亡後において、氏規が北条氏御一家衆として唯一存続を果たす要因となる。北条氏滅亡後の動向については、第五章で触れる。

第五章 北条氏直

北条氏直画像　神奈川県箱根町・早雲寺蔵

一　羽柴政権との交渉

氏直の登場

氏政の嫡子氏直は、永禄五年（一五六二）生まれで、母は黄梅院殿。ただし第四章「氏政の登場」で述べたように、「顕如上人貝塚御座所日記」の記載に基づけば、同七年生まれとなる。ここでは氏政の場合と同様に、さしあたって各種北条系図の記載に基づいて述べていく。また氏直は、正確には次男にあたるが、弘治元年（一五五五）十一月八日に生まれた氏政の長男は、早世したとみられるから、氏直は誕生時にはその長男であった。

幼名を国王丸といい、永禄十二年五月末頃に、前駿河国主今川氏真の養子となって、その名跡を継承した。武田信玄の駿河侵攻により遠江懸川城に籠城していた氏真は、北条氏と同城を包囲する徳川氏との和睦により、同月十七日に北条氏に引き取られ、その後、沼津に在所していた。同月二十三日に、氏真は国王丸を養子に迎えることについて、氏政と相談する意向を示しているから（「三浦文書」小I四六二）、沼津到着と同時に、その名跡委譲の話があがっていたとみられる。そして翌閏五月三日に、氏政は駿河在陣の家臣らに対して、「氏真縁者の筋目をもって、名跡国王に相渡され候」と、氏真が親類であることから国王丸に名跡を譲ったことを伝えており（「諸家所蔵文書」戦一二三二）、それまでに、国王丸と氏真の養子縁組、さらに国王丸による名跡継承が行われたことがわかる。

このことから、国王丸は駿河今川氏の当主となったとみられる。しかし元亀二年（一五七一）十二月における武田氏との同盟により、駿河国主今川氏の名跡の有効性は失われ、さらに氏真自身も、天正元年（一五七三）には北条氏のもとを離れるから、こうした経緯のなかで、国王丸の今川氏当主としての地位も自然に解消されたとみられる。

天正五年三月に、氏直は古河公方足利義氏に「初めて言上」している。義氏からの返書には、「新九郎殿」と宛てられているから（「喜連川家文書案」戦四四七四）、氏直がこれ以前に元服したこと、仮名は当主歴代の新九郎を称したことが確認される。義氏に初めて言上したというのであるから、それは元服を踏まえてのことであったと推測される。元服は、前年末もしくは同年初めのことであった可能性が高い。時に十六歳である。そしてこの年十月の上総出陣において、初陣を遂げている（「喜連川家文書案」戦四四七七）。

天正八年八月十九日に、氏政から家督を譲られ、北条氏の当主となった。以後においては「御屋形様」と称されている。そして同十一年八月十五日に、遠江徳川家康の次女督姫を正室に迎えた。北条氏権力の主導権は、「御隠居様」と称された父氏政にあったが、すでに氏直も、天正十年以降からは軍事行動の中心を担い、感状や知行充行《ちぎょうあてがい》・安堵状《あんどじょう》の発給も盛んにみられるようになっている。氏政の発給文書は、自身が管轄する領域支配に関するもの以外では、外交関係などの書状類がほとんどであるから、氏直は、北条氏権力の主要部分の多くをすでに担っていたとみることができる。

この後の天正十一年十二月（「兼見卿記」戦四五二二）が、仮名新九郎についての終見であり、同十六年五月（「鰐淵寺文書」戦四五三四）には、氏政は受領名相模守を、氏直は当主歴代の官途名左京大夫を称している。その間に両者の転任が行われたことが推測される。これにより氏直は、当主としての装いをさらに充実させた。

藤岡・沼尻合戦

北条氏は天正十一年（一五八三）には、徳川氏との婚姻を成立させ、続いて厩橋北条《きたじょう》高広を攻略し、さらに佐野氏・皆川氏・壬生氏ら下野の国衆を圧迫していたが、その上野・下野の経略は容易にはすすまなかった。厩橋北条氏を攻略した翌月の同年十月に、今度は新田由良国繁・館林長尾顕長が北条氏から離叛したのである。これは由良国繁・長尾顕長兄弟が、厩橋北条氏攻略の祝儀を述べるために厩橋城（群馬県前橋市）に在陣する氏直のもとに出仕した際、氏直が下野の本格的侵攻に備えて、両者に本城の借用を申し入れたところ、その家臣らが所領没収と早とちりして本城に帰城して籠城の用意をし、そのまま離叛に至ったものであった。このため国繁・顕長は捕縛されて小田原に送られ、軟禁された。北条氏は両者の本城である金山城（同県太田市）と館林城（同県館林市）を攻撃することとなった（「石川忠総留書」）。金山・館林両城では、国繁・顕長兄弟の母妙印尼（由良成繁の後室）を中心に籠城戦を展開し、また常陸佐竹義重・下野佐野宗綱らの援軍とともに、隣接する北条方の小泉富岡対馬入道・今村那波顕宗らとの軍事抗争を展開した。

翌十二年四月、北条氏は由良・長尾両氏とこれに隣接する佐野氏攻略のために、下野足利領と佐野領に進攻した。これに対して、由良・長尾両氏や佐野氏らを支援する佐竹氏らは結集して佐野領に出陣してきたため、両軍は渡良瀬《わたらせ》川を挟んで、それぞれ藤岡・沼尻（栃木県藤岡町）に陣して対陣した。両軍の対陣は四月下旬から七月上旬にわたり、約三ヶ月におよんで展開された。この対陣の間に北条氏は、他方において、由良方の桐生領深沢城（群馬県桐生市）の阿久沢彦二郎や佐竹方の常陸小田城（茨城県つくば市）の梶原政景らの調略に成功するなど（「藩中古文書」「色部文書」戦二六八三）、佐竹方勢力の切り崩しをすすめている。

また北条氏による足利（栃木県足利市）攻め（「松雲公採集遺編類纂」戦二六六三）、佐竹氏の小山（同県小山市）攻め（「天野文書」戦二六六九）、由良氏らの深沢・小泉（群馬県大泉町）攻め（「古今消息集」「大藤文書」戦二六七六・八〇）など、周辺地域において局地的な戦闘がみられているものの、藤岡・沼尻における両軍の対陣自体には、双方に決定的な動きはみられなかった。そして七月十三日になって、佐竹方を支援する越後上杉景勝が上野国境に進軍してきたため、北条氏は氏照に佐竹方との和睦周旋を図らせ、双方において血判起請文を交換して、同月二十二日に両軍ともに退陣した（「土田文書」小I六八九・「皆川文書」）。

この両軍の藤岡・沼尻対陣において注目されるのは、ちょうどこの間に中央において羽柴秀吉と徳川家康との小牧・長久手合戦が行われていることである。北条氏は徳川氏と、佐竹方勢力は羽柴氏と結び付いており、徳川氏は尾張への出陣に際して北条氏に加勢の派遣を要請していた（「不破文書」戦二六六四）。結局、北条氏が下野で佐竹方と対陣に至るため、徳川氏への援軍派遣は実現されなかった。そこには羽柴氏による、北条氏の徳川氏への援軍派遣阻止の働きかけがなされていたともみられる。上杉氏の出陣についても、膠着化した戦況を打開するための羽柴氏からの要請によるものであった。このように、この両合戦は密接に結び付いて展開されていたのであり、もはや関東における抗争も、中央情勢と全く無関係に展開されることは許されなくなりつつあった。

伊達政宗との連携

藤岡からの退陣後、北条氏はただちに新田・館林両領に進攻するが（「佐竹文書」）、ひとまず退陣し、十二月に入って再び本格的な攻略を図り、両領に進攻した（「松田文書」戦二七五八）。この時には、小田原に軟禁中の由良国繁・長尾顕長との和睦もすすめられ、北条氏の先陣である氏照が利根川を越えて両領に本格的な進攻を開始すると同時に、国繁・顕長はそれぞれ金山・館林両城の籠城衆に、開城、降服を勧告した。結局、両城は主君の勧告を聞き入れ、主君の帰城をうけて開城、降服した（「佐竹文書」「石川忠総留書」）。氏直の率いる本軍が利根川を越えて両領に着陣したのは、明けて天正十三年（一五八五）正月初めであった。ここで氏直は、由良氏・長尾氏からあらためて降服のための出仕をうけた（「北条文書」戦二七六六）。そして両氏の本城金山・館林両城と城付領を接収し、両氏にはその他の旧領を安堵し、由良氏は桐生領に、長尾氏は足利領にそれぞれ後退することとなった。これにより、上野において北条氏に従属していない国衆は、真田氏を残すのみとなった。続いて同年四月には、下野壬生義雄《よしかつ》の従属に成功している（「温故知新集」戦二七九八）。さらに八月下旬には、下野宇都宮国綱を圧迫して、その本拠宇都宮城（栃木県宇都宮市）から新たに構築した多気山《たけざん》城に後退させている（「歴代古案」他）。

この間の六月に、北条氏は陸奥伊達政宗への接近を図っている。北条氏はすでに前年から伊達氏との通好を行っているが（「遠藤文書」戦二六五五）、伊達氏では前年十月に輝宗から政宗に家督が交替されたため、北条氏はあらためて新当主の政宗に対して通好を求めている（「片倉文書」戦二八一六）。政宗は天正十三年五月に、南奥における最大の政治勢力である芦名氏領への侵攻を展開していたが、この芦名氏は前年の藤岡・沼尻合戦において佐竹氏に援軍を派遣しているように、佐竹方勢力の一員であった。すなわち南奥においては伊達氏と佐竹方勢力との抗争が全面的に展開されていた。一方、北条氏においても壬生氏の従属を契機に、下野侵攻が本格化しつつあり、同時に佐竹方勢力との本格的抗争の展開が想定されていた。こうして反佐竹氏の立場にある北条氏と伊達氏は互いに接近しあい、以後において頻繁に連絡を取り合って、事実上の軍事的連携化を図っていく。

下総作倉領の併合

九月に入ると、徳川氏からの真田氏攻撃の要請をうけ、上野沼田領攻めに転じた（「東京国立博物館所蔵文書」戦二八五五）。真田氏はこれまで徳川氏に従属していたが、前年頃から上杉氏に接近し、この年の七月についに徳川氏から離叛し、上杉氏に従属していた（「上杉文書」）。この真田氏の政治行動の背景には、北条氏と徳川氏との同盟締結の条件となっていた沼田領の帰属問題が存在していた。徳川氏は閏八月から真田氏の本拠信濃上田城（長野県上田市）を攻撃しており、北条氏への沼田城攻撃の要請は、両方面からの攻撃によって真田氏の攻略を期したものとみられる。しかし真田氏の抵抗は手強《てごわ》く、徳川氏は九月には退陣する。これをうけて北条氏も沼田領から後退した。

そして十一月に入ると、この年八月頃から懸案となっていた下総作倉領の仕置のために、作倉領に進軍した（「小幡文書」戦二八八二）。この年五月に作倉城（千葉県酒々井町・佐倉市）の千葉邦胤が死去し、その嫡子が幼少であったため、家中において北条氏への対応をめぐって対立が生じていたのである。北条氏の作倉領在陣は、十二月はじめまで続けられ、この間に同領支配のための新たな拠点として鹿島城（同県佐倉市）を構築し、これにより同領の制圧を遂げている。そして天正十五年からは「御隠居様」氏政が同領支配を担当し、さらに同十七年には氏政の四男直重が千葉氏の家督を継承して、作倉領は実質的に北条氏の領国内に併合される。

徳川家康との対面

小牧・長久手合戦は、羽柴秀吉の政治的優位のかたちで一応の決着がつけられ、翌天正十三年（一五八五）になると、秀吉は紀伊の雑賀《さいが》一揆、四国の長宗我部元親《ちょうそかべもとちか》、北陸の佐々成政《さっさなりまさ》らを相次いで制圧した。また中国地方の毛利輝元、北陸の上杉景勝との領国境を画定して、畿内を中心とした羽柴領国の確立を遂げた。さらに、その間に秀吉は旧主筋の織田信雄を従属させ、七月には関白に任官して武家政権の首長としての政治的地位を確立させていた。信雄・景勝ともに秀吉への従属が確定したことにより、家康は直接に羽柴氏勢力と領国を接することとなった。しかも秀吉は同年六月頃から家康、あるいは北条氏討伐の意を広く表明した（「佐竹文書」「上杉家記」小I六九一～二）。

同年十月二十八日に、北条氏の家老二十人の起請文が徳川氏に送られ、徳川氏からも国衆・長人《おとな》（家老）衆の起請文が北条氏に送られている（「家忠日記」小I六九三）。これは、そうした状況に対して、北条氏と徳川氏があらためて互いの同盟関係を確認したものととらえられる。その具体的な内容は、およそ徳川氏と羽柴氏とが再び抗争に至った場合には、北条氏は徳川氏を支援する、というものであった（「古簡雑纂」戦二八七六）。秀吉の来攻に備えて、両氏は互いの同盟関係のさらなる強化を図った。

しかし十一月十三日に、家康の譜代家老の石川数正が秀吉のもとに出奔してしまい、併せて信濃府中（長野県松本市）の小笠原貞慶と木曾福島（同県木曽町）の木曾義昌も秀吉に帰属した。譜代家老の出奔は家康に大きな衝撃を与え、さらに小笠原氏・木曾氏の離叛により、家康の信濃における勢力圏も、佐久・諏訪・伊那各郡に縮小することとなった。こうした秀吉による家康に対する政治的圧迫を踏まえて、翌天正十四年正月二十七日に、秀吉の意をうけた織田信雄が、三河岡崎（愛知県岡崎市）に来訪した。家康と会面して、両者間の関係の周旋を図っている。家康はついに秀吉との和議の成立を決し、二月上旬に両者間の和議が成立するこ

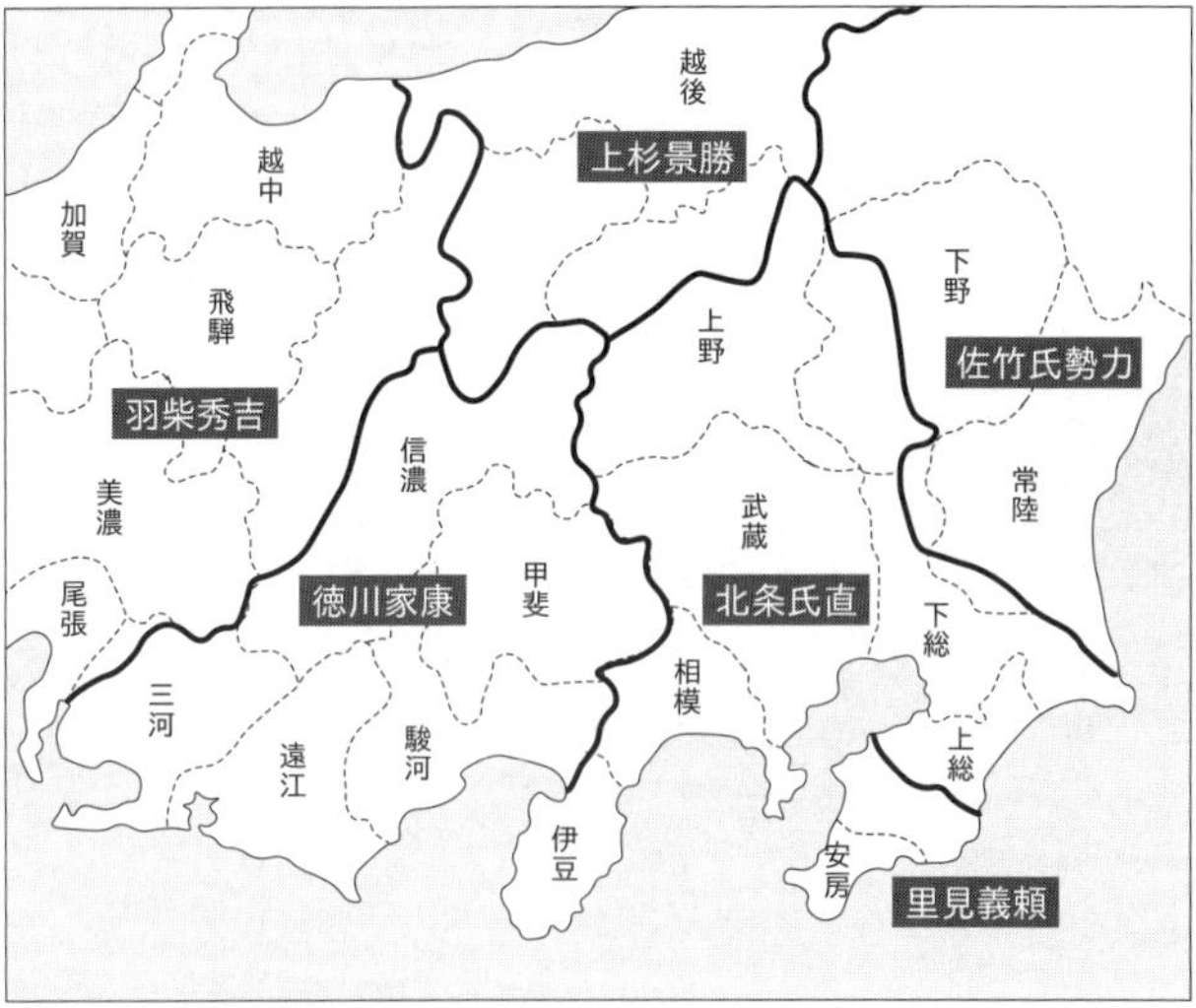

図9　関東・中部地方の大名勢力図

ととなる。この和議成立は、秀吉の妹朝日姫が家康に嫁すという、婚姻関係をともなうものであり、四月に結納が行われ、五月十四日に婚儀が行われた。

前半に北条氏との間で対秀吉の同盟関係を強化させた家康であったが、その後の秀吉による政治的圧迫に屈することとなった。注目されるのは、家康が秀吉との和議を成立させた二月上旬から一ヶ月後の三月上旬に、北条氏政と伊豆・駿河国境において会面していることである。この両者の会面は、家康から氏政に申し入れたものであった。まず三月九日に、家康が北条領国・徳川領国の領境である黄瀬川を越えて、伊豆三島（静岡県三島市）に赴き、次いで十一日に、今度は氏政が黄瀬川を越えて駿河沼津（同県沼津市）に赴いて、二度にわたって行われている。そして会面の後に、黄瀬川東岸の北条領側の惣河原において酒宴が催された。さらに酒宴の後、家康は沼津まで北条方に見送られたが、その際、三枚橋城（同前）を破却している状況を見せ、また取次の任にある北条氏規に、三枚橋城の兵粮米一万俵を遣わして、北条領に対する武装解除の姿勢をアピールしている（「西山本門寺文書」）。

この氏政・家康の会面により、両者間の親交が深められた。しかしこの会面が家康からの申し入れによるものであり、双方の進物も家康からのもののほうが格段に高価であること、さらに家康は北条領に対する国境防衛の解除を示していることからも、家康が極めて低姿勢に立って行われたものであることがわかる。これは同盟関係を強化しておきながら、一方的に秀吉と和議を成立させたことに対する、釈明のために行われたものとみられる(前田利久「天正十四年の家康・氏政会面について」)。

惣無事令の発令

家康との会面から一ヶ月後の四月になって、佐竹氏らが再び北条方の壬生氏を攻撃してきたため、氏直はその迎撃のために下野に出陣、佐竹氏らを後退させるとともに、佐野・皆川・宇都宮表に進軍し(「片倉代々記」戦二九五四)、五月には皆川氏を従属させている。七月にも壬生氏救援のために下野に出陣した(「伊豆順行記」戦二九七〇他)。その直後の八月二十二日に、氏直は「計略」をもって、今年初めから当主不在状態にあった佐野領を接収した。そしてただちに御一家衆の氏忠を佐野氏に入嗣させて、佐野氏と佐野領の北条領国への併合に成功している。これにより北条氏は、下野においては小山領・榎本領に加えて、この佐野領も領国内に編成し、また足利長尾氏・壬生氏・皆川氏をその従属下においているから、ほぼ半国をその勢力下におさめたことになる。もはや下野についても、宇都宮氏・

那須氏の経略を残すのみという状況になった。

しかし十月になって、羽柴秀吉は徳川家康に対して、上洛・出仕を厳しく要求した。同時に家康の上洛のない場合は、その討伐のための三河への進攻を標榜《ひょうぼう》した。また上杉氏ら北陸勢には関東への進攻を命じた。ここに至り、家康は秀吉のもとへの出仕を決意し、秀吉と妻朝日姫の母大政所の岡崎下向と引き換えに上洛を遂げて、二十七日に秀吉の本拠大坂城に登城し、諸大名列座の面前において秀吉への従属を表明した。この家康の従属をうけて、秀吉はこれまで上杉景勝に委ねていた東国諸大名に対する取次役を家康に変えるとともに、「関東・奥両国惣無事令《そうぶじれい》」を発令し、その執達を家康に命じた。

この惣無事令は、秀吉が全国統治者、武家政権の首長という自覚のもと、諸大名の交戦を私戦とみなし、その停止を命じるものである。したがってこの惣無事令の受諾は、秀吉への従属と一体のものとなり、秀吉従属下の諸大名は、秀吉の承認なくしては、もはや他大名との交戦はできないという論理を有するものであった。いわばこれまで戦国大名が自らの領国とその「平和」を維持するために、隣接勢力との紛争を解決するための最終的裁判権として行使してきた交戦権が、統一政権としての秀吉の強い統制下に編成されることとなるのである。そして関東に対するこの法令の発令は、実際には北条氏と反北条方諸将との抗争を直接的な対象とするものであった。

北条氏は、家康の上洛前後における秀吉の三河・関東進攻の標榜に対応し、家康と秀吉との対面が不調に終わった場合、家康からの要請次第にただちに家康への援軍の派遣を図った。十一月初めに御一家衆の氏邦をはじめ、上野の由良氏・富岡氏などの他国衆に対して大規模な出陣の準備を命じている（「武州文書」戦三〇二一他）。さらにそうした領国内の他国衆から一斉に人質（「証人」）を徴収し、それら他国衆の自己に対する忠節の意志の確認を図っている（「早稲田大学所蔵文書」戦三〇二七）。そうしたなか、秀吉への従属を遂げた家康から、「関東惣無事令」の発令の通達をうけ、それへの返答を求められた。ここに北条氏は、中央政権たる秀吉への従属か、対決かの選択を迫られることとなった。

諸城大普請

北条氏は、秀吉の惣無事令を受諾するか否か、この点についての明確な回答を避けつつ、その一方で領国全域にわたっての防衛体制の構築をすすめていった。いわば和戦両様の備えを固めていったのである。その防衛体制の構築のなかで、もっとも重視されたのが諸城の大普請であった。

明けて天正十五年（一五八七）になって、まず正月に北条氏は武蔵河越本郷（埼玉県川越市）と相模田島（神奈川県小田原市）に対して、小田原城普請のための大普請人足役を賦課している（「大野文書」「相州文書」戦三〇四八・五三）。これは「亥歳大普請人足」と記されているから、毎年賦課される大普請人足役を徴収したものである。史料によって確認できるのはこの二ヶ所にすぎないが、この種の普請役人足の徴発は、北条氏の「本国」地域の豪壮に対して、一様になされたことは間違いない。もっとも例えば、岩付領の八林《やつばやし》郷・井草郷（ともに埼玉県川島町）については、すでに前年に前借りというかたちでこの天正十五年分の大普請人足役が徴発されているので（「道祖土文書」「武州文書」戦二九一五〜六）、そうした郷村については対象外とされたとみられる。しかしこの時の小田原城普請は、通常の普請とは異なり、「相府《そうふ》大普請」（「岡見文書」戦三〇六二）と称されており、小田原城は大規模に修築・補強が図られた。したがって通常徴発している人足役のみならず、給人に対する領主役としても大普請人足役が賦課された。例えば岩付衆の道祖土《さいど》図《ず》書助《しょのすけ》・関根石見守に対して、小田原城普請のための人足の供出が命じられている（「内山文書」「道祖土文書」戦三〇四七・五四）。

しかもこの大普請人足役は、北条氏の給人だけでなく、その従属下にある他国衆に対し

年	月日	文書名	宛所	内容	出典
15	1.6	北条氏房朱印状写	関根石見守	小田原之普請	内山文書
	1.15	北条家朱印状	(河越)本郷百姓中	亥歳大普請	大野文書
	1.晦	北条家朱印状写	田島百姓中	亥歳大普請	相州文書
	2.6	北条朱印状	道祖土図書助	小田原之普請	道祖土文書
	2.21	北条家朱印状	大道寺代	小田原普請	鶴岡八幡宮文書
	3.13	狩野宗円書状	岡中	相府大普請	岡見文書
	5.3	北条家朱印状	坪和伯耆守	小田原之普請・松井田普請	後閑文書
	5.4	北条家朱印状	宇津木	箕輪普請	宇津木文書
	5.8	北条氏邦書状	宇津木下総守	箕輪之御普請	宇津木文書
	5.15	高城氏黒印状	須和田寺社中	小田原御普請	六所神社文書
	7.晦	北条家朱印状写	藤阿久領主・百姓中	金山普請	静嘉堂本古文書集
	9.2	北条家朱印状	宇都木下総守	(金山)普請	宇津木文書
	9.2	北条家朱印状	太井豊前守	(金山)普請	志賀槇太郎氏所蔵文書
	10.18	北条氏房朱印状写	たいたくほ千葉領百姓中	岩付城諸曲輪塀修復	武州文書
	10.27	北条家朱印状	山本信濃守	(韮山)普請	山本文書
	10.28	北条氏房朱印状写	井草伊達分百姓中	岩付城諸曲輪塀修復	武州文書
	10.28	北条氏房朱印状写	内山弥右衛門尉殿百姓中	岩付城諸曲輪塀修復	内山文書
	11.3	北条氏照朱印状	金子左京亮殿・百姓中	栗橋御一普請	広瀬文書
	11.6	板部岡融成副状	御院家中・神主殿・小別当	足柄御普請	鶴岡八幡宮文書
	11.8	北条家朱印状	桑原百姓中	(山中)普請	森文書
16	1.6	北条氏房朱印状写	井草本郷他	岩付城外構之普請	武州文書
	1.7	北条家朱印状	千津島	諸境目普請	瀬戸文書
	1.7	北条家朱印状写	馬込百姓中	諸境目普請	武州文書
	1.9	北条氏照朱印状写	西戸蔵	檜原普請	武州文書
	1.11	北条氏照朱印状写	三沢	(八王子)普請	土方文書
	1.14	北条家朱印状	桑原百姓中	諸境目普請	森文書
	1.14	北条家朱印状	塚本百姓中	諸境目普請	宮内直氏所蔵文書
	1.23	北条家朱印状	後閑宮内大輔	(厩橋)普請	後閑文書
	1.27	北条家朱印状写	厩橋集地百姓中	厩橋本城普請	静嘉堂本古文書集
	2.28	北条氏政書状写	岡見治部大輔	当表(小田原)普請成就	先祖旧記
	3.20	北条氏房朱印状	道祖土図書	岩付御普請	道祖土文書
	6.7	北条氏邦朱印状写	秩父孫次郎殿・同心衆中	去年春中小田原大普請	武州文書
17	3.10	北条氏政書状	美農守	(韮山)普請	宮内直氏所蔵文書
	12.8	北条家朱印状写	梅縄百姓中	己丑大普請	戸羽山文書
	12.19	北条氏政書状	美農守	矢普請	大竹文書
18	1.5	北条家朱印状写	鴨居小代官・百姓中	寅歳一普請	武州文書
	1.16	北条氏政書状	猪俣能登守	(沼田)普請	猪俣文書
	1.26	北条氏政書状	美農守	矢普請	堀江文書
	2.12	北条氏房朱印状	道祖土図書	(岩付)普請	道祖土文書
	2.25	北条家朱印状	千津島代官・寺口	当口一普請	瀬戸文書
	3.9	北条氏政書状	猪俣能登守	韮山・山中・足柄普請	猪俣文書
	5.24	内藤綱秀朱印状写	三ヵ村百姓中	津久井城普請	相州文書

表1　城普請一覧

ても命じられた。下総小金領の高城氏は、小田原城普請役と常陸牛久城（茨城県牛久市）の在番とを同時に命じられたため、小田原城普請役について北条氏に免除を申請した。北条氏はそれに対して、この普請役は北条氏の「本国」地域においても、通常は諸役を免除している「不入《ふにゅう》の所」にも残らず賦課していると説明し、今回の普請役については、高城氏も同様であると、その免除申請を却下している。高城氏は、この北条氏からの回答をもとに、領内各地に人足役の供出を命じている（「六所神社文書」戦三一〇二）。

またこの時の大普請は、小田原城だけでなく領国内の多くの城についても普請が行われている。史料によって確認することができるものだけでも、上野の松井田城（群馬県安中市）（「後閑文書」戦三〇八八）・箕輪城（同県高崎市）（「宇津木文書」戦三〇九一）・金山城（同県太田市）（「古文書集」戦一八二八他）、武蔵の岩付城（埼玉県さいたま市）（「武州文書」戦三一九六他）、下総の栗橋城（茨城県五霞町）（「広瀬文書」戦三二〇九）、相模の足柄城（神奈川県南足柄市・静岡県小山町）（「鶴岡八幡宮文書」戦三二一三）、伊豆の山中城（静岡県三島市）（「森文書」戦三二一五）などが挙げられる。領国内の主要な拠点のほとんどに普請が行われたことは間違いない。こうして北条氏は、小田原城をはじめ領国内の主要な拠点の防衛力を向上させた。しかしこれらの普請役で徴発された人足は、北条氏から大普請人足役として例年徴発される人足役の分に加えて、領主役として賦課された領主からさらに、領民に対して賦課されて徴発されたもの、前借りや雇用という方法で徴発されたものがあった。これらが領民に過重の負担を強いたことは間違いない。

人改め令の発令

この年の五月、羽柴秀吉は薩摩島津氏を降服させ、九州の平定を果たした。その統一の矛先はいよいよ北条氏に向けられることとなった。同年七月晦日、北条氏は本国内の各郷村の小《こ》代官《だいかん》・百姓中に宛てて人《ひと》改《あらた》め令を発した（「小沢文書」他、戦三一三三～四八）。これは虎朱印を押した五箇条の定書形式をとっており、その内容は、①各郷村に住む人々のなかから「侍・凡下《ぼんげ》」の区別なく「御国」のために働ける者を選び出し、その者の名を書き出すこと、②弓・鑓・鉄炮のうちいずれかを用意すること、「権門《けんもん》の被官」（権勢のある者の家来）だといって「陣役」を務めていない者や商人・「細工人」（職人）に至るまで、十五～七十歳の者の名を書き出すこと、③腰差類（腰に差す小旗か）のひらひらは「武者めくように支度」すること、④「能き者」（精兵）を残して「夫《ぶ》同前の者」（戦闘の役に立たない者）を選んできたならば小代官の頸を切ること、よく働いた者には「侍・凡下」を問わず望み通りに恩賞を与えること、というものである。そしてこれと同様の法令は、同年八月七日・八日に岩付領において城主北条氏房が発令している（「道祖土文書」「内山文書」戦三二五六〜八）。また年代は不明であるが、七月二十二〜二十六日に、隠居の氏政が本国地域に発令したものがみられている（「小島文書」他、戦三三四九・五〇・五三）。北条氏の直接的な分国内の各郷村に対して、広く発令されたものであることがわかる。

これらは、本来は軍役を務めない人々を「兵」として徴発しようとするものである。いわば武士ではない民衆を戦争に動員しようとするものといえる。こうした動員令は常に発令されていたわけではなく、これ以前には永禄十二年（一五六九）から翌元亀元年に、武田信玄の来攻に際して発令されたことがあるにすぎず、今回は二度目の民衆動員ということになる。武田信玄来攻の際は、「御国にこれ有る役」などという名目を掲げて動員を図っていたが、今回も「御国御用」という名目を掲げて動員を図っている。すなわち「国家」存亡の危機を訴えて、その防衛には武士だけでなく「国民」すべてが協力すべきだ、という論理である。ここから逆に、そうした民衆を戦争に動員することは平時には不可能であり、まさに「国家」存亡の危機においてのみ可能であったことがわかる。

郷村内の十五〜七十歳までのすべての者の名を書き出せ、と命じているから、彼らすべてがその動員対象とされたことは間違いないが、実際にはそこから「召し仕わるべき者」(動員される者)が選抜され、しかもその人数は村高に応じて決定されていた。その基準はおよそ村高二〇貫文に一人という割合で、これは大普請役の場合とほぼ同様であった。しかしその日数は二〇日とされており(「小島文書」戦三三四九他)、大普請役の場合の一〇日の倍となっている。また武器は持参するが、兵粮は北条氏から支給されることとなっており、さらに動員された民衆は、正規軍が前線等に配置されて国家防衛の任務にあたるのに対して、その後方の最寄りの城の留守に充てられるものとされていた。いわば正規軍をできるだけ前線に投入し、そのため生じた留守衆の不足を、この民衆動員によって補完しようとするものであった。

軍備の充実化

北条氏はまた、実際の軍備の充実を図り、武器の増産を急速にすすめていった。天正十五年(一五八七)九月、北条氏は相模中郡大磯(神奈川県大磯町)の土を大量に小田原へ運ばせ、これを小田原新宿の鋳物師《いもじ》に渡させている(「相州文書」戦三一八二)。鋳物師はこの土を使って鉄炮の鋳型をつくり、さらに鉄炮を鋳造した。同十六年正月には、今度は鉄炮の弾丸の鋳造のために、同じく大磯から土を大量に小田原に運ばせている（「相州文書」戦三三六八）。これと同時期に、八王子領では北条氏照が領内の寺社から梵鐘《ぼんしょう》の供出を命じている（「安楽寺文書」戦三三五一他）。これはそれらの梵鐘を鉄炮やその弾丸製造のための原料として確保しようとしたものとみられる。こうした鉄炮とその弾丸の製造、そのための梵鐘の供出、土の運搬などは、広く領国全体にわたって行われたであろう。さらに同十七年十二月には、職人頭の須藤惣左衛門に命じて、大筒二〇挺の製造を命じている（「相州文書」戦三五九八）。

またこの時期に注目される動向として、船の新造、購入がある。天正十七年三月に、北条氏は伊豆西浦のうち長浜村（静岡県沼津市）の百姓大川氏に対して、前月に購入した東海《とうかい》船《ぶね》を西浦から伊東（同県伊東市）まで浦伝いに廻送するよう命じている（「大川文書」戦三四三五）。また同年十二月には、伊豆衆高橋丹波守に対して、高橋が新造した四板船《よんいたぶね》二艘について、高橋の本拠雲見（同県松崎町）に指し置くこと、その諸役を免除することを認めている（「高橋文書」戦三五四九）。これらの船が、合戦時に軍船、あるいは物資の輸送船として利用されたことは間違いない。これらは船数の増加を意図したものととらえられる。そしてこうした船の新造、購入も広く行われたと推測され、これも軍備の充実の一環とみることができよう。

籠城体制の構築

天正十五年(一五八七)十二月になると、いよいよ羽柴軍の来攻が近いと風聞され、北条氏は領国全域にわたって軍勢の召集をかけた。例えば十二月二十四日付で八王子城主北条氏照は、家臣来住野《きしの》氏らに対し、来年正月十五日に小田原へ参陣するよう命じている(「武州文書」戦三二三七)。同二十八日付では隠居の氏政が、下総大須賀氏・上総井田氏に対して(「大道寺文書」他、戦三二四四・四五)、当主氏直が上野富岡氏に対して(「原文書」戦三五九三)、同じく来年正月十五日の小田原への参陣を命じている。明けて十六年正月にも、氏直が上野後閑《ごかん》氏に対して、氏照が下野小山衆に対して、氏忠が家臣芝山氏に対して、同様に参陣を命じている(「安得虎子」他、戦三二四八・五〇・六二)。この時の軍勢の召集は、正月十五日を期日にしていた。

もちろんすべての軍勢が小田原に召集されたわけではなく、各地域の城々にも在城衆は残されている。例えば先に触れた大須賀氏の場合、当主の尾張守は自身の本拠への在城を命じられ、小田原への参陣は嫡子孫二郎に命じられている。いずれにせよ、この時にすべ

年	月日	文書名	宛所	内容	出典
14	11.2	北条家朱印状写	由良信濃守	11.10 利根川端着陣	別本士林証文
	11.2	北条家朱印状写	富岡対馬入道	息子小田原着陣、本人新田へ相移	富岡家古文書
	11.4	北条家朱印状	桜井武兵衛	上州衆参陣次第着陣	桜井文書
	11.4	北条家朱印状写	安房守	鉢形在留	武州文書
15	12.24	北条氏照朱印状写	来往野大炊助他	1.15 小田原着陣	武州文書
	12.24	北条氏房朱印状	道祖土図書	12.28 岩付へ罷移	道祖土文書
	12.24	北条氏房朱印状写	内山弥右衛門尉	12.28 岩付へ罷移	内山文書
	12.28	北条氏政判物	大須賀尾張守	息子孫次郎 1.15 小田原着陣、本人其地在城	大道寺文書
	12.28	北条氏政判物写	井田因幡守	1.15 小田原着陣	浅草文庫古文書
	12.28	北条家朱印状	（富岡氏）	1.15 小田原着陣	原文書
	12.28	北条氏政書状	原若狭守	1.10 森山へ相移	原文書
16	1.3	北条氏照朱印状写	久下兵庫助	1.16 出陣	安得虎子
	1.4	北条氏政書状	後閑宮内大輔	1.15 本人小田原着陣、人衆厩橋へ相移	後閑文書
	1.7	北条氏忠朱印状写	芝山主水	1.20 新城へ指越	諸州古文書
	1.9	北条氏照朱印状写	西戸蔵	檜原谷へ相集	武州文書
17	12.8	北条家朱印状	後閑宮内大輔	1.4 小田原着陣	後閑文書
	12.8	北条家朱印状	桜井武兵衛	1.4 小田原着陣	桜井文書
	12.8	北条家朱印状	宇津木下総守	1.4 小田原着陣	宇津木文書
	12.17	北条氏政判物写	井田因幡守	1.11 小田原着陣	浅草文庫本古文書
	12.19	北条家朱印状	大藤与七	12.27 韮山へ移	大藤文書
	12.27	北条家朱印状写	長尾左衛門尉	1.7 長井坂番請取	暁庵景治年譜
	12.27	北条氏政書状写	井田因幡守	1.9 小田原着陣	井田文書
18	1.6	北条氏直書状	阿久沢能登守	1.15 小田原着陣	阿久沢文書
	1.12	北条氏政書状	清水上野入道	下田籠置人衆、1.16 小田原出陣。	清水文書
	1.17	北条氏忠朱印状	高瀬紀伊守	1.25 佐野出陣	山崎文書
	3.5	北条家朱印状	宇津木兵庫助	3.7 山中加勢として出陣。	宇津木文書

表2　秀吉来攻にかかわる参陣命令

ての家臣・他国衆が、小田原、あるいは北条方の有力な支城、ないし自身の本拠への籠城衆として編成されたのである。かつてない規模による軍勢の大動員がかけられた。

籠城戦を展開するうえでは、兵糧の備蓄が大きな課題となる。これについても十五年秋から急速にすすめられていった。上野箕輪城付きの直轄領の北谷郷（群馬県藤岡市）に対して、箕輪城主を兼任する北条氏邦は、当秋の穀物について収納次第に箕輪城に搬入し、郷中に一俵も残さないよう命じている（「飯塚文書」戦三一六六）。おそらく直轄領に関しては、こうした命令が一様に出されたであろう。また各領主に対しても、兵糧の搬入が命じられた。たとえば八王子領では、「くい物たるほどの物」は郷中に残さず、すべて八王子城に搬入するよう命じられている（「安得虎子」戦三二四八）。さらに小田原に参陣しない各城の留守衆に対しては、参陣衆の兵糧の支度のために出銭《しゅっせん》を申し付けている（「小曾戸文書」戦三二七三）。これは直接的な参陣のかわりに銭を提供させるものであり、兵糧の購入費用に充てられた。さらに城に集められたのは、軍勢や兵糧のみではなかった。十五年十月、北条氏は家臣近藤孫六に対して、寄子（近藤の家臣）・妻子を小田原の屋敷に置くよう命じている（「根岸文書」戦三一九七）。これもすべての家臣らに対して、同様に命じられたとみられる。これらの妻子は、ある意味では北条氏への人質として、敵方への離叛防止の役割を果したが、同時に在所に置いていたのでは合戦時には極めて危険であり、その保護の意味もあっただろう。

この十五年末から十六年初めにかけての籠城体制は、結局、羽柴軍の来攻が風聞に終わったため、すぐに解除されたとみられる。後に十七年末から十八年初めにかけて、再び同様に籠城体制がとられるが、この時には妻子・郎等（家臣）・兵糧・荷物以下までが各城に入れるよう命じられている（「伊豆順行記」戦三六〇二）。まさに財産すべてをひっさげての籠城といっていい。

籠城体制の矛盾

こうした諸城の大普請から、武器等の調達、さらに人改め令による民衆動員の準備、そして実際の軍勢の大動員、兵糧の込め置きに至る「惣国」の防衛体制が構築されていった。しかしこれらは、北条氏の領国存亡の危機という超非常事態に基づき、強引に推進されていったため、様々な矛盾をも生みだしていった。十五年四月、北条氏が海路での物資等の輸送のために浦伝役を頻繁に徴発したことにより、三浦郡田津浦（神奈川県横須賀市）では退転状況が生じている（「永島文書」戦三〇八一）。また年貢の未進、それによる百姓の欠落《かけおち》も目立っている（「藤間文書」戦三二八四・「宇津木文書」戦三五五一他）。

　しかも欠落したのは百姓だけではなく、北条氏に仕えて軍役を務める者にもみられた。十六年十二月、下野佐野領の星野郷（栃木県栃木市）の領主星野民部が欠落したため、佐野城主北条氏忠は小曾戸丹後守に、星野の知行分と代官職を継承させている（「島津文書」戦三四〇五）。十八年三月には岩付領大田《だいた》窪《くぼ》の領主右衛門尉が欠落していることが知られる（「武州文書」戦三六八九）。欠落までには至らなくても、小田原衆の蔭山氏広が「手前まかり成らざるために、鎌倉屋敷を売却している事例もみられる（「雲頂庵文書」戦三三九〇）。これらは在地の百姓らだけではなく、北条氏の給人層までもが、度重なる役の負担等によって窮乏しつつあったことを示している。こうした状況はすべての在地や給人に共通していたとみていい。国家防衛のための空前の家臣・領民の動員が、皮肉にもそれらの疲弊を招来するという事態を生じさせていた。

二　小田原合戦

羽柴政権への従属へ

天正十五年（一五八七）末から翌十六年初めにかけて、羽柴秀吉による北条氏攻めが広く風聞され、そのため北条氏は全領国挙げての軍勢の大動員を行ったが、その後、秀吉の北条氏攻めは回避された。陸奥伊達政宗は、三月十三日付の書状（「遠藤文書」小Ｉ七一一）で「関白（羽柴秀吉）と小田原（北条氏）御弓、無事成就候」と述べているから、三月には秀吉による北条氏攻めは取りやめとなったことがうかがわれる。おそらく前年来の肥後国衆一揆がいまだ鎮圧されていないこと、四月に挙行される後陽成天皇の聚楽第行幸の準備などが影響していたとみられる。しかし秀吉の北条氏攻めの意志が消失したわけではなく、その後においても京都では秀吉による北条氏攻めの風聞が流れており、合戦が七月（陽暦、陰暦にすると五月頃）頃に始まること、北条氏の領国は徳川氏に与えられることなどが風聞されている（「日本史」小Ｉ七一二）。

後《ご》陽成《ようぜい》天皇の聚楽第行幸《じゅらくだいぎょうこう》のために上洛していた徳川家康は、行幸後の四月二十二日に京都を出立し、同二十七日に居城の駿府城（静岡県静岡市）に帰城するが、この間、北条氏直の舅であり、かつ羽柴政権において北条氏に対する取次の任にあった家康は、秀吉との間で北条氏対策について様々な相談を行ったとみられる。そして五月二十一日に、家康は氏政・氏直父子に対して三箇条の起請文を送付した（「鰐淵寺文書」戦四五三四）。その内容は、①家康は氏政・氏直父子について秀吉に対して讒言しないこと、北条氏の領国については些かも所望していないこと、②今月中に兄弟衆を秀吉への御礼言上のために上洛させるのがいいこと、③秀吉への出仕を拒否する場合は、娘督姫を離別してもらいたいこと、というものである。

いわば自身は北条氏に対して全く他意を抱いていないことを言明したうえで、秀吉への出仕を勧告し、取り急ぎ、氏政・氏直の兄弟衆を上洛させて、その旨を言上するよう促したものである。またここで兄弟衆とあるのは、実際には徳川氏に対して取次の任にあった氏規を指しているとみて間違いない。

北条氏規の上洛

家康からこのような勧告をうけた北条氏は、翌閏五月には秀吉に対して「何様にも上意次第たるべし」(「白土文書」小I七一四)という旨の返事をした。これはすなわち秀吉への従属の意志の表明にほかならない。これをうけて秀吉は、北条氏の「懇望」を認め、「赦免」した。北条氏からの氏規の上洛は、その「赦免」に対する御礼の言上という意味を有していた(「潮田文書」小I七二〇)。北条氏は、すでに九州までを統一している秀吉の実力を踏まえ、家康の取り成しに従って、秀吉への従属を選択したのである。この秀吉への従属について、北条氏では「京都御一所」と表現し、六月初めには氏規の上洛が決定された。そしてこの氏規の上洛に際して、北条氏は領国内にその上洛費用として分銭を賦課している(「武州文書」戦三三三四)。

もっとも氏規の上洛は、当初の予定からは遅延したようで、七月十四日に在京中の家康は、北条氏への取次役にある家臣朝比奈泰勝を使者として派遣し、自身の在京中における氏規の上洛を催促させている(「古文書」小I七一六)。こうした家康の取り成しを経て、北条氏は氏規を秀吉への従属意志の言上のための使者として派遣した。氏規は八月十日に上洛のために出立し、徳川領国の三河岡崎城(愛知県岡崎市)に到着、十七日に上京して相国寺《しょうこくじ》に宿泊した。そして翌二十二日に、氏規は聚楽第に出仕し、午刻《うまのこく》(正午)に秀吉に対面、当主氏直からの進物と自身からの進物を進上し、さらに秀吉がすすめている方広寺大仏殿造営への協力の旨をも言上した。氏規はつつがなく秀吉との対面を終え、申刻《さる》（午後四時）に聚楽第を退出した。次いで二十八日には内裏に参内して進物を進上した。そして翌二十九日辰刻《たつ》（午前八時）に秀吉から暇を賜り、関東への帰国の途についた（「家忠日記」「輝元公上洛日記」「御湯殿上日記」小I七一七～九）。

この氏規の上洛・出仕をうけ、秀吉は九月に入ると関東に上使を派遣して、各大名・国衆の領界の画定作業に着手した（「潮田文書」小I七二〇）。北条領国では八月頃から足利長尾氏・桐生由良氏の再離叛があり、氏照を中心にその攻略戦がすすめられていた（「富岡文書」戦三三六五）。また依然として氏邦を中心とした真田氏との抗争、常陸牛久周辺における佐竹方勢力との抗争などが継続されていた（「浅草文庫本古文書」戦三三七二）。秀吉からの上使派遣は、こうした地域紛争の実情を把握しようとするものでもあった。

沼田領問題の裁定

翌天正十七年（一五八九）二月に、北条氏はこれらの領界紛争について秀吉との折衝のために、氏政の側近で家老の板部岡融成《ゆうせい》を使者として上洛させている（「江雪詠草」小I七二二）。また同じく氏政の側近で家老の笠原康明が使者として派遣されたのも、この頃のこととみられる（「堀江文書」戦四五三五）。こうした北条氏の対応をうけて、反北条方勢力と親交を有する秀吉側近の石田三成らは、北関東諸将に対して急いで上洛するように促している。その分領が北条氏に経略され、そのうえ上洛が遅延している間に北条氏照などが上洛して種々の言上を行った後では、事態は最悪になると警告している（「宇都宮氏家蔵文書」小I七二三）。北条氏の秀吉への従属の明確化にともなって、北条氏も反北条方勢力も、よりよい条件の獲得のために様々な政治工作を展開していた。

しかし一応は秀吉への従属の意志を表明したとはいえ、北条氏権力内部においては必ずしも意見は統一されてはいなかった。とくに「御隠居様」氏政は秀吉への従属には拒否的であり、氏規の上洛後は、実質的にも隠居すると称して引きこもり、何事についても口出ししないという状況であった（「武州文書」戦三五四八）。一方、秀吉は氏政・氏直父子のうちいずれか一人の上洛・出仕を要請し、これに対して北条氏は、上洛の交換条件として沼田領（沼田・吾妻両地域）問題の解決を要求した。本来この沼田領問題は、天正十年における徳川氏との同盟に際し、北条氏が上野領有権を獲得し、自力によってその帰属を図るべきものであった。しかし自力によって沼田領を経略しえず、しかも同領を領する真田氏も徳川氏から離叛していたため、すでに同盟条件の効力としては喪失しかかっていた。ところが同十四年十月の家康の秀吉への出仕を契機に、真田氏は徳川氏与力として確定されていたため、北条氏はこの問題を取り上げたとみられる。

秀吉もこの北条氏の要求については、「事を左右に寄《そう》せ」たものと認識しつつも、北条氏の上洛・出仕を優先させて、徳川氏・真田氏に沼田領の割譲を指示することとした。もっとも秀吉は、北条氏が自力で沼田領を経略しえなかった経緯を踏まえて、北条氏には同領のうち三分の二のみを割譲し、残る三分の一は真田氏にそのまま安堵し、北条氏に割譲した三分の二に相当する替え地は家康から与える、という裁定を図った（「北条文書」戦四五三七）。五月五日には真田昌幸が、重臣矢沢氏に対して、沼田領における知行の替え地を信濃小県郡において充行っているから（「矢沢文書」）、四月中にはこの沼田領三分の二の北条氏への割譲は決定されていたとみていい。秀吉は五月頃には、この沼田領問題の裁定内容を北条氏に提示したとみられる。六月初めに氏直は、その内容について「具《つぶさ》に得心」した旨と、この了承をうけて十二月に父氏政が上洛する旨を秀吉に言上した（「岡本文書」戦三四六〇）。秀吉はこの北条氏の返答をうけて、上使を派遣して沼田領の割譲を実行することとした（「北条文書」戦四五三七）。

沼田領引き渡しのための検使として、秀吉は津田盛月《もりあき》・富田一白を派遣し、両人は七月二十日頃に到着した。また家康からも重臣榊原康政が立会人として派遣された。北条氏は、御一家衆北条（佐野）氏忠を沼田領の請け取り人に任じ、二十五、六日頃に請け取りがなされたとみられる。請け取った後の沼田領については、氏邦にその支配を委ねた。氏邦は重臣猪俣邦憲を沼田城の城主として置いて、同領支配を管轄させた（「内田文書」「市谷八幡神社文書」戦一九五二・五三、「家忠日記」小I七二六）。

名胡《なぐるみ》桃城奪取事件

沼田領が引き渡されたことにより、いよいよ氏政の上洛が政治的焦点となった。しかしここにきて北条氏は、氏政の上洛の引き延ばしを図り、十二月の上洛予定を繰り下げて、来年春・夏頃の上洛を申し入れるなどした。これに対して秀吉は、あくまでも年内の上洛を要求し、年内に出立して年明け正月の京着という妥協案を提示した。こうした状況のなか、十一月三日に沼田城主の猪俣邦憲が、真田氏に留保されていた利根川対岸の名胡桃城（群馬県月夜野町）を攻略するという事件が生じた（「家忠日記」小I七三〇）。この報はただちに真田昌幸や徳川家康から秀吉のもとにもたらされ、秀吉はこれを先の沼田領問題の裁定に対する重大な違約行為ととらえた。

この北条氏の違約行為に立腹した秀吉は、二十日頃には氏政の年内上洛が実現されなければ来春に北条氏を追討すること、氏政の上洛が実現したとしても名胡桃城攻略の張本人の成敗がなければ、北条氏を赦免しないことなどを周辺諸大名に表明した。また二十二日に、これより先に北条氏から沼田領請け取りの御礼のために使者として派遣されていた、家老の石巻康敬と修験の玉滝坊《ぎょくりゅうぼう》（松原神社別当）を、徳川領の駿河三枚橋城に幽閉した（「伊達文書」「真田文書」「鹿苑日録」「富岡文書」小I七三一〜三・三五）。

そして二十四日付で、秀吉は北条氏に対して、俗に宣戦布告状と称される条書（「北条文書」戦四五三七）を送付し、その討伐の意志を示した。同時に徳川家康や上杉景勝を北条氏追討について相談のために上洛させた。また諸大名に対しても来春における北条氏追討と、そのための出陣用意を伝達し、同月中にはその陣立を定めた（「富岡文書」「佐竹文書」「相馬文書」「伊達文書」小I七三五〜七・三九）。さらに二十九日に、その旨を直接に北条氏に伝達するために、津田盛月・富田一白を上使として派遣した（「家忠日記」）。こうした秀吉の強硬な態度に接した氏直は、下向してきた津田・富田両者に対して、十二月七日付で条書（「武将文書集」戦三五六三）を送り、来春の氏政の上洛の意志を伝えるとともに、名胡桃城奪取事件によって、氏政が上洛した後にそのまま抑留されるのではないか、あるいは国替されるのではないかという惑説があるので、先年、徳川家康が上洛した際に、秀吉生母の大政所が三河まで下向したのと同様の措置をとってもらい、心安く上洛を遂げたいこと、名胡桃城奪取事件については北条氏は全く関与していないと弁明した。そして同月九日付で、氏政・氏直父子と取次の氏規は、それぞれ家康に秀吉への取り成しを依頼している（「古証文」戦三五六九〜七一）。

交渉の決裂

ここにおいても北条氏は、氏政の上洛の引き延ばしを図っており、さらに名胡桃城奪取事件について一切関知していない旨を表明したのである。こうした北条氏の対応に対して、秀吉は上洛・出仕の拒否、沼田領問題裁定に対する否認として認識した。すなわち北条氏は自らへの従属を拒否したものとして最終判断を下し、ついに十二月十三日に諸大名に対して、北条氏追討のための陣触を発し、その出陣日程を決定した（「家忠日記」）。一方、北条氏もこれをうけて、秀吉との対戦を決意して、十七日には領国内の家臣・他国衆に対して、小田原への参陣を命令し（「浅草文庫本古文書」戦三五七七）、羽柴軍迎撃のための態勢をとっていった。ここに至って、北条氏は羽柴政権との全面的対決に突入していく。

北条氏はなぜ、最後まで秀吉への従属を拒んだのであろうか。これまでは、両者間の圧倒的な戦力差をもとに、北条氏、とりわけ氏政の資質に還元させる見解が示されることが多い。すなわち氏政は現状認識が不足した暗愚であった、というような評価である。これに対して、氏政の秀吉への拒否反応を、東国武家社会の伝統性から説明しようとする見解もみられている。すなわち東国と西国は文化的にも異質性が強く、また源頼朝以来、東国には鎌倉幕府・鎌倉府を通じて独自の武家社会が成立しており、これを継承した北条氏は、東国武家社会の伝統性をもとに中央政権からの相対的自立性の志向が強かった、というような評価である。

しかしいずれも、北条氏と羽柴政権との関係を個別的な関係の枠内にとどめることを前提とした解釈であるように思われる。秀吉の全国制覇の過程では、東海の徳川氏をはじめとして、四国の長宗我部氏、九州の島津氏など、有力戦国大名はいずれも秀吉と武力対決しているのである。北陸の上杉氏と中国の毛利氏のみ、秀吉とは武力対決していないが、両氏は前代の織田政権と激しく対立しており、いわば中央政権の強力さを実感していたゆえの結果であると考えられる。数ヶ国を領する大大名が、いずれも武力対決に至っていることをみれば、これは個別の大名権力の資質や志向性によるものではなく、もっと普遍的な、有力大名の在り方そのものに根差すものであったととらえられる。さらに北条氏のみが滅亡していることから、秀吉は当初から北条氏を滅亡させる意向があったとする見方も強いが、武力対決の末に存続を果たした長宗我部氏・島津氏は、ともに本拠を攻撃される以前に降服しているのである。徹底抗戦した北条氏が改易されるのは、いわば当然のことであった。

小田原合戦

秀吉との対決を目前に控え、北条氏は十二月後半から、領国内の家臣・他国衆に対して、小田原城に入城させ、あるいは各城に配備して、防衛体制を整えていった。氏照・氏忠・氏光・氏房・直重・直定らの御一家衆、松田憲秀・遠山右衛門尉らの宿老をはじめ、そのほとんどは小田原城に入城しているが、羽柴軍を迎え撃つこととなる、上野方面や伊豆方面における主要拠点には、御一家衆・重臣が配備されている。上野方面の防衛のために、宿老大道寺政繁はその在城地の上野松井田城（群馬県安中市）に在城し、氏邦が本拠鉢形城（埼玉県寄居町）に在城した。相模では重臣内藤綱秀が本拠の津久井城（神奈川県相模原市）に在城した。伊豆では、駿河方面に対する最前線の山中城（静岡県三島市）に重臣松田康長と玉縄北条氏勝らが、韮山城（同県伊豆の国市）に氏規と重臣大藤与七らが、下田城（同県下田市）には重臣で伊豆奥郡代の清水康英が在城した。

羽柴軍では、天正十八年（一五九〇）二月に入ってから、各大名の出陣がみられ、三月一日にいよいよ秀吉が京都を出陣した。そして同三日に、伊豆三島および伊豆・駿河国境の黄瀬川で、徳川家康・織田信雄・羽柴秀次らから成る東海道

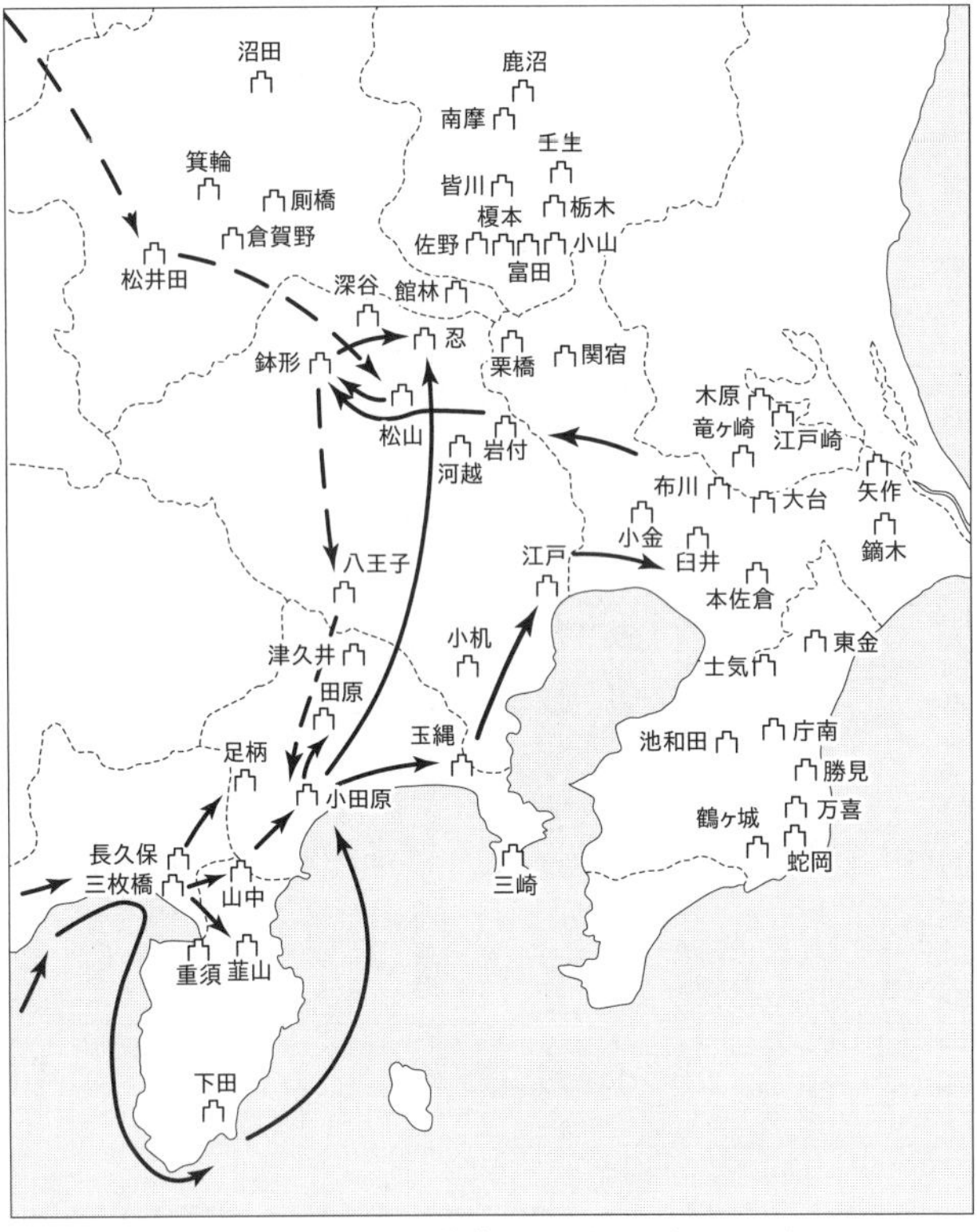

図10　豊臣軍の進行ルートの概要（山口博「小田原合戦」より）

軍との間で戦闘が行われ（「永勝寺所蔵文書」「大藤文書」戦三六七一～二）、小田原合戦の幕が切って下ろされた。合戦の経過については、すでに相田二郎氏の『小田原合戦』（名著出版）、下山治久氏の『小田原合戦』（角川選書）がある。最近では山口博氏が『小田原市史』（通史編原始古代中世）のなかで「小田原合戦」を執筆されており、豊富な史料をもとに詳細に叙述されているから、合戦の詳細についてはそれらを参照していただくこととし、ここでは概略を述べるにとどめたい。

三月二十七日に秀吉が駿河三枚橋城（同県沼津市）に着陣すると、羽柴軍による本格的な進攻が開始され、同二十九日に山中城は攻撃をうけ、即日に落城した。四月一日には家康軍の先陣が箱根にすすみ、同二日には足柄城（神奈川県南足柄市）なども落城し、この日に秀吉も箱根峠に進んだ。そして同四日に家康は小田原城近くまで進んだ。翌五日、秀吉は湯本の早雲寺（同県箱根町）に本陣を据えた。羽柴軍は順次すすんできて、同月中旬頃には小田原城包囲陣が完成し、小田原城は籠城に入っていった。

他方、前田利家・上杉景勝・真田昌幸らの北陸道軍は、三月十五日に信濃・上野国境の碓氷峠に達し、同峠で北条軍と戦闘があり、この方面でも合戦が開始された（「大道寺文書」戦三六八五）。同二十八日から松井田城を攻撃し、四月二十日に開城させた。政繁は前田氏らに降服し、以後は従軍して案内者を務めたという。五月初めまでには、上野箕輪城（群馬県高崎市）や武蔵河越城（埼玉県川越市）をはじめ、上野廐橋城（群馬県前橋市）・同金山城（同県太田市）・武蔵深谷城（埼玉県深谷市）・下野足利城（栃木県足利市）・同佐野城（同県佐野市）などを攻略し、上野・下野から武蔵北部にわたって羽柴軍に制圧された。

また浅野長吉や家康配下の軍勢からなる東海道軍の別働隊が、小田原から東進して、四月二十日に相模玉縄城（神奈川県鎌倉市）を開城させ、続いて武蔵江戸城（東京都千代田区）、五月に入って下総・上総の諸城を攻略した。そして武蔵に転進して、二十日から岩付城（埼玉県さいたま市）を攻撃し、程なくして攻略した。これにより両総から武蔵東部にかけても制圧された。そして前田らと浅野らは合流し、六月初旬頃から鉢形城を攻撃、十四日に攻略した。続いて二十三日から八王子城を攻撃して、即日に攻略した。

こうして六月下旬までに、武蔵の北条方諸城は、他国衆成田氏長の本拠忍城（同県行田市）を除いて、すべて攻略された。さらに同二十四日には韮山城、二十五日までには津久井城も開城して、北条方の重要拠点は軒並み攻略された。そして本城小田原城のみが残された。

小田原城の開城

小田原城は、四月中旬から籠城を強いられた。同月初旬から向かい城として石垣山城（神奈川県小田原市）の構築がすすめられ、五月中旬には石垣が竣工している。その後、六月下旬には建築物も完成をみて、同二十七日に秀吉は同地に本陣を移すこととなる。また周辺の戦況も悪化の一方を辿っていたため、六月初旬頃から、氏直は羽柴方との和睦を本格的に模索しはじめたようである。仲介は徳川家康と織田信雄が務めた。六月六日・七日の両日にわたって、信雄の家臣岡本利世が、氏直側近の埒和《はが》豊繁《とよしげ》の手引きによって城内に入り、「氏直様御壱人」と対面し、七日の晩に家康の陣所に帰っている（「小幡文書」戦四五四三）。北条氏の降服、開城を勧められたものとみて間違いなかろう。

この頃には、城内からの逃亡者も少なくなかったようであり、すでに籠城衆に厭戦気分が広がりつつあったことがうかがわれる。そして十六日には、宿老筆頭の松田憲秀の長男笠原政晴の羽柴方への内通が、その弟直秀の注進によって露見し、氏直はこれを成敗するという事件が起きている（「松田文書」戦三七四六）。政晴はかつて天正九年に、駿河徳倉城（清水町）に在城しながら武田氏に寝返った経緯を有している。ここに再び、北条氏からの離叛を図ったのであるが、内通は父憲秀とともに行ったと伝えられるから（「古今消息集」戦四五四四）、むしろ内通の主体は憲秀にあり、政晴はその責任を負わされて成敗されたとみることができる。宿老筆頭の松田氏の敵方への内通は、もはや北条氏権力が末期的となっていたことを如実に表すものといえよう。なお高室院「相州日牌帳」には、

香義宗固禅定門　同（松田直秀）施主、為舎兄立之、
同（天正十八）年六月十七日

とあり、これは政晴のことを指すとみて間違いないから、同日における成敗が確認される。

そして六月二十四日に、信雄の家臣滝川雄利と秀吉の家臣黒田孝高《よしたか》が使者として城内に派遣されたといい（「天正日記」小Ⅰ八七五）、七月一日には、氏直は仲介者の勧告に従って秀吉への「出頭」に「同意」し、同日の夕方にその「使衆」と相談して、翌二日にそれについての詳しい手筈を決定する予定となっている（「小幡文書」戦三七五四）。そして五日に、氏直は弟氏房とともに、城を出て滝川の陣所に投降した（「家忠日記」「浅野文書」小Ⅰ八八四・九二）。そこで氏直は、滝川・黒田を通して秀吉に対し、自らの切腹と引き換えに城兵の助命を嘆願した。秀吉はこの申し出に「神妙」と感嘆しながらも、徹底抗戦した城兵をすべて

助命する「法度《はっと》」は無いことを理由に、合戦の責任を氏政・氏照・松田憲秀・大道寺政繁の四人に負わせて、彼らを切腹させるように命じた。そして氏直については助命することとし、四人の切腹の実現を求めるとともに、今日の氏直の行動をあらためて褒めている（「古状集」戦四五四五）。

北条氏の滅亡

秀吉は、氏直は当主であったものの家康の娘婿であることから助命し、代わりに最高実力者の父氏政、御一家衆を代表して氏照、家中を代表して宿老の松田憲秀・大道寺政繁を切腹させることで、帳尻を合わせたとみられる。翌六日から小田原城の接収が開始され、家康の軍勢が入城し、同十日には家康自身も入城した。北条領国はこの家康に継承されることになっていた。七日まで滝川の陣所に居た氏直は（「浅野文書」小Ｉ八九四）、十日には家康の陣所に移っている。その日に、氏政も出城して家康の陣所に移った。この間、氏政の助命も嘆願されており、家康の家老井伊直政は容認されるであろうとの見通しを持っていたが（「浅野文書」小Ｉ九〇〇）、実現されなかった。

そして翌十一日に氏政・氏照は切腹を遂げた（「家忠日記」小Ｉ八九三）。場所は城下の医者田村長伝《ちょうでん》の屋敷と伝えられている（「異本小田原記」他）。氏政は享年五十三、法名は慈雲寺殿勝巌宗傑大居士とおくられた（「北条家過去帳」）。また松田憲秀・大道寺政繁もこれに続いたとみられるが、詳しいことは伝えられていない。憲秀は法名を竹庵道悟禅定門といった（高室院「相州日牌帳」）。政繁は十九日の死去で、享年は五十八、法名は松雲院殿江月常清大居士といった（「常楽寺供養塔銘」他）。「異本小田原記」によれば、秀吉が江戸城に到着した際に、一戦も構えずに累代の主家を裏切った不義を咎められ、江戸桜田において切腹させられたという。助命された氏直は、十二日に高野山に追放されることが決まった（「家忠日記」小Ｉ八九三）。

こうして小田原城は接収され、氏政らの切腹、氏直の追放によって、戦国大名北条氏は滅亡を遂げた。そしてそれは同時に、羽柴秀吉による天下一統の完成でもあった。小田原合戦の過程で、関東・奥羽の諸領主は相次いで秀吉に従属、出仕を遂げており、この合戦がまさに天下一統の仕上げとなったのである。北条氏は、初代宗瑞が戦国の幕開けに相応しく登場してきたのに対応するように、最後は戦国の幕引きに併せて、その歴史を閉じることとなった。いわば北条氏は、戦国時代の幕開けと幕引きの両方において密接に関わっていたのであり、まさに戦国時代を象徴する戦国大名であった。

三　その後の北条氏

氏直の高野山蟄居

高野山に追放されることとなった氏直は、七月二十一日に同地へ向けて小田原を出立した（「家忠日記」小Ⅰ八九三）。この氏直の高野山行きに随行したのは、氏規・氏忠・氏光・氏房・直重・直定らの御一家衆、松田直秀・同直憲（同弟か）・大道寺直繁（政繁の子）・内藤直行（綱秀の子）・依田康信らの重臣、山角直繁・山上久忠らの側近家臣など三〇人、従卒合わせて三〇〇人ほどであったという（「北条五代記」「関八州古戦録」）。ちなみに氏直の妻督姫は、この高野山行きには従わず、新たに旧北条領国に入部した父の徳川家康に庇護され、そのまま小田原にとどまっている。

氏直一行は、八月十日に奈良に到着し、同十二日に高野山に入った（「多聞院日記」小Ⅰ九一四）。そして高野山では、以前から相模からの参詣者の宿坊となっていた高室院を宿所とした。十一月十日になって山上では寒さが厳しいということから、羽柴秀吉の配慮によって、山を下って山麓の天野（大阪府河内長野市）に移ったという（「関八州古戦録」）。

明けて天正十九年（一五九一）になると、氏直の舅の家康や、小田原合戦以前から取次の任にあった津田盛月・富田一白を通じて、秀吉への身上の取り成しを求めた（「豊島宮城文書」「小田原城天守閣所蔵文書」戦四二九八・四三〇〇）。この赦免運動においては、とくに家康の取り成しが大きな役割を果たし、二月七日になって秀吉は家康に対して、氏直を赦免し、関東において九〇〇〇石、近江において一〇〇〇石、合わせて一万石の知行を与えることを伝えている（「北条文書」小Ⅰ九一七）。この年の春に、氏直は高野山麓の天野から、さらに和泉南部の興応寺（同府岸和田市）に移ったという（「関八州古戦録」）。おそらく秀吉からの赦免の内意をうけて、秀吉の意向によって居所を移したのであろう。そして五月九日になると、氏直は大坂へ移住するよう命じられ、下野那須（栃木県那須烏山市）に配流中の織田信雄の屋敷に居住することとなった（「高室院文書」戦四三〇一）。

氏直は五月十二日付の書状（「万私用覚帳」戦四三〇二）から、「見性斎」の斎号を称し、以後における発給文書ではそれまでとは異なる花押を用いている（「高室院文書」戦四三〇四）。これはおそらく、秀吉からの赦免の内意を得て、居所も大坂に移したのを契機として行われたとみられる。いわば羽柴氏家臣としての再出発を期してのことであろう。

氏直の大坂出仕と死去

しかし氏直が大坂城に登城して、秀吉のもとに出仕するのは、それから三ヶ月後の八月十九日のことであった。この大坂出仕、秀吉への拝謁によって、氏直は正式に秀吉から赦免され、併せて知行を拝領した（「高室院文書」戦四三一一・一五）。ここで氏直が与えられた知行地の石高とその在所については明確ではないが、氏直は二十五日に家臣山上久忠に知行を充行っており（「相州文書」戦四三一二）、早速に家臣らに対して知行の配分を行っていることが知られる。ここで氏直は、山上久忠に対して知行三五〇石を充行っているが、そのうち二五〇石については、関東において糺明の上で郷名を決定するとして知行高のみ示し、残る一〇〇石を河内野中村（大阪府藤井寺市）・丹上上村（同府堺市）において充行っている。このことから氏直の知行地は関東と河内において与えられたことが知られる。

ちなみに氏直の死去後に、従弟の氏盛（氏規の子）が下野足利領において、その旧領四〇〇〇石を継承したというから（「寛政重修諸家譜」）、氏直の関東における知行地の一部が足利領に設定されていたことがうかがわれる。先に氏直の知行地は関東において九〇〇〇石、近江において一〇〇〇石を与えられるものとされていたが、おそらく近江の分が河内において与えられたのであろう。さらにやがて中国地方において一ヶ国を与えられることが約束されていたという（「関八州古戦録」）。またこれに先立つ十日には、妻督姫が大坂に向けて小田原を出立し、二十七日に氏直のもとに到着している（「高室院文書」「尊経閣文庫所蔵文書」戦四三二一・一三）。

秀吉への拝謁を遂げ、知行を与えられた氏直は、ここに秀吉の旗本家臣として再出発を果たした。拝謁の際には明年に予定されている「唐入《からい》り」（朝鮮侵略）への従軍を命じられてもいる（「集古文書」戦四三〇九）。しかし十月下旬になって疱瘡を患い、そのまま快復することなく、十一月四日に死去した。享年は三十、法名は松巌院殿大円宗徹大居士とおくられた（「多聞院日記」小Ⅰ九二二・「北条家過去帳」）。

氏直には男子がなかったため、北条氏一門・家臣の間ではその遺跡問題が大きな懸案となった。他者への充行も想定されたが、十二月二十一日になって、秀吉より氏盛への相続が承認された（「高室院文書」戦四三一九）。氏盛は氏直の名跡と、その遺領のうち下野足利領四〇〇〇石の継承を認められた。ここに北条氏宗家の家名は、その存続が遂げられた。この氏盛は、後に実父氏規の遺領をも継承し、近世大名としての狭山藩北条氏の始祖となるが、この点については後に述べる。

氏直の妻子

氏直の妻は、すでに述べているように徳川家康の次女督姫である。永禄八年(一五六五)生まれで、母は側室の西郡《にしごおり》の局(三河鵜殿長忠の娘)である。天正十一年八月十五日に氏直に入輿した。氏直死後は、実家に引き取られ、後に文禄三年(一五九四)十二月に秀吉の媒介によって池田照政《てるまさ》(のち輝政)に再嫁した。慶長五年(一六〇〇)に照政が播磨国に転封した後は「播磨御前」と称された。元和元年(一六一五)二月五日に死去し、享年は五十一、法名は良照院殿智光慶安大禅定尼といった(「北条家過去帳」)。

氏直の子女については二女が確認される。長幼の順は不明であるが、ともに督姫の所生である。一人は、氏直死後の文禄二年二月十四日に死去しており、法名を摩尼珠院殿妙勝童女といった(「小田原編年録」所収系図)。「童女」とあるから、成人以前に死去したことが知られる。もう一人は、母督姫が池田照政に再嫁した後、母に従って池田家に赴いた。そして照政の先妻所生の嫡子照直(のち利隆)に嫁いだが、慶長七年二月二十八日に死去している。法名は宝珠院殿華庵宗春大禅定尼といった(「北条家過去帳」)。

羽柴氏家臣北条氏規

当主氏直の赦免と同時に、氏直と共に高野山入りしていた他の御一家衆も秀吉から赦免されたとみられ、そのなかで氏直とは別に、新たに秀吉の旗本家臣に取り立てられたのが氏規であった。氏規は、氏直が秀吉に拝謁する十日前の天正十九年（一五九一）八月九日に、秀吉から河内国丹南郡𨏍村（大阪府内か）二〇〇〇石を与えられた（「北条文書」戦四五八二）。

氏規は、かつて小田原合戦以前における北条氏と羽柴氏との政治交渉において、その折衝にあたっていた担当者であり、秀吉に拝謁したこともあった。また家康とも親密な関係を有していた存在であった。おそらくこうした氏規の政治的立場が評価されて、別個に秀吉旗本として取り立てられたとみられる。この氏規も、明年よりの「唐入り」への従軍を命じられている。実際、翌文禄元年（一五九二）には、秀吉に従って肥前名護屋《なごや》（佐賀県唐津町）に在陣している。またこの頃から、氏規は入道して「一睡」の号を称している（「保阪潤治氏所蔵文書」「朝比奈文書」戦四三二一～二）。

文禄三年十二月二日、氏規は秀吉から改めて六九八八石余の知行を充行われた（「北条文書」戦四五八九）。それらはいずれも河内国におけるもので、丹南郡・錦郡・河内郡二四ヶ村にわたっている。それらの知行地のなかには、かつて氏直が知行していた丹南郡野中村が含まれ、かつ筆頭に挙げられていることから、氏規が河内国内における氏直の遺領の一部を継承していたことが知られる。ここでは「御検地の上、改めて扶助せしむ」と記されていることから、おそらく氏直の死去後にその遺領の一部を加増され、さらに同年における検地の結果、右のような知行高として確定されたとみられる。

その後、氏規は慶長五年（一六〇〇）二月八日に大坂久宝寺町の屋敷において死去した。享年は五十六、法名は一睡院殿勝誉宗円大居士とおくられた（「北条家過去帳」）。その家督と遺領は、嫡子氏盛に継承され、同年四月八日に、氏盛は羽柴氏大老から氏規の遺領七〇〇〇石を安堵されている（「北条文書」戦四五九〇）。

氏規の妻子

氏規の妻は玉縄北条綱成の娘で、嫡子氏盛以下四男三女の母とされている。曾孫氏宗（氏盛の孫）の代の寛永五年（一六二八）に死去している。

氏規の子女については、「寛永諸家系図伝」などでは四男三女が挙げられている。男子は長男氏盛・次男菊千代・三男勘十郎・四男松千代、女子は北条直定室・白樫《しらがし》三郎兵衛室・東条長頼室である。この他、当時の史料に「濃州様（氏規）二番め竜千代殿」（「高室院文書」

戦四三一九）と、次男として竜千代の存在が確認される。系図では三男勘十郎についてのみ幼名が伝えられていないから、竜千代がそれにあたる可能性が想定される。次男菊千代・四男松千代はいずれも早世と伝えられるだけであるから、次男菊千代が早世したため、三男であった竜千代が次男と称されたと考えれば、それらを整合的に解釈できる。長男氏盛については別に取り上げるので、ここではそれ以外についてみていきたい。

三男の勘十郎は、天正八年（一五八〇）生まれ。幼名竜千代を称したとみられる。竜千代に関しては、天正十五年（一五八七）三月二十一日に、氏規は家臣朝比奈泰寄をその陣代に任じている（「朝比奈文書」戦三〇六七）。同十八年正月に、氏規は竜千代の被官をすべて本拠の三崎城（神奈川県三浦市）か小田原城に籠城させているから（「岡本文書」戦三六〇六）、すでに竜千代衆ともいうべき、独自の家臣団が編成されていたことが知られる。北条氏滅亡後は父氏規と行を共にし、同十九年十二月二十七日には在京していることが知られる（「高室院文書」戦四三一九）。その後の動向は不明であるが、勘十郎と同一人物とすれば、彼は羽柴秀次に仕えたとされる。そうすると竜千代の在京は、京都聚楽第の秀次に仕えたものととらえられる。同四年に秀次が改易された後は、徳川家康に仕えたという。慶長五年正月二十一日に死去し、享年は二十一、法名は松竜院殿月照梅翁大禅定門といった（「北条家過去帳」)。

氏規の娘が嫁した北条直定は、氏政の五男で氏邦の養子となった人物である。氏直に従って高野山に蟄居したが、その後の動向は不明である。子に内記《ないき》氏時があり、後に紀伊徳川頼宣に仕えた。直定室は、元和三年(一六一七)六月十八日に死去し、法名を智清禅定尼といった(「北条家過去帳」)。なおその日牌は、子の氏時によって紀伊入国後の同九年に建立されたものである。

白樫三郎兵衛室は、元和元年(一六一五)九月五日に死去し、法名は安養院殿光誉松顔大禅定尼といった(「北条家過去帳」)。白樫氏は、紀伊国有田郡に在所していたらしいので、紀伊和歌山(和歌山県和歌山市)城主浅野氏の家臣であろうか。

東条長頼室については具体的なことは伝えられていない。夫の東条長頼は、受領名紀伊守を称した。父行長が秀吉の家臣から家康の家臣に転じたのにともない、当初から家康に仕えたとされ、家康の旗本家臣である(「寛永諸家系図伝」)。

狭山藩祖北条氏盛

氏盛は、天正五年(一五七七)生まれ。母は北条綱成の娘高源院殿とされる。同十七年十一月十日に氏直のもとで元服し、氏直から通字を授けられて、実名を氏盛と称した。また仮名は父氏規と同じ助五郎を称した（「北条文書」戦三五四二）。時に十三歳である。小田原合戦後は、父氏規らとともに氏直に従って高野山に蟄居し、翌天正十九年に氏直が秀吉に赦免されると同時に、氏盛も赦免されたとみられる。

同年八月から九月にかけての陸奥九戸《くのへ》政実《まさざね》の乱においては、徳川家康に従って従軍している。そして同年十二月に、前述したように氏直の遺跡継承者として認められ、その名跡と遺領の一部である下野足利領四〇〇〇石を継承した。翌文禄元年（一五九二）には、秀吉の「唐入り」に従軍し、肥前名護屋に在陣している。さらに慶長五年（一六〇〇）四月には、父氏規の遺領七〇〇〇石の相続を認められ、合わせて一万一〇〇〇石を領した。

同年における関ヶ原合戦では、まず六月に徳川家康による会津上杉景勝追討に従軍し、下野小山（栃木県小山市）まで赴いたが、次いで七月に中央で石田三成らが挙兵すると、反転して西上する家康軍に従い、九月の関ヶ原合戦では家康家臣西尾吉次の一手に属して参戦した。そのため戦後は、そのまま所領を安堵されたが、下野四〇〇〇石については都賀郡一二ヶ村とされているから、足利領からの知行替えがあったとみられる。翌六年五月十一日には、従五位下・美濃守に任官している（「北条文書」戦四五九一〜二）。そして同十三年五月十八日に死去した。享年は三十二、法名は松林院殿浄誉心徹大禅定門といった(「北条家過去帳」)。

その妻は、元秀吉の家臣で、後に徳川氏家臣となった船越五郎右衛門尉景直の娘で、天正十年生まれ。氏信・氏利・氏重の三子の母である。嫡子氏信は慶長六年生まれであるから、婚姻は羽柴政権期におけるものであった。嫡孫氏宗(氏信の子)の代の寛文六年(一六六六)二月十日に死去し、享年は八十五、法名は法光院殿貞誉清心禅定尼といった(「北条家過去帳」)。

なお氏盛の子女については、「土気酒井記」所収北条家系図(高室院所蔵「北条家系図」の系統)では、氏信と氏利の間に次男として熊丸、他に女子一人があげられている。これにより、氏盛には四男一女があったことが知られる。

氏盛の家督は、八歳の嫡子氏信が継承し、この氏信の時の元和二年(一六一六)に河内狭山に所領支配のための陣屋が構築される。そのため同氏は狭山藩と通称されている。そして以後において、その子孫は代々狭山を本拠とし、一万石を領して大名としての格式を維持し、明治維新を迎える。

御一家衆のその後

北条氏の滅亡により、一門・家臣らは新たな生存の道を探っていった。以下ではそれらの状況について簡単に述べておく。まず慶長五年（一六〇〇）の関ヶ原合戦を契機として羽柴氏に代わる全国政権としての江戸幕府を開き、以後約三〇〇年にわたり日本を支配し続けた徳川氏に仕えた御一家衆についてみていく。

小田原合戦後にいち早く徳川氏に仕えた御一家衆は、玉縄北条氏勝である。本拠玉縄城開城後に家康に付属され、合戦後はそのまま家臣となって下総岩富領（千葉県佐倉市）一万石を与えられた。慶長十六年に氏勝が死去すると、その家督は譜代大名保科正直の六男で、家康の外甥にあたる氏重（初名は正勝）が養子となって継承した。その後、氏重は岩富から下野富田（栃木県矢板市）、遠江久能（静岡県袋井市）、下総関宿（二万石、千葉県野田市）、駿河田中（二万五千石、静岡県藤枝市）、遠江掛川（三万石、同県掛川市）と転封を重ね、その度に知行高を加増されて、万治元年（一六五八）に死去し、嗣子がなかったため絶家となっている。また氏勝の弟繁広の子氏長は、父繁広の死去後に、別に旗本に取り立てられた。妻は氏光の子内匠《たくみ》氏則の娘である。子孫は徳川氏旗本として続いた。

小田原合戦後に家康に仕えたものとして、他に世田谷吉良氏朝がいる。氏朝は嫡子氏広をもって家康に出仕させた。氏広は実名を頼久と改名し、名字も蒔《まい》田《た》氏に改めている。翌天正十九年（一五九一）七月に知行替されて、上総大多《おおた》喜《き》内寺崎郷（千葉県睦沢町）一一〇〇石余を与えられ（「宮崎文書」戦四五八〇）、子孫は徳川氏旗本として続いた。

　氏直に従って高野山に蟄居した御一家衆では、氏光の子氏則が家康に仕えている。氏則には、長男右衛門佐氏清の他、氏春・某の三男があり、女子には玉縄北条氏系の北条氏長室、戸田氏室など三女の存在が知られている（高室院所蔵

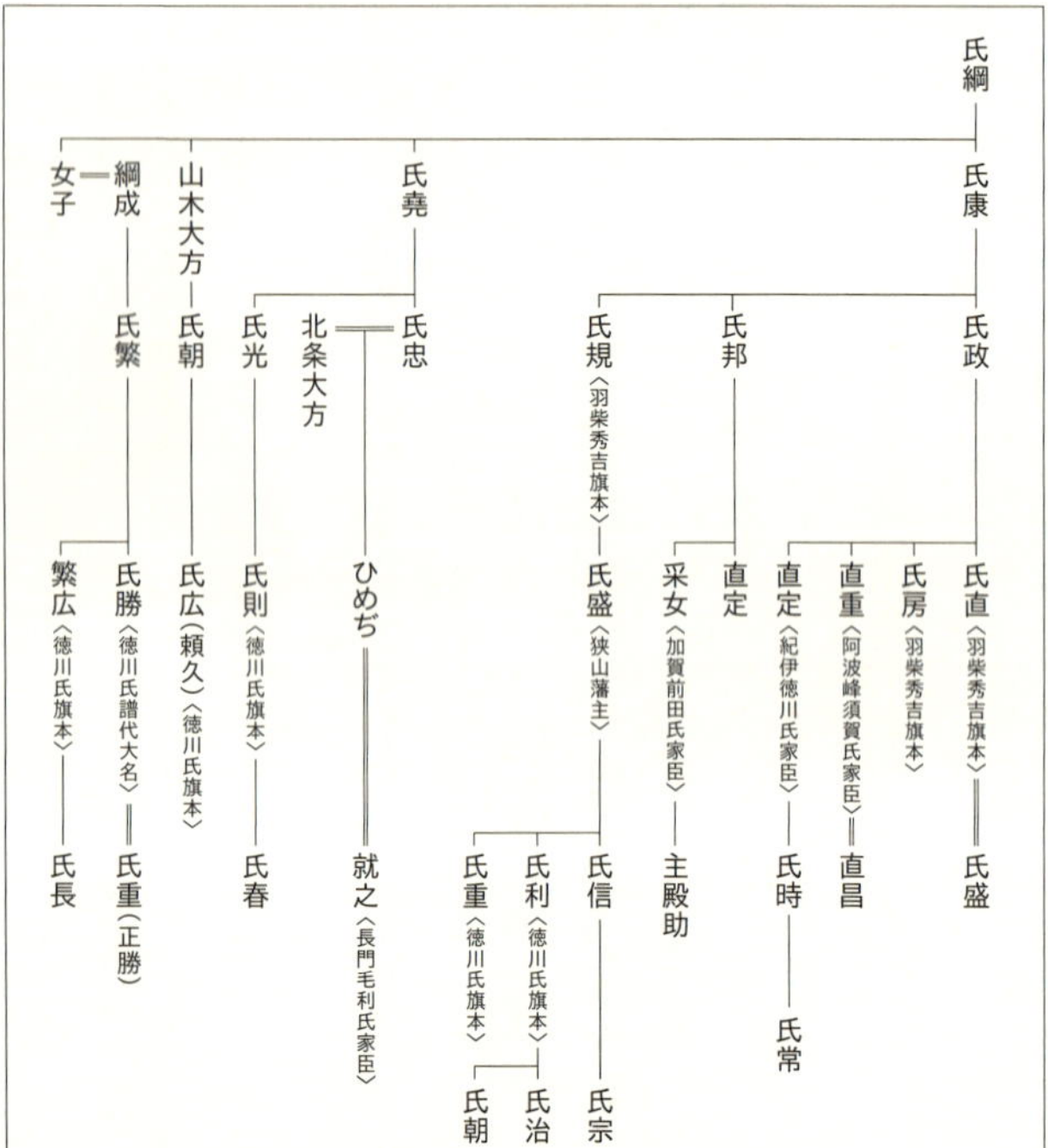

図11　小田原・狭山等北条氏略図

「北条家系図」)。その後の子孫の動向は確認できていない。直定の子氏時は紀伊徳川頼宣に仕えて、その子孫は、その子氏常、その養子氏成・氏賢の二代後まで確認することができる。また氏盛の子で氏信の弟にあたる氏利・氏重も家康に仕え、旗本となったが、氏利の系統は二代後に、氏重は当代で絶家となっている。ちなみに正徳二年(一七一二)の「御家人分限帳」には、徳川氏旗本・御家人として、玉縄北条氏系の氏長の孫氏英、その分家の氏如・氏高、狭山藩北条氏系の氏利の子氏澄、源五右衛門の子市之進氏盛、平八郎の子平七郎の名がみえている。源五右衛門・平八郎の系譜は、「寛政重修諸家譜」などにもみえないから、その系譜は不明である。今後の調査が待たれる。

次に徳川氏以外の諸大名の家臣となった御一家衆についてみておきたい。氏邦は鉢形城開城後に加賀前田利家に仕え、知行一〇〇〇石を与えられた。慶長二年に死去すると、京都紫野大徳寺で喝食となっていた氏邦の末子が利家に召し出され、還俗して庄三郎(のち釆女)と称し、その知行を相続した。その子主殿助の後、嗣子がなく絶家となった。

氏忠の後室(北条大方《おおかた》)とその娘(ひめぢ)は、安芸毛利輝元に預けられていたが、毛利氏の周防・長門移封によって長門に移住し、知行一〇〇石を与えられた。北条大方の死後、ひめぢは毛利氏家臣出羽元盛の子就之を養子にとって家名を維持した。子孫は代々、北条名字を称し、毛利氏家臣として続いた。

直重は、高野山の蟄居後に阿波蜂須賀家政に仕えて、知行五〇〇石を与えられた。嫡子十三郎が早世したため、蜂須賀氏家臣益田豊正の三男重昌を婿養子に迎え、家督を継承させた。重昌は大石名字を称し、その三代後の直武からは伊勢名字を称し、代々蜂須賀氏家臣として続いた。久野北条氏の氏隆も、はじめ高野山に蟄居したとみられるが、その後は讃岐生駒近規に仕えた。慶長十四年に死去するが、その子孫の存在については不明である。

この他、系譜は確認できていないが、北条三四郎が、寛永三年（一六二六）に徳川氏譜代大名の酒井忠利の子忠勝に仕えている。彼は万治三年の死去という（「小浜藩家臣由緒書」）。酒井忠勝はその後、若狭小浜に転封し、子孫は同氏家臣として続いている。

重臣たちのその後

北条氏の領国は、ほぼそのまま徳川氏に継承されたため、家臣の多くが徳川氏に仕えた。ここでは主要なものについて述べておきたい。

小田原合戦直後から徳川氏に仕えたものとして、石巻康敬（「古文書」戦四五八五）、遠山直吉（康英の子）（「古文書」戦四五四七）、富永直則（政家の子）、松田定勝（康郷の子）らがある。

翌年の氏直の赦免以後に家康に仕えたとみられるものとして、小笠原康広、大道寺直繁（政繁の子）・同直英（政繁養子）、遠山直勝（直景の子）・同景吉（直勝弟）、笠原氏隆（豆州郡代系か）、松田直長（康長の子）、山角定勝らがある。このうち大道寺直繁の子孫はのちに越前松平氏の家臣となり、同直英は陸奥津軽氏に仕えて、子孫はその重臣に列している。遠山直勝・景吉兄弟は、母が家康の子義直の乳母を務めた関係から義直に付属され、子孫は尾張徳川氏家臣となっている。笠原氏隆は、家康の子頼宣に付属されて子孫は紀伊徳川氏家臣となっている。

また徳川氏宗家に仕えたものではないが、その一門の結城秀康（はじめ下総結城一〇万石、のち越前六七万石）・松平忠吉（はじめ武蔵忍一〇万石、のち尾張四二万石）に仕えたものも多くみられる。結城秀康に仕えたものには、清水太郎左衛門尉（康英の子、法名正花）・大藤小太郎（与七の弟）・富永勝永（政家の次男）・松田康郷らがある。松平忠吉に仕えたものには、遠山直員（康英の孫）・坍和与右衛門（康忠の子）らがある。いずれも松平忠吉の死去後は、その遺領を継承した徳川義直に仕え、子孫は尾張徳川氏家臣となっている。

次に徳川氏以外の諸大名に仕えた重臣についてみていきたい。大道寺政繁の次男直昌は、能登前田利政（利家の次男）に仕え、関ヶ原合戦による同人の改易の後は、尾張松平忠吉、次いで徳川義直に仕えて、子孫は尾張徳川氏家臣として続いた。直昌の弟遠山重次（直次）は、安芸福島正則、次いで筑前黒田長政、若狭京極忠高に仕えた後、江戸幕府旗本になっている。その弟遠山重利は筑前黒田長政に仕えている。また垪和伊予守・遠山康英は、駿河の中村一氏に仕えたが、これに関連するものとして次の史料がある（「松羅随筆集古」）。

芳賀伊予守・遠山左衛門尉両人の事、其の方抱え置き知行五百石充つこれを遣わすべく候、子共の事其の方に召し遣わし候、久々仕付け候て有り付くべく候、猶輪田清蔵申すべく候也、

天正一八年十一月九日〇（秀吉朱印）

中村式部少輔殿

これは羽柴秀吉が、小田原合戦後に駿府（静岡県静岡市）に配置した中村一氏に対して、北条氏旧臣の垪和伊予守・遠山康英の知行高を五〇〇石とするよう指示し、また彼らの子供についても召し抱えるよう指示したものである。これをみると、そうした北条氏旧臣の新たな仕官先を秀吉自らが差配し、かつその知行高までも指定していたことがうかがわれ、

この史料はそうしたことを具体的に示している点で貴重である。中村氏は関ヶ原合戦後は伯耆に加増転封され、丼和伊予守・遠山康英両者もそれに従って伯耆に移住したが、慶長十四年(一六〇九)に中村氏が改易となった後は、それぞれの子孫は水戸徳川氏、尾張徳川氏の家臣となっている。

これらの事例は、北条氏の一門・重臣という、北条氏の家臣全体からみればほんの一部のものにすぎないが、主家北条氏の滅亡の後、彼らは様々な経緯を経つつ、その存続を遂げ、あるいは遂げようと図っていたのである。その結果、彼らはいわば日本全国に散らばる格好となり、それぞれに新たに興した家名の維持に努め、近世社会を生き抜いていく。

増補

1　伊勢盛時と足利政知

伊勢盛時（宗瑞）は、明応二年（一四九三）に堀越公方足利茶々丸に敵対し、伊豆に侵攻する。その背景として、同年四月の室町幕府重臣細川政元のクーデターとの連動が指摘されている（家永遵嗣『室町幕府将軍権力の研究』東京大学大学院日本史学研究室、一九九五年）。さらに、当時関東で展開していた長享の乱における対抗関係（山内上杉氏対扇谷上杉氏）との連動も早くに指摘されている（田中義成「北条早雲と韮山城」拙編『伊勢宗瑞』所収、戎光祥出版、二〇一三年）。

このように盛時の伊豆侵攻については、これまでのところ、自身を取り巻く政治的交流関係のなかで生じたものとして理解されているといえよう。しかし盛時自身が、主体的に伊豆侵攻を選択する理由なり背景はなかったのであろうか。私もこれまで、盛時の生涯を扱う機会を幾つか得てきたが、基本的にはそうした政治的交流関係を背景にしたものとしてとらえてきた。しかし同時に、そこにおける盛時の主体性の有無については、常に気に懸かっていた。

そうしたところ、そのことに関わる新たな史料を見出すことができた。それは加越能文庫本「今川記」（金沢市立玉川図書館所蔵）にみえる次の一節である。

氏親大に感し、高国寺に富士郡依田橋・せこ・ひんなと云所を三百貫新九郎に給る、九郎京都の人なれハ、堀越殿へも出仕しける間、堀越殿また伊豆国田中・桑原の両所を伊勢新九郎に給ハる、

この「今川記」は、「伊勢監物貞意之嫡右京貞広」の所蔵本を、元禄七年（一六九四）に書写したとする奥書がある。内容は、これまで知られている群書類従本などとは、異なる部分も多く、興味深い。同本の書誌的・内容的検討については別途行われる必要があろうが、ここでは省略し掲出部分に注目したい。

これは、盛時が今川氏の内乱を収め、氏親を今川氏当主に据えた部分に続いてみえる記載である。まず注目されることの一つは、盛時が氏親から駿河国で与えられた所領が、「富士郡依田橋（富士市）・せこ・ひんな（比奈、富士市）」三〇〇貫文と記されていることである。この部分は、「今川記」では単に「下方庄」とあり、「異本小田原記」（国史叢書本刊本）では「下方庄依田橋・原・柏原・吉原」とある。駿河時代における盛時の所領を追究するための、新たな素材になると思われる。

もう一つが、堀越公方家との関係である。すなわち、盛時は京都出身であったため、堀越公方足利政知にも出仕し、所領として伊豆国田中郷（伊豆の国市）・桑原郷（函南町）を与えられたことが記されている。出仕し、所領を与えられたということは、盛時は足利政知の直臣になったこと、おそらくその奉公衆になったことを示しているととらえられるであろう。

しかも極めて興味深いのは、ここで具体的な所領名として田中郷・桑原郷があげられていることである。そしてそのことに関連するものとして、一つに、「異本小田原記」に、盛時が足利政知の奉公衆とみられる「北条殿」の後家を娶ることでその遺跡を継承したとする記述のなかで、「北条殿」の一門として「桑原平内左衛門尉・田中内膳」の名があげられていること、もう一つには、その後の北条氏家臣のなかで田中氏・桑原氏は初期の有力者であったことである（田中氏については「北条家所領役帳」にみえる旧領分の貫高がトップクラスになること、桑原氏については盛時の重臣として伝えられること〈「集古文書」『戦国遺文後北条氏編』一四号〉）。

田中氏・桑原氏が、それぞれ田中郷・桑原郷出身の家臣とすれば、彼らが初期の北条氏家臣のなかで有力者であった経緯として、彼らが在所した田中郷・桑原郷が、早くから盛時の所領であり、その家臣になっていたことによると、順当な理解が可能になる。またこれにともなって、「異本小田原記」にみえる、盛時が「北条殿」の遺跡を継承したとする所伝についても、その妥当性を検証していくうえにおいて、大きな素材になると考えられる。

このように盛時が、堀越公方足利政知の奉公衆でもあったとすれば、以降における盛時の堀越公方家との関わり方についても、順当な理解が可能になる。

延徳三年(一四九一)四月に足利政知が死去した直後の五月、盛時は上洛して将軍足利義材の申次衆を務めているが、これは政知死去にともなうものととらえられている(家永遵嗣「北条早雲研究の最前線」『奔る雲のごとく 今よみがえる北条早雲』北条早雲フォーラム実行委員会、二〇〇〇年)。その後の閏七月、政知の長男茶々丸が継母・実弟を殺害して自ら堀越公方家家督の地位に就くクーデターが起き、盛時はその直後の八月には駿河に帰国しているが、これはこの事件にともなうものととらえられている(下山治久『北条早雲と家臣団』有隣堂、一九九九年、家永遵嗣「今川氏親の名乗りと足利政知」拙稿『今川氏親〈シリーズ・中世関東武士の研究26〉』戎光祥出版、二〇一九年)。さらには翌明応元年(一四九二)もしくは同二年に、盛時は幕府奉公衆としてみえている。

これらの経緯は、盛時が政知死去にともない、堀越公方家の奉公衆の立場を解消して幕府家臣の立場に復帰するとともに、堀越公方家の以後における存続の在り方について、幕府関係者と交渉などを行っていたことを推測させる。さらに茶々丸のクーデターによって、「御家中の侍大に騒ぎ」「国中更に不静」（「北条記」）というように、伊豆は内乱状況を生じていたというから、その過程で、盛時は、伊豆国における所領を奪われるなどの、直接的な損害を生じさせていた可能性も想定される。

そうすると明応二年における盛時の伊豆侵攻は、幕府関係者との連携をもとにしつつも、堀越公方家の内乱においても、一方の当事者として、さらには自らの権益回復のために、積極的に関与しうる状況にあったととらえられることになる。盛時と堀越公方家との関係は、今後、注視していく必要があろう。

（『戦国史研究』七一号、二〇一六年）

2 小田原北条家の相模経略
―戦国時代の到来―

伊勢宗瑞の登場

小田原北条家が相模国の領国化を遂げたのは、初代伊勢宗瑞（新九郎盛時・早雲庵宗瑞）の時のことであった。相模国は、北条家の最初の領国となった伊豆国に続いて領国化された地域であり、北条家の基本的な領国であった。宗瑞が相模に進出したのは、相模西郡の軍事拠点である小田原城を攻略し、同郡の国衆であった大森氏を没落させ、同郡を領国化したことにともなうものであった。ところが北条家にとって極めて重要な事項となる、この小田原城攻略の時期、すなわち相模進出の時期については、現在においても確定されていないのである。

宗瑞の小田原城攻略時期については、かつては明応四年（一四九五）九月のこととみられていた。これは『鎌倉大日記』（『小田原市史　史料編』中世Ⅰ三〇四号）に「伊勢早雲、攻落小田原大森入道」とあることによっている。しかしながら同史料は後世の編纂史料であり、必ずしも同時代の記載とはいえないものであった。そうしたところ、明応五年に比定される七月二十五日付上杉顕定書状（「宇津江文書」前掲書三〇八号）があり、そこに小田原大森家がいまだ宗瑞と味方同士であったことが確認できるのである。

これは山内上杉顕定が、対立していた扇谷上杉家の領国である相模西郡に侵攻した状況を伝えているもので、年代は『勝山記』明応五年条（前掲書三〇九号）の記載に対応することから同年であることは確実である。そこでは西郡の扇谷上杉勢力の筆頭に「大森式部少輔」があげられ、山内軍の侵攻によって扇谷上杉勢力が在城する「要害」が「自落」し、それにより「西郡一変」となったことがみえている。西郡の政治帰属を変化させる城郭は、大森家の本拠である小田原城しか考えられないので、この「要害」は小田原城を指し、それが山内方に開城したために、西郡が山内方に帰属したことを示している。

したがってこの書状の存在から、明応五年七月の小田原城落城の時点まで、大森家は扇谷上杉勢力に属し、小田原在城衆の筆頭として記載があるように、その城主として存在していたことが認識される。しかもこの時、宗瑞の弟弥次郎が扇谷上杉軍の一員として参加しており、そのことは先の書状と『勝山記』にみえている。宗瑞はその三年前の伊豆侵攻開始にともなって扇谷上杉家と連携しており、この時の参戦もそれへの援軍のためであった。そのため宗瑞は、この時点まで大森家とは味方同士の関係にあったことがわかる。

この史料の存在によって、小田原城主大森家の存在は、この明応五年七月までは扇谷上杉方として健在であったこと、この後は山内上杉方として存在したことがわかる。このことは先の『鎌倉大日記』の記載内容とは、明確に齟齬するものとなる。どちらの内容を優先すべきかは自明であり、当時の史料である書状を優先すべきものとなる。これによって宗瑞の小田原城攻略は、明応五年七月より後のことであったことがわかる。

それに対して宗瑞が小田原を領有していたことが確認されるのは、それから五年後の文亀元年（一五〇一）三月まで下ってしまう（「走湯山什物」『戦国遺文　後北条氏編』七号）。そのため宗瑞の小田原城攻略時期は、明応五年七月から文亀元年三月までのこと、という以上には推定できない状態にある（拙稿「伊勢宗瑞論」拙編『伊勢宗瑞〈シリーズ・中世関東武士10〉』戎光祥出版、二〇一三年。なお通説の小田原城攻略時期への疑問は、同書収録の拙稿「北条早雲の事蹟に関する諸問題」〈一九九五年〉で提起している）。

ここで大森家が扇谷上杉方から山内上杉方へ転じた背景について考えてみることにしたい。大森家は、駿河国駿東郡北部の御厨地域を本拠とした国人であった。その大森家が相模西郡に進出してきたのは、室町時代後期の応永二十三年（一四一六）の上杉禅秀の乱の結果として、西郡に所領を獲得したことにともなうものであり、さらにその後には鎌倉府の御料所であった小田原関所の預かり人になっている。またそれ以前、大森家の一族が、箱根権現社の別当職についていて、同社は箱根道に大きな影響力を有していて、その関係から大森家は、同社領支配を通じて、御厨地域から西郡にかけての地域支配に関わるようになっていた。明確な西郡への進出は、その延長のものであった（佐藤博信「大森氏とその時代」同著『中世東国足利・北条氏の研究』岩田書院、二〇〇六年）。

ところが大森家は、関東戦国史の幕開けとなる享徳の乱（一四五五〜八二）において、御厨を本拠とする氏頼・実頼父子と、小田原を本拠とする嫡流で氏頼の兄憲頼の子成頼とに分裂した。氏頼・実頼は、扇谷上杉家の支援をうけて成頼を滅亡させて、それに代わって小田原城を本拠とするようになった。そして氏頼・実頼は、この戦乱のなかで、相模西郡・駿河御厨を領国とする国衆へと展開していき、その後は扇谷上杉家に従属する立場をとっていった。

伊勢宗瑞は駿河国守護今川家の姻戚の出身で、今川家が長享元年（一四八七）に氏親（宗瑞の姉の子）によって継承されて、戦国大名化すると、宗瑞はその御一家衆として、事実上、家宰の役割を果たしていた。そして明応二年（一四九三）から、今川家とそれに従う駿東郡南部の国衆の葛山家、関東の扇谷上杉家の支援をうけて、伊豆に侵攻し、伊豆の国主であった堀越公方足利茶々丸との抗争を展開していった。その際、扇谷上杉方であった大森家とは、当然ながら連携していたものと思われる。しかし宗瑞の伊豆侵攻はすぐには終わらず、足利茶々丸をようやく伊豆から没落させたのが二年後の同四年のことであった。茶々丸は扇谷上杉家と抗争関係にあった山内上杉家と結び、さらに甲斐国守護武田家とも結んで、翌明応五年には甲斐から駿河御厨に進出してきている（『勝山記』）。

この茶々丸の駿河御厨侵攻が、山内上杉方の相模西郡侵攻との時期的な前後関係は不明だが、ともに山内方が扇谷方の大森家の領国に侵攻しているという状況から考えると、両者は連動したものとみてよいであろう。大森家は、山内方に転じたことで、西郡の国衆としての存続は果たしたが、御厨地域についてはどのようになったのか明らかではない。そこで注目されるのが、後に御厨の国衆として存在したとみられる垪和家の存在である。垪和家が御厨の国衆として存在していたことが推定されるのは、大永五年（一五二五）からみえる「氏堯」と考えられる（拙稿「駿河葛山氏と北条氏」拙著『戦国大名領国の支配構造』岩田書院、一九九七年）。

足利茶々丸が明応五年に御厨に侵攻してから、少なくとも文亀元年までの宗瑞による西郡経略によって、大森家は国衆としては没落を遂げている。しかしこの間、大森家の御厨領有については史料がなく、全く不明である。垪和氏と推定される「氏堯」は、この大永期に御厨の国衆として存在し、そうした状況は天文十四年（一五四五）の、北条家（当時は宗瑞の孫氏康）と今川家（当時は氏親の子義元）とが駿河東部の領有をめぐって抗争した「河東一乱」が終結するまで、継続されていたとみられる。

垪和家という存在

大永期以降、御厨地域は今川家の領国であったから、その時は今川家に従う存在であったとみられる。そして天文六年の「河東一乱」の展開により、垪和家は北条家に従ったと推測される。そうすると少なくとも、大永五年（一五二五）以前に、垪和家は御厨を領国とする国衆となり、今川家に従ったと考えられることになる。足利茶々丸の御厨侵攻から、「氏堯」の登場まで、御厨の支配者についてはそれを示す史料がないため全く不明である。しかしここで一つの推定を提示したい。それは垪和家の出自の推定にともなうものである。

この垪和家は、「河東一乱」後は、北条家の重臣となるが、その時の当主の嫡子は「氏続」といった。北条家の通字も「氏」であるが、北条家ではこれを家臣に与えることはないので、妍和氏続の「氏」は、今川家から与えられたか、代々の通字になっていたか、いずれかと考えられる。ちなみに今川家でも、戦国時代になってから氏親以降は、「氏」を通字としていた。しかしそもそもこの地域に妍和家は存在していない。妍和氏は、美作国の出身で室町幕府奉公衆となっていた一族であった。したがってこの地域に妍和家が存在するようになるには、戦国時代のある時点で西国から下向してこない限りありえないのである。

その場合、その可能性が最も高いと考えられるのが、堀越公方足利政知の伊豆下向である。政知は、室町幕府奉公衆の一族の多くを、自己の奉公衆として組織していたとみられ、後に宗瑞が伊豆経略を果たしたのち、北条家の重臣としてみられる松田・遠山・富永・布施・大草・蔭山氏などは、堀越公方家奉公衆の出身とみられている（家永遵嗣「北条早雲研究の最前線」北条早雲史跡活用研究会編『奔る雲のごとく』北条早雲フォーラム実行委員会、二〇〇〇年）。こうした状況を踏まえると、妍和家も堀越公方足利家の奉公衆の出身であったとみてよいであろう。

ところが妍和家は、他の松田氏らとは異なって、堀越公方家の滅亡にともなって伊勢宗瑞の家臣になったのではなく、今川家に従う関係にあったとみられながらも、国衆として自立的に存在していたと考えられるのである。堀越公方家の奉公衆がそのような状態を獲得することができるのは、同家の滅亡以前に、御厨に領主として存在するようになっていたことしか想定できない。そうすると先の足利茶々丸の御厨侵攻との関係が想起される。確証はないが、茶々丸の御厨侵攻により、大森家の領国であった御厨は、茶々丸に経略され、その家臣であった葛和家が支配にあたるようになったのではないか、そして茶々丸が滅亡した明応七年（一四九八）頃に、今川家に従ったのではないか、と推測される。御厨の国衆として存在した葛和家の成立事情については、このように考えたい。

足利茶々丸の御厨侵攻により、御厨を領国として喪失していたとしたら、大森家が本領の西郡への大規模な侵攻をうけた際、山内上杉家に従う選択をしたのも納得される。せめて西郡のみは、領国として維持するためであったろう。しかしこれにより宗瑞の伊豆経略はかなりの危機的状況に陥る。宗瑞はこの段階では伊豆北部の経略を遂げていたにすぎず、中部の経略をすすめていた状況にあった。そうしたなかで、伊豆北部に隣接する相模西郡が敵方になり、さらに葛山氏の領国に北接する御厨も敵方であったことで、宗瑞はそれら敵対勢力に囲まれる状況になったからである。しかし明応七年八月二十五日の「明応大地震」を機に、茶々丸を自害させることに成功し、それにともなってようやく伊豆一国の経略を遂げるのである。

小田原城の攻略時期

ところで宗瑞の小田原城攻略時期について、先に、それまでの明応四年(一四九五)九月ではなく、少なくともその後の、同五年七月から文亀元年(一五〇一)三月までのことと考えられることを述べた。しかしその後、旧説の明応四年九月説を維持する見解が出されるようになっている。それらが根拠としているのは、一つは『鎌倉大日記』の記載は、当時に近い時期のものであるからその年月は信用できるとするもの(片桐昭彦「明応四年の地震と『鎌倉大日記』」『新潟史学』七二号、二〇一四年)、もう一つは同史料に記載のある明応四年八月十五日の相模湾地震を前提にして、地震津波被害に連動して宗瑞の小田原城攻略が遂げられたとするものである(金子浩之『戦国争乱と巨大津波 北条早雲と明応津波』雄山閣、二〇一六年)。

いずれも『鎌倉大日記』の記載が事実を示していることを前提にしたものである。しかし翌年の上杉顕定書状の内容はそれとは相容れない。それとの矛盾に関して片桐昭彦氏は、山内方の大森家と扇谷方の大森家の両派が存在したとみることで解消しようとしているが、実際に当時、大森家の分裂状況が確認できるわけではなく、あくまでも『鎌倉大日記』の記載を活かそうとするなかでの推測にすぎず、反証たりえていない。しかも同史料は年代記であることからして、数年の誤記載もありうるものである。そのことを踏まえれば、何よりも上杉顕定書状の内容を優先すべきである。

そうしたところ、相模湾地震の年代については、『勝山記』の地震記載などをもとに、それから五年後になる明応九年六月四日のことであり、宗瑞の小田原城攻略は、それをうけてのことであったとする見解が出された（盛本昌広「『温古集録』収録の竜華寺棟札銘」『金沢文庫研究』三三五号、二〇一五年）。すなわち明応四年相模湾地震は、当時の史料に所見がなく、逆に同七年から九年にかけて地震があったこと、相模湾に大きな被害を与えた地震は、同九年と考えられることが指摘された。そもそも明応四年地震の存在が想定できなくなり、『鎌倉大日記』をもとにした先の諸説は全く成立しなくなる。

ではあらためて宗瑞の小田原城攻略の時期は何時と考えられるか。盛本昌広氏は、明応九年六月の相模湾地震の後に、それがあったという想定をしている。その前後関係は不明なものの、明応七年地震の結果として、足利茶々丸を自害させていることからすると、ここも地震災害の後に、攻略を果たした可能性が高いとみてよいであろう。そして宗瑞が小田原を領有していたことを示す確実な初見は、それから九ヶ月後の文亀元年三月のことであった。こうした状況からすると、盛本氏の推定は、状況の整合性からも妥当と考える。

ここにきて宗瑞の小田原城攻略時期については、明応九年六月から翌文亀元年三月までの間までに絞られることになった。とはいえ決定的な時期についてはいまだ明らかにならない。これについては今後における新史料の出現を待つほかはない。けれどもその時期は、この範囲であることはほぼ間違いないといえる。ちなみにこの時期、山内上杉家と扇谷上杉家とは、前年明応八年十月に和睦を成立させていた。しかし宗瑞と今川家は、山内上杉家とは和睦を成立させていなかったらしく、山内上杉家は、今川家と遠江国の領有をめぐって抗争していた斯波家と結んで、文亀元年五月には今川家の領国である駿河、具体的には御厨への侵攻を画策していた(拙稿「伊勢宗瑞論」)。

事態の展開状況からすると、宗瑞と今川家は、山内上杉家とは和睦しておらず、それが文亀元年三月までの宗瑞による小田原城攻略、それにともなう山内方国衆の大森家の没落、宗瑞の西郡領国化へと展開したとみられる。そうするとあるいは、御厨の国衆として展開していた坍和家が、それまでは山内上杉家に従う存在であったが、それが今川家に服属したのも、同時のことであったかもしれない。山内上杉家は、御厨・西郡が今川家・宗瑞に相次いで経略されたことへの報復として、それへの侵攻を図っていたとみられるであろう。

伊勢宗瑞の相模経略

伊勢宗瑞の西郡領国化は、国衆大森家を没落させ、その領国を接収したことによるものであった。その際、それまで大森家に従っていたとみられる、以前から存在していた相模武士のうち、この時に宗瑞に従って、その後に北条家臣として存続したものは、松田新次郎（康隆）家と篠窪民部丞・修理亮の篠窪二階堂氏の二人、合計でわずか三人しか確認されない。このうち松田氏は、平安時代末期以来の代表的な相模武士の一つであった。もう一方の篠窪二階堂氏は、鎌倉幕府以来の吏僚二階堂氏の一族で、室町時代以来の存在であった。

このことからすると、享徳の乱による戦乱の恒常化、大森家による西郡の領国化のなかで、それまで存在していた相模武士のほとんどは没落していたことがうかがわれる。わずかに存続を果たしていたのが、松田氏と篠窪氏であった。なおその後に北条家臣として、西郡河村郷出身の河村氏の存在も確認される。この河村氏も平安時代末期以来の武士である。しかし北条家臣となった河村氏は、すでに所領は西郡には所在しておらず、中郡渋沢を本領にしている（『北条家所領役帳』）。このことからこの河村氏は、それまでに本領河村郷からは没落しており、その一族が中郡に所領を与えられて存続していたことがうかがわれる。

扇谷上杉家との抗争

宗瑞がさらなる相模経略を開始するのは、西郡領国化から十年ほど経った、永正六年（一五〇九）八月からのことであった。もっともこの時は、山内上杉・扇谷上杉両家の連携による反撃をうけて、逆に西郡支配の拠点としていた小田原城まで攻撃されるという失敗であり、宗瑞はやむを得ず扇谷上杉家と停戦和睦を結んでいる。しかしそれから二年後の同九年八月から、宗瑞は再び扇谷上杉家に敵対し、その領国への侵攻を展開する。この時、扇谷方として宗瑞との抗争を前面に立って展開したのが、三浦郡南端に位置する三崎新井城を本拠とし、すでに三浦郡の国衆として存在していた三浦道寸（義同）であった。

三浦家は、いうまでもなく前代における名家であり、享徳の乱においては姻戚の扇谷上杉家に味方していた。しかしその後の山内・扇谷両上杉家の抗争である長享の乱（一四八七～一五〇五）においては、当初は山内方に味方し、そのため扇谷方と抗争を展開した。その過程で、三浦郡を領国とする国衆へと展開し、そのうえで明応三年（一四九四）九月に扇谷方から攻撃をうけて、その結果として扇谷方に帰属した。そしてその後は、扇谷方の有力国衆として存在し、永正七年の宗瑞への反撃のなかで、扇谷上杉家から相模中郡の支配を委ねられたらしく、同郡岡崎城を拠点に、同郡支配を展開していた（拙稿「戦国期の三浦氏」拙著『戦国期東国の大名と国衆』岩田書院、二〇〇一年）。

宗瑞の永正九年八月から展開された相模経略は、その三浦家の岡崎城攻略から始められた。八月十二日、宗瑞は道寸が在城する岡崎城に向けて進軍し、岡崎台での合戦に勝利し、これによって岡崎城の攻略を遂げ、翌十三日には東郡鎌倉に侵攻し、道寸を三浦郡と東郡の境界にあたる住吉城まで後退させた。十月には、東郡の軍事拠点として玉縄城を取り立てたとされ、十二月には東郡に隣接する武蔵国久良岐郡南部に制札を出している。これによって宗瑞は、中郡と東郡、さらには武蔵久良岐郡南部の経略を遂げたとみられる。

それらの地域は、いずれも享徳の乱以来、扇谷上杉家の領国になっていた。中郡については、この後において、北条家の家臣として、中郡を本領にした旧来の相模武士の存在はみられていない。ということは、享徳の乱以来の戦乱のなかで、それまでの相模武士はほとんど没落していたとみられることになる。わずかに享徳の乱のなかで、山内上杉家宿老の長尾景春の被官で、小磯城にいた越後五郎四郎の子孫とみられる越知弾正忠が、中郡三田の領主としてみられる程度にすぎない。

また東郡については、鎌倉在住であった後藤氏、関東上杉氏の一族で東郡永谷を所領としていた宅間上杉氏がみられる程度であり、久良岐郡南部についてみても、杉田郷を所領としていた間宮氏がみられる程度にすぎない。もっともこの間宮氏は、宗瑞の段階では攻略されなかった久良岐郡北部の神奈川郷を本拠にしていたとみられるから、杉田郷の獲得が、北条家に従う前からのものであったのか、その後に北条家から新たな所領として与えられたものなのかはわからない。

いずれにしても、この時に宗瑞が領国に編入した、相模中郡・東郡・武蔵久良岐郡南部は、享徳の乱以来の戦乱のなかで、扇谷上杉家の領国として展開した地域であった。そしてそれら戦乱のなかで、それ以前から存在していた相模武士は、基本的には没落していたとみられ、宗瑞が新たに経略した際には、そうしたかつての相模武士はほとんど存在していなかったのが実状であった。新たに宗瑞に従った旧来の領主としてみられたのは、ほとんどは上杉氏段階からの存在であったとみられる。

ちなみに中郡の北部に位置した津久井郡については、扇谷上杉家の宿老とみられる内藤大和入道が津久井城に在城していたと推測されるが、宗瑞はこれより同十五年までのうちには、内藤家を服属させて、津久井郡の経略も遂げたと考えられる（拙稿「津久井内藤氏の考察」前掲拙著『戦国大名領国の支配構造』）。

三浦道寸との攻防

宗瑞と道寸は、それぞれ玉縄城と住吉城とにあって、しばらく対峙したとみられるが、翌十年正月、両者の間で激しい攻防が繰り広げられたらしく、それによって東郡藤沢の遊行寺が焼亡している。しかしこの攻防は宗瑞が勝利したようで、道寸は、住吉城には弟の道香を置き、自身は住吉城から本拠の三崎新井城に後退した。四月には、宗瑞はその三崎新井城攻撃を開始している。そして七月、住吉城を攻略し、東郡の完全制圧を遂げている。

この頃、三浦家を従えていた扇谷上杉家は、山内上杉家と抗争していたが、同十一年三月から五月にかけて、本拠江戸城の近くにあたる武蔵国荏原郡での対戦をうけてか和睦を結んだらしい。それにより扇谷上杉家は、三浦家への支援を行うことが可能となったようで、五月には家宰の太田永厳の軍勢が、宗瑞が支配する相模西郡に侵攻している。また六月から九月頃にかけては、宗瑞は扇谷上杉家の領国下にあった久良岐郡北部の神奈川郷に侵攻したようである。

神奈川郷は、伊豆国下田・相模国三崎とともに、伊豆諸島支配のための拠点であった。すでに下田を制圧していた宗瑞は、三崎を本拠とする三浦家、神奈川郷を支配下に置いていた扇谷上杉家との間で、伊豆諸島の支配をめぐる攻防を展開していた。ここでの神奈川郷への侵攻は、そうした伊豆諸島支配を確保するためと思われる。ただし同郷については、その後しばらくは扇谷上杉家の領有下にあるようなので、攻略までには至らなかったとみられる。宗瑞が経略した久良岐郡は、この神奈川郷よりも南の地域にとどまったようである。

一方の三浦道寸は、本拠の三崎新井城での籠城を続けたらしい。永正十二年には、宗瑞と道寸との間では、三崎城の攻防ではなく、伊豆諸島の支配をめぐる攻防がみられている。四月に三崎にあった勢力が八丈島に帰島して勢力回復を図るが、これに対して宗瑞は、六月に伊豆国下田から軍勢を派遣して、三浦方と合戦し、これに勝利した。これによって宗瑞は、伊豆諸島から三浦家と扇谷上杉家の勢力の排除に成功し、伊豆諸島支配を確立させている。

次いで永正十三年の中頃（おそらく六月頃であろう）、扇谷上杉家は三浦家への援軍として、当主朝良（当時は法名建芳）の嫡子朝興を大将とする軍勢を、相模中郡に侵攻させたらしい。扇谷上杉家の嫡子を大将としているのであるから、これは同家の本軍であったと推測され、この時の三浦家への援軍は、かなり本格的なものであったことがうかがわれる。しかし宗瑞は、これへの迎撃に成功し、扇谷軍をその本拠の江戸城に後退させた。そしてこれをうけて、宗瑞は今度は一気に三崎新井城攻略に転じ、同城への攻撃を行った。そうして七月十一日、ついに同城を攻略、三浦道寸・義意父子は戦死し、三浦家は滅亡を遂げた。同時に宗瑞は、三浦郡の経略を果たした。

ここに宗瑞は、ついに相模一国の経略を遂げることになる。宗瑞が相模国西郡に進出したのは、明応九年（一五〇〇）か翌文亀元年（一五〇一）のことであったが、実際に中郡への侵攻を展開しはじめたのは、それから十年近く経った永正六年（一五〇九）からのことであった。そして同九年に侵攻を再開すると、同年のうちに中郡・東郡、さらには武蔵国久良岐郡南部までを経略し、そこからは三浦郡の経略にとりかかって、この永正十三年七月になって、ようやくそれを遂げたのである。中郡以東への侵攻開始から数えると、八年を費やしての結果であった。また相模経略の最終段階は、三浦家との攻防として展開されたが、それとの攻防にも五年が費やされていた。

戦国大名としての領国支配

三浦家の滅亡後、宗瑞は三浦郡の領国化にあたって、三浦郡の支配拠点として、三浦家が本拠としていた三崎新井城ではなく、新たに半島南端に三崎城を構築したと考えられる。またそれまで三浦家に被官化していたもののうちで、宗瑞に従ってきたものについては、そのまま被官とし、おそらくそれらを三崎城に配属したと思われる。これらの集団が、その後に三浦衆もしくは三崎衆ともいうべき集団となる。ところがそれらの面々をみてみると、確実に三浦家にも家臣化していたことが確認できるものは、ほぼ皆無といってもいいくらいである。

三浦衆のなかには、「三崎十人衆」という集団があり、これは三浦郡支配の拠点であった三崎城周辺に在住する土豪層と推測される。彼らは宗瑞に被官化する以前に、三浦家にも被官化していた可能性が高いとみられるものの、確実ではない。また三浦衆のなかには、永島氏や小林氏など、三浦郡の土豪層とみられるものが存在しているが、それらもまた彼ら自体が、それ以前から三浦家に被官化していたかまでは確認できない。

かりに彼らが宗瑞に被官化する以前に、三浦家にも被官化していたとしても、彼らは在地に居住する土豪層であり、いわゆるそれ以前からの相模武士とは性格が異なる存在である。彼らのような土豪層が、戦国時代の領域権力に被官化するのは、まさに戦国時代になってからのことであったから、たとえ彼らが宗瑞への被官化以前に、三浦家に被官化していたとしても、その被官化は、戦国時代のなかでの、三浦家の国衆化にともなってのことと考えられるのである。

このようにみてみると、宗瑞による相模経略は、いずれも戦国時代に入ってから展開してきた、戦国大名・国衆という領域権力の領国を経略することによるものであったことが認識されるであろう。相模西郡は大森家、中郡・三浦郡は三浦家、東郡・久良岐郡南部は扇谷上杉家の領国であったものであり、それを経略したものであった。そのなかで、室町時代までさかのぼって存在が確認されるのは、三浦家のみであった。これこそが以前の相模武士といえるものであろう。

またそれらの領国を経略した際に、あらためて宗瑞に従って、存続を遂げた室町時代以来の武士としては、西郡の松田氏・篠窪氏、東郡の宅間上杉氏などの存在がみられたにすぎず、そのうち鎌倉時代までさかのぼるのは、松田氏のみであった。そこでは戦国時代における領域権力化という過程のなかで、室町時代以来の領主のほとんどは、すでに没落をみていた状況にあったのである。

宗瑞の相模経略は、最終的には、三浦家を滅亡させることによって遂げられている。そしてこの三浦家は、平安時代末期に始まり、少なくとも鎌倉時代以降においては、相模武士として最も家格が高い存在であった。しかも戦国時代に入っても、国衆へと転身を遂げて、三浦郡さらには中郡までも領国とした有力な存在であった。宗瑞は、三浦家という、まさに相模国を象徴する武家を滅ぼすことによって、相模国の経略を遂げたことになる。すなわちそれは、平安時代末期から展開された相模武士の時代を終わらせることに一致するものであった。

そして宗瑞は、その後は、それまでの時代とは異なる、戦国大名による支配の展開をもたらした。西郡の小田原城、東郡の玉縄城、三浦郡の三崎城をそれぞれの地域支配の拠点とし、領域支配という在り方による領国支配を展開していくことになる。また相模津久井郡については、三浦家と同じく戦乱のなかで国衆へと転身を遂げた、もと扇谷上杉家の宿老出身の内藤家を服属させて、それを通じた支配を展開していくことになる。宗瑞の相模経略は、相模国に、戦国大名による領国支配という、新たな時代への転換をもたらすものであった。


（関幸彦編『相模武士団』吉川弘文館、二〇一七年）

3　北条綱成の父母

天文十八年（一五四九）九月十八日、北条綱成の母養勝院殿は、自らの逆修菩提のために寿像を造立し、玉縄領岩瀬大長寺（ただし当時は別名）に奉納した（「朝倉氏寿像銘」『戦国遺文後北条氏編』三五五五号。以下、戦～と略記）。同銘文に、「彼施主、古郷豆州之住呂、名字朝倉息女、北条九郎之御前、御子ニハ北条佐衛門大夫綱成・同刑部少輔綱房・同息女松田尾州之御内也」とあることから、彼女は伊豆朝倉氏の娘で、「北条九郎」の妻であり、子に綱成・北条綱房・松田盛秀妻があったことがわかる。彼女についてかつて佐脇栄智氏は、夫「北条九郎」を為昌に比定し、それ故、その子とあることから、綱成兄弟はその養子になったと指摘した（「北条早雲・氏綱の相武経略」拙稿『北条氏編〈シリーズ中世関東武士の研究21〉』戎光祥出版、二〇一六年）。

この推定は、その後において長く通説として維持され、私も近年までそのようにとらえてきた。しかし同銘文をよく読んでみると、寿像造立の理由について、「爰に以て衰老に至り」という一文があり、すなわち老人になったため、とある。為昌は天文十一年に二三歳で死去したから、同十八年まで生存したとしても三〇歳であり、その妻であれば、それと同年齢かそれよりも年少であったと思われる。そうすると為昌の後家であったとすれば、「衰老」したという表現は妥当ではないように思われる。

そもそも彼女の夫「北条九郎」が為昌に比定されたのは、綱成の前代において、北条氏一門のうちで仮名九郎を称したものとしては、氏綱（新九郎）と為昌（彦九郎）しか存在が知られておらず、氏綱には該当しないこと、彼女が玉縄領関係者であることから、為昌に比定されることになったというものであった。そうすると、彼女については綱成の実母である可能性も考えなくてはならない。

綱成の出自については、子孫による系図類をはじめ、一貫して今川氏宿老福島氏の子とされており、そのことは信じられる。しかし実父について、遠江土方（高天神）城主福島上総介正成とする所伝は、正成なる人物の存在は想定できないから、明らかに後世の創作ととらえられる。ここ数年において、私が綱成の実父と想定しているのは、「櫛間（福島）九郎」「伊勢九郎」と称された人物である（拙著『北条早雲とその一族』、新人物往来社、二〇〇七年、一二七頁）。彼は、大永五年（一五二五）八月二十二日の武蔵白子原合戦で、北条方の大将を務め、戦死している。「福島九郎」というのは彼が福島氏出身であることを示し、「伊勢九郎」というのは彼が伊勢宗瑞もしくは氏綱から伊勢名字を授けられて一門待遇を与えられていたことを示していると考えられる。当主氏綱は、すでに前々年に北条名字に改称している。しかし嫡子伊豆千代丸（氏康）ですらいまだ伊勢名字を称していたから（「内閣文庫所蔵文書」戦四七九〇）、当初、北条名字を称したのは当主氏綱のみであったとみられ、やがて他の子弟にも北条名字が許されていったととらえられる。

綱成は天文二年十月から史料に所見され、すでに北条名字と仮名孫九郎を称している。時に一九歳であり、氏綱の娘大頂院殿を妻に迎えてもいたととらえられる。そうすると綱成は、元服か婚姻にともない、北条名字を称するようになったことが想定される。綱成については、氏綱の娘婿となったため、これまで系図類などの記載によって、その養子となったととらえられてきた。しかし父「九郎」がすでに氏綱から一門待遇を得ていたとするならば、その延長で北条名字を認められたと考えることもできる。

「鶴岡御造営日記」において、他の北条氏御一家衆については、「彦九郎殿（北条氏康弟）」「幻庵（北条氏綱弟）」というように、当主との続柄が記されているのに対し、綱成のみ「左衛（門脱）大夫（北条庶子）」としか記されていない（戦補遺編八二頁）。このことはむしろ、綱成は実際には氏綱とは養子関係などにもなかったことを示しているとみることができるであろう。そこにおいて「庶子」と記されているのは、まさに名字を与えられた存在であり、そのことを示しているととらえられる。

綱成の政治的地位は、他の北条氏御一家衆に比して明らかに低かった（拙著『戦国大名領国の支配構造』、岩田書院、一九九七年、参照）。北条名字を称していることから、御一家衆に準じる「一族」の家格にあった松田・遠山・大道寺各氏よりも上位に位置したが、その立場は、他の御一家衆と彼らとの中間に位置したような存在といえる。それも彼が、北条氏宗家やその一門との間に養子関係などはなく、婚姻関係のみがあったにすぎなかったとするならば、素直にとらえることができる。

以上をもとにすると、養勝院殿の夫「九郎」は、綱成の実父ととらえてよいと考える。北条名字で表記されているのは、彼が生前から同名字を称したことを示しているのではなく、綱成が同名字を称するようになり、それとの関係で同名字で表記されたにすぎないととらえられる。何よりも単に仮名が「九郎」とのみあるところに、綱成の実父九郎との一致性を認めることができよう。福島氏出身の九郎は、伊勢名字を与えられてその一門としての待遇を得、その子綱成になってさらに北条名字を与えられて、その御一家衆に列したという経緯が想定される。

なおその場合、綱成の母養勝院殿の父については、伊勢宗瑞と同世代にあたる人物とみなされる。朝倉氏については、享禄四年（一五三一）から天文三年八月まで朝倉右京進が所見される（「相州文書」戦九八、「快元僧都記」）。彼は氏綱と同世代の人物とみられるので、養勝院殿の兄弟にあたる存在と推測される。その父祖については、わずかに右京進の祖父古播磨守の存在が知られるにすぎないが（前出戦九八）、「古播磨守」とあるからには、その子で右京進の父も、播磨守を称したことが推測される。そうすると、その播磨守が養勝院殿の父であった可能性が想定されるであろう。

（『戦国史研究』五九号、二〇一〇年）

4 小田原落城後の北条氏一族

天正十八年（一五九〇）の小田原合戦、翌年の当主氏直死去による宗家の事実上の断絶以降、北条氏一族の動向については、ほとんど史料がないことから、具体的な事柄は不明の部分が多い。拙著『戦国北条氏五代〈中世武士選書8〉』（戎光祥出版、二〇一二年）・『北条早雲とその一族』（新人物往来社、二〇〇七年）でも、把握している限りでの情報を記しているにとどまっている。そうしたなか、新たな関係史料の存在を知った。神宮文庫所蔵の「御師関係文書断簡」全十四冊（請求番号一―一六〇四三）に収録されている史料である。これらはすべて断簡で、四冊目から六冊目に北条氏に関する記載のあるものが含まれている。その存在を知ったのは、千枝大志『中近世伊勢神宮地域の貨幣と商業組織』（岩田書院、二〇一一年）一九一～一九五頁で、取り上げられていたことによる。そこでは、北条氏に関係する三点の道者賦日記の存在が記され、内容について一覧表によって示されていた。しかし史料本文そのものが紹介されていたわけではないので、実際の記載内容が気にかかっていた。近時、ようやくに機会を得て同史料を閲覧することができた。

私がみたところ、北条氏に関する断簡は十三点で、元は縦帳の上田大夫の道者賦日記とみられ、綴じ穴位置の照合から、少なくとも四点があったと判断される。すなわち、①元亀三年（一五七二）から天正三年の間のものとみられる玉縄衆と津久井衆に関する道者賦日記（千枝氏は天正十年頃のものと推定している）、②それとは別年の津久井衆に関する道者賦日記（千枝氏は③の一部としている）、③天正十年の「相州道者賦日記」の冒頭部分、④文禄四年（一五九五）の「京・大坂道者賦日記」における北条氏関係部分、に分類することができる。さらにその他に、狭山北条氏家臣と推測される長谷川不老斎怡長の書状一点の存在も確認できた。それらの内容の詳細については、別の機会を待たざるをえない。ここではとくに、小田原落城後の北条氏の動向を伝える、貴重な史料となる④の内容について、取り上げることにしたい。

これについては表紙部分が残されており、「文禄四〈きのとの／ひつち〉／京・大坂之御道者之賦日記　上田大夫／拾月廿七日」とある。そしてこれと綴じ穴位置・形式が一致する断簡は十二点が確認され、そのうち五点が、確実に北条氏関係のものと判断できるものとなる。それら五点のなかでも冒頭にあたるとみられるのが、「大坂之分」から始まる一葉であり、そこには「北条一睡入道様（氏規・氏康五男）・北条助五郎殿様（氏盛・氏規長男）・北条御辰様（竜千代・氏規三男）・美濃守殿御前さま（氏規妻・北条綱成娘）・同御つほねさま（氏規側室か）・長谷河九郎左衛門尉殿（氏規家臣）」の名が列記されている。氏規は、当時の北条氏一族のなかで、唯一羽柴氏直臣の立場にあった。また嫡子氏盛は宗家氏直の死去後、その名跡を継承した存在であった。この氏規とその家族・家臣の記載が、「大坂之分」の冒頭にあげられていることからみても、この時期の北条氏一族のなかでは、氏規が代表する存在であったことがわかる。

その他の四点のうち、氏規家臣が列記されているものが二点ある。人名部分を抜き出すと、「南条因幡守殿（昌治か）・長谷河不老斎（怡長）・荻野太郎衛門尉殿・秋谷殿（後欠）」のものと、「慶忍坊・朝比奈兵衛尉殿（泰寄）・富永又拾郎殿・朝比奈右衛門尉殿（後欠）」のものである。彼らは氏規の家臣であることからすると、それらの断簡は、正確な順番は不明ながらも、先の長谷河九郎左衛門尉に続く部分に位置していたのではないかと推測される。

そしてその他の二点こそ、小田原落城後の北条氏一族の動向をみていくうえで、何よりも貴重な史料となる。一点は、一名分の記載を残した後欠断簡で、「岩付御前さま」の記載がある。彼女は、氏直の弟で武蔵岩付城主であった北条氏房の後室にあたる。氏房も羽柴氏直臣の立場にあったが、これより先の文禄元年に死去していた。これによってその妻は、氏房の死去後も大坂に居住していたことを知ることができる。もう一点は、「北条房州入道殿様（氏邦・氏康四男）」以下の九名が記載されている一葉である。このうち七名が北条氏一族で、最後に記載されている「浜弥一郎殿・玉井勘七殿」の二名は、同名の人物に関する所見は得られないが、類似のものは北条氏家臣として確認されることから、彼ら両名は北条氏の旧臣であったと判断される（なお両名は福島正則の家臣になっていたことが記されている）。

この一葉について注目されるのは、文禄四年時点における在所が注記されていることである。例えば冒頭の氏邦については、

只今ハのとノ二ノ宮と申所ニ御座候
北条房州入道殿様

というように、当時、能登二宮に在所していたことが記されている。氏邦は小田原合戦後、加賀前田氏の家臣となっていたから、その領国の能登に在所していたのである。そして氏邦に続いては、「北条左衛門助殿様（氏忠・氏康六男か）／只今ハあきノ草津と申所ニ御座候」「北条右衛門助殿様（氏光・氏康七男か）／只今ハ大和ならニ御座候」「北条七郎入道殿様（直

重・氏政四男）／只今ハ四国阿波ニ御座候」「北条新太郎殿（直定・氏政五男、氏邦養子）」「北条御かしきさま／京紫野ニ御座候」「同閑首座」とある。このうち在所に関する注記がないのが、直定と閑首座であるが、そのことからすると両者は大坂に居住していたととるのが順当と考えられる。

氏邦に続いてみえる氏忠については、これまで伊豆林際寺の過去帳記載から、文禄二年四月八日に死去したとみられていた。この史料の出現により、氏忠は文禄四年当時も生存していたとみるのが妥当となるから、過去帳記載は正確ではなかった可能性が出てきた。その記載は逆修供養日ととるのが妥当になろう。そうすると氏忠の死去年は不明になる。さらにここには安芸草津に在所していることが記されている。氏忠の後室が、のちに「北条大方」と称されて安芸毛利氏から扶持を与えられ、その家名は以後においても毛利氏家臣として継承されることについては、これまでに確認されているが、その出発点についてさらは必ずしも明確ではなかった。ここで氏忠が安芸に在所しているところからすると、氏忠自身がこの時には毛利氏の家臣となっており、その遺跡が後室、さらにその子孫へと受け継がれたことが考えられることになる。

次の氏光については、高野山高室院の過去帳によって、天正十八年九月十五日に死去していたと考えられてきた。しかしこれも、文禄四年当時生存していたとみるのが妥当であり、過去帳記載は同じく逆修供養日ととるのが妥当になろう。ここでも氏光の死去年については不明になる。ここで氏光は、大和奈良に在所していることがしられる。氏光自身は、他者の家臣にはならなかったものとみられる。

続いて直重については、これまでにも阿波蜂須賀氏の家臣になったことが確認されている。ここにもその旨が記されているが、これまでの初見は慶長二年（一五九七）であったから、それよりも遡る情報である。直定については先にも触れたように、在所記載がみられないから、大坂に居住していたのであろう。

続いてみえる「北条御かしきさま」であるが、京都紫野（大徳寺であろう）に在所していること、「かしき（喝食）」とあるから、これは氏邦の三男で、のちにその遺跡を継承する少三郎（庄三郎・采女）にあたるととらえられる。彼については、氏邦死去後、前田氏がその遺児を探し出したように伝えられてきたが、これによってその存在が、当時の武家社会において充分に周知されたものであったこと、したがって氏邦死後に召し出されるのも当然のこととして理解できることになる。

最後の「同閑首座」については、残念ながら現在のところ該当する人物をあげることができない。「同」が「北条」を指すものとした場合、これまで知られている一族のうちで僧籍にあったものとしては、氏邦の次男鉄柱の存在しか知られていない。そうすると可能性として、彼の場合が想定できることになろうか。ただし「同」が「北条」ではなく、直前の「御かしきさま」に関する注記である「京紫野ニ御座候」にかかっているものとすれば、「御かしきさま」の随従者という可能性も想定されることになろう。

このように本史料には、これまで知られていなかった、小田原落城後の北条氏一族についての新たな事実がいくつも記されていた。今後も、この種の史料の出現は、まだまだ期待できるのではないかと感じられる。

（『日本歴史』七八五号、二〇一三年）

本書は、二〇〇五年に刊行した『戦国北条一族』（新人物往来社）、それを二〇一二年に再刊した『戦国北条氏五代〈中世武士選書8〉』（戎光祥出版）を、『戦国北条五代』と改題して、装いも新たに、今度は星海社新書の一冊として、あらためて刊行するものである。初刊本から再刊本の刊行までが七年、それから今回の再々刊本の刊行までが七年というように、ちょうど七年ごとに再刊する格好になっている。このようにして多くの方々に読んでいただける状況が用意され続けていることは、著者としてとても嬉しく思う。

本書は、戦国大名北条家五代について、一九九〇年代以降における最新の研究成果をもとに、当時の史料に基づいて著した本格的な通史として、ほとんど最初のものとなる。本書の刊行後には、下山治久氏の『戦国北条氏五代の盛衰』（東京堂出版、二〇一四年）・『戦国大名北条氏〈有隣新書73〉』（有隣堂、二〇一四年）が刊行をみているものの、本書が有する事実関係の確実性、史料解釈の確実性、歴史評価の妥当性など、本書の価値はいささかも失われてはおらず、依然として戦国北条家五代の通史としては、最も的確な書物としての性格にあると自認している。

とはいえ初刊本の刊行から数えればすでに十四年が経っており、その間において着実に研究の進展がみられていて、事実関係についても多くのことが更新されている。再刊にあたってはその都度、それらの成果を反映させることに努めてはいるものの、考証過程について言及せざるをえないものや、歴史評価に変更がみられたこと、前後の叙述に影響をおよぼしてしまうことなどについては、書物としてのまとまりを損なうことになってしまうため、改訂することは控えている。

そのため内容は、必ずしもすべてが最新のものとなっていない部分もあるが、それについては私自身が、再刊本の刊行後に刊行してきた、

『戦国北条家一族辞典』（戎光祥出版、二〇一八年）
『今川氏親と伊勢宗瑞〈中世から近世へ〉』（平凡社、二〇一九年）
『北条氏康の家臣団〈歴史新書y 81〉』（洋泉社、二〇一八年）
『北条氏康の妻　瑞渓院〈中世から近世へ〉』（平凡社、二〇一七年）
『北条氏政〈ミネルヴァ日本評伝選179〉』（ミネルヴァ書房、二〇一八年）

『小田原合戦と北条氏〈敗者の日本史10〉』（吉川弘文館、二〇一三年）を参照していただき、それらと照らし合わせていただきたく思う。

また今回の再刊にあたっては、その間に私自身が発表してきた論考四編を、増補というかたちで収録することにした。これによって多少は、そうした研究進展の成果を示すことができるものとなると思う。さらに本文中についても、明確な誤記については改めるとともに、現在地名や書誌情報については最新のものに改めている。

本書の初刊本は、実は私にとっては『戦国大名の危機管理』（現在は角川ソフィア文庫として再刊）とともに、最初の北条家に関する概説書であった。それが現在においても北条家五代の通史として基本となる書物として、購入できる状況が続くことは、著者冥利につきる。さらに今回、星海社新書での刊行となったことで、価格もそれまでの二冊と比べてかなり安価なものとなり、これによってさらに多くの読者を得られるものとなると思う。ますます多くの方々に、北条家五代の実像について接していただきたく思う。

しかも今回の刊行にあたっては、漫画家のゆうきまさみ氏から、帯に推薦文を頂戴することができた。いうまでもなく、ゆうきさんは現在、伊勢宗瑞を主人公にした『新九郎、奔る！』を連載されていて、新たな宗瑞の実像に迫られており、私自身も楽しく拝読させていただいている。そうした非常にお忙しいなかでわざわざ推薦文をお書きいただいたことに、とても感謝するとともに感激している。

最後に、本書刊行にあたっては、星海社の平林《ひらばやし》緑萌《もえぎ》氏に大変お世話になった。あらためて感謝します。

二〇一九年三月　黒田基樹

主要参考文献

【著書】

北条氏関係

相田二郎『小田原合戦』（小田原文庫1）名著出版、一九七六年
浅倉直美『後北条領国の地域的展開』（戦国史研究叢書2）岩田書院、一九九七年
池上裕子『戦国時代社会構造の研究』校倉書房、一九九九年
伊藤一美『戦国時代の藤沢』（藤沢文庫8）名著出版、一九八三年
江口貢『実説鉢形城主北条氏邦の生涯』寄居町郷土文化会、一九八五年
小和田哲男『小田原評定』（小田原文庫9）名著出版、一九七九年
小和田哲男『後北条氏研究』吉川弘文館、一九八三年
小和田哲男『北条早雲とその子孫』聖文社、一九九〇年
小和田哲男『中世の伊豆国』（小和田哲男著作集5）清文堂、二〇〇二年
北島藤次郎『北条氏照とその周辺』鉄生堂書店、一九九一年
久保健一郎『戦国大名と公儀』校倉書房、二〇〇一年
黒田基樹『戦国大名北条氏の領国支配』（戦国史研究叢書1）岩田書院、一九九五年
黒田基樹『戦国大名と外様国衆』文献出版、一九九七年

黒田基樹『戦国大名領国の支配構造』岩田書院、一九九七年
黒田基樹『戦国期東国の大名と国衆』岩田書院、二〇〇一年
黒田基樹『中近世移行期の大名権力と村落』校倉書房、二〇〇三年
黒田基樹『北条早雲とその一族』新人物往来社、二〇〇七年
佐脇栄智『後北条氏の基礎研究』吉川弘文館、一九七六年
佐脇栄智『後北条氏と領国経営』吉川弘文館、一九九七年
下山治久『八王子城主・北条氏照──氏照文書からみた関東の戦国──』（多摩歴史叢書3）たましん地域文化財団、一九九四年
下山治久『小田原合戦──豊臣秀吉の天下統一』（角川選書279）角川書店、一九九六年
下山治久『北条早雲と家臣団』（有隣新書57）有隣堂、一九九九年
杉山博『北条早雲』（小田原文庫4）名著出版、一九七六年
杉山博『戦国大名後北条氏の研究』名著出版、一九八二年
鈴木良一『後北条氏』（有隣新書34）有隣堂、一九八八年
高橋健一『芳桂院──戦国期東国の一女性とその周辺──』私家版、一九九一年
立木望隆『概説北条幻庵』（「研究」ノート1）後北条氏研究会、一九七〇年
立木望隆『北条幻庵伝略』郷土文化研究会、一九八一年
則竹雄一『戦国大名領国の権力構造』吉川弘文館、二〇〇五年
牧野純一『後北条氏民政史論』文献出版、一九七七年（復刻版）
山口博『北条氏康と東国の戦国世界』（小田原ライブラリー13）夢工房、二〇〇四年
山口博『戦国大名北条氏文書の研究』（戦国史研究叢書4）岩田書院、二〇〇七年

佐脇栄智編『後北条氏の研究』（戦国大名論集8）吉川弘文館、一九八三年
黒田基樹・浅倉直美編『北条氏邦と武蔵藤田氏〈論集戦国大名と国衆2〉』岩田書院、二〇一〇年
浅倉直美編『北条氏邦と猪俣邦憲〈論集戦国大名と国衆3〉』岩田書院、二〇一〇年
杉山博編『北条早雲のすべて』新人物往来社、一九八四年
藤木久志・黒田基樹編『定本・北条氏康』高志書院、二〇〇四年
北条早雲史跡活用研究会編『奔る雲のごとく――今よみがえる北条早雲――』北条早雲フォーラム実行委員会、二〇〇〇年
早雲寺史研究会編『早雲寺――小田原北条氏菩提所の歴史と文化――』（かなしんブックス32・箱根叢書16）神奈川新聞社、一九九〇年
八王子市郷土資料館編『北条氏照と八王子城』八王子市教育委員会、一九九〇年

［その他］

家永遵嗣『室町幕府将軍権力の研究』（東京大学日本史学研究叢書1）東京大学日本史学研究室、一九九五年
市村高男『戦国期東国の都市と権力』思文閣出版、一九九四年
榎原雅治『日本中世地域社会の構造』校倉書房、二〇〇〇年
栗原仲道『栗原仲道論稿集』大福寺、一九九七年
荻野三七彦『吉良氏の研究』（関東武士研究叢書4）名著出版、一九七五年
黒田基樹『扇谷上杉氏と太田道灌』（岩田選書地域の中世1）岩田書院、二〇〇四年
佐藤博信『古河公方足利氏の研究』校倉書房、一九八九年
座間美都治『相模原の歴史』座間美都治、一九七四年
福島正義『武蔵武士の研究』福島正義先生還暦記念事業発起人一同、一九八五年

福島正義『武蔵武士――そのロマンと栄光――』さきたま出版会、一九九〇年
藤木久志『豊臣平和令と戦国社会』東京大学出版会、一九八五年
藤木久志『村と領主の戦国世界』東京大学出版会、一九九七年
湯山学『湘南物語』Ⅳ上・中、私家版、一九九三・一九九七年（のち『伊勢家瑞と戦国関東の幕開け』『北条氏綱と戦国関東争奪戦』戎光祥出版、二〇一六年、として再刊）
横田光雄『戦国大名の政治と宗教』（國學院大学大学院研究叢書文学研究科4）國學院大学大学院、一九九九年
杉山博・栗原仲道編『大石氏の研究』（関東武士研究叢書2）名著出版、一九七五年
黒田基樹編『武蔵大石氏〈論集戦国大名と国衆1〉』岩田書院、二〇一〇年

【論文】

浅倉直美「滝山領・鉢形領の成立と『関東幕注文』」前掲黒田・浅倉編『北条氏邦と武蔵藤田氏〈論集戦国大名と国衆2〉』
有光友学「葛山氏の系譜」同著『戦国史料の世界』（中世史研究叢書14）岩田書院、二〇〇九年
家永遵嗣「明応二年の政変と伊勢宗瑞（北条早雲）の人脈」『成城大学短期大学部紀要』二七号、一九九六年
家永遵嗣「北条早雲研究の最前線」前掲『奔る雲のごとく――今よみがえる北条早雲――』
大塚勲「今川義元――史料による年譜的考察」『駿河の今川氏』第四集、一九七九年
大塚勲「北条早雲の年齢について」同著『今川氏と遠江・駿河の中世』（岩田選書地域の中世5）岩田書院、二〇〇八年
加藤哲「『油井領』の性格」『戦国史研究』一六号、一九八八年
黒田基樹「小田原北条氏と葛西城」同著『古河公方と北条氏〈岩田選書・地域の中世12〉』岩田書院、二〇一二年
黒田基樹「北条綱成の父母」本書所収

斎藤慎一「北条氏照と藤岡城」『戦国史研究』三六号、一九九八年
斎藤慎一「戦国期『由井』の政治的位置」同著『中世東国の道と城館』東京大学出版会、二〇一〇年
佐藤八郎「武田信玄の娘たち」磯貝正義編『武田信玄のすべて』新人物往来社、一九七八年
佐藤博信「北条為昌と北条綱成」同著『中世東国足利・北条氏の研究』（中世史研究叢書7）岩田書院、二〇〇六年
佐藤博信「古河公方足利義氏についての考察」同著『中世東国政治史論』塙書房、二〇〇六年
佐脇栄智「北条早雲・氏綱の相武経略」「北条氏の領国経営（氏康・氏政の時代）」黒田基樹編『北条氏綱〈シリーズ・中世関東武士の研究21〉』戎光祥出版、二〇一六年、同編『北条氏康〈シリーズ・中世関東武士の研究23〉』戎光祥出版、二〇一八年
柴田真一「近衛尚通とその家族」前掲黒田編『北条氏綱〈シリーズ・中世関東武士の研究21〉』
田尻高樹「金沢入り後の北条氏邦の所在地　知行地は鹿島郡太田村」前掲浅倉編『北条氏邦と猪俣邦憲〈論集戦国大名と国衆3〉』
立木望隆「北条氏綱夫人養珠院殿と後室近衛殿について」前掲黒田編『北条氏綱〈シリーズ・中世関東武士の研究21〉』
長塚孝「戦国武将の官途・受領名」前掲黒田編『北条氏康〈シリーズ・中世関東武士の研究23〉』
長塚孝「北条氏照継承前の大石氏」前掲黒田編『武蔵大石氏〈論集戦国大名と国衆1〉』
花ヶ崎盛明「越後長尾氏系図」同編『上杉景勝のすべて』新人物往来社、一九九五年
東島誠「戦国時代の清水町」『清水町史通史編上巻』清水町、二〇〇三年
藤木久志「永禄三年徳政の背景」前掲黒田編『北条氏康〈シリーズ・中世関東武士の研究23〉』
前田利久「天正十四年の家康・氏政会面について」『静岡県史研究』九号、一九九三年
真島玄正「戦国武将藤田氏の研究（その一）」前掲黒田・浅倉編『北条氏邦と武蔵藤田氏〈論集戦国大名と国衆2〉』
森幸夫「北条早雲の相模侵攻」同著『小田原北条氏権力の諸相――その政治的断面――〈日本史史料研究会研究叢書5〉』日本史史料研究会、二〇一二年

山口博「『伊勢宗瑞十七ヶ条』の制定者とその実態」黒田基樹編『伊勢宗瑞〈シリーズ・中世関東武士の研究10〉』戎光祥出版、二〇一三年
山口博「小田原合戦」『小田原市史通史編原始古代中世』小田原市、一九九八年
大石氏史跡調査研究会編「大石氏の研究」前掲黒田編『武蔵大石氏〈論集戦国大名と国衆1〉』

図12　北条氏系図

盛定
八郎・備中守・備前守
室伊勢貞国娘

- 貞興
  八郎・備前守
- 今川義忠室
  北河殿
- 盛時
  新九郎・早雲庵宗瑞
  永正16・8・15没(64カ)
  早雲寺殿天岳宗瑞大禅定門
  ＝小笠原政清娘
  永正3・7・18没
  南陽院殿華渓宗智大禅定尼
  ＝葛山氏娘
  ＝善修寺殿
  天正2・7・25没
  善修寺殿梅嶺宗意大姉
- 弥二郎

盛時の子
- 氏綱
  新九郎・左京大夫
  母小笠原政清娘
  天文10・7・17没(55)
  春松院殿快翁宗活大居士
  ＝養珠院殿
  大永7・7・17没
  養珠院殿春花宗栄大禅定尼
  ＝近衛尚通娘
  植家姉
  天文23・7・24没カ
  勝光院殿妙安尊尼カ
- 氏時
  新六郎・左馬助
  享禄4・8・18没
  大虚院殿了翁宗達大禅定門
- 氏広
  葛山氏養子
  葛山八郎・中務少輔
  天文7〜8没
  竜光院殿大円登雲大居士
  ‖氏元
  実葛山貞氏男
  八郎・左衛門佐・中務少輔
  天正元没(51)
  瑞栄居士
  室北条氏康娘

- 三浦氏員室
  母善修寺殿
  宗哲姉
  天正13・6・14没
  長松院殿月溪宗珊大姉
- 宗哲
  菊寿丸・長綱・幻庵
  箱根権現別当
  母善修寺殿
  天正17・11・1没カ
  金竜院殿明岑宗哲大居士
  ＝栖徳寺殿
  天文23・4・5没
  栖徳寺殿花厳宗信大禅定尼
  - 三郎
    永禄3・7・20没
    宝泉寺殿大年宗用大禅定門
  - 氏信
    新三郎
    母栖徳寺殿
    永禄12・12・6没
    少林院殿鉄恵宗心居士
    ＝西園寺公朝娘
    春桂宗輝大姉
  - 融深
    箱根少将・長順・覚胤
    前住妙覚院
    永禄12・12・6没
    密啓融深庵主
  - 吉良氏朝室
    北条氏康養女カ
    鶴松院快密寿慶大姉
  - 女子
    上杉景虎室
    後、北条氏光室
  - 三郎（景虎）
    実北条氏康男
- 青松院殿
  母善修寺殿
  宗哲妹
  青松院殿天光貞修大姉

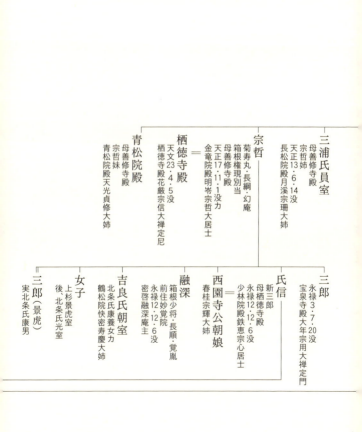

氏隆
菊千代・彦太郎・釣庵宗仙
母西園寺公朝娘
慶長14・11・9没
養鶴院殿松壑仙公居士

＝東光院殿
慶長9・4・晦没
東光院殿嶺梅芳春大禅定尼

氏康
伊豆千代丸・新九郎・左京大夫・相模守・太清軒
母養珠院殿カ
元亀2・10・3没(57)
大聖寺殿東陽宗岱大居士

＝今川氏親娘
天正18・6・22没
瑞渓院殿光室宗照大姉

＝遠山康光室妹

某

為昌
彦九郎
天文11・5・3没(23)
本光寺殿竜淵宗鉄大禅定門

氏堯
左衛門佐
某年・4・10没
円通院殿花岳宗白居士

太田資高室
天文19・9・14没
浄心院日海比丘尼

九郎
実福島氏
大永5・8・22没

＝朝倉氏娘
養勝院殿華江理忠大姉
天文18・9に逆修

氏忠
北条氏康養子カ

氏光
北条氏康養子カ

正木頼忠室
後、蔭山氏広室
実田中泰行娘
慶長16・6・29没
智光院妙経日種

北条綱成室
永禄元・9・10没
大頂院殿光誉耀雲大姉

＝綱成
実福島九郎カ男
孫九郎・左衛門大夫・上総守
道感
天正15・5・6没(73)
円竜院殿覚眩道感大禅定門
室北条氏綱娘

綱房
綱成弟
孫二郎・刑部少輔

松田盛秀室
綱成妹

氏繁
初名康成
善九郎・左衛門大夫・常陸守
母北条氏綱娘
天正6・6・13カ没(43)
竜宝寺殿大応宗栄大居士
室北条氏康娘

吉良頼康室

足利晴氏室
永禄4・7・9没
芳春院殿雲岫梵怡大禅定尼

堀越六郎室
崎姫・山木大方
天正14・8・24没
高源院長流泉香大姉

葛山氏元室
大永6生
ちよ

氏朝
吉良頼康養子
左兵衛佐
慶長8・9・6・没(62)
実相院殿学翁玄参居士
室北条宗哲娘

香沼姫
元和3・4・20没(72)
天桂院殿梅林祐香大姉

氏広
後、頼久
源六郎・左兵衛門佐
慶長14・3・27没(42)
耕雲寺殿口翁宗英
室小笠原康広娘

氏秀
初名康元
孫二郎・治部少輔
天正11・6・2没
玉岩寺新養道雲大禅定門

乙松丸

遠山隼人佑室
永禄3・3・9没
浄光院殿華陰宗順大禅光尼

北条氏規室
寛永5・6・14没
高源院殿玉誉妙顔大禅定尼

氏舜
左衛門大夫
母北条氏康娘カ

氏勝
左衛門大夫
母北条氏康娘
慶長16・3・24没(53)
上嶽寺殿角翁良牛大居士

＝**上田朝直娘**
文禄3・10・27没(34)
蓮覚院妙俊

直重
新八郎
母北条氏康娘

直胤
千葉次郎養子
次郎
瑞林院殿岳室宗穹

氏勝の子

氏明
善九郎

繁広
実氏勝弟

氏重
実保科正直男
初名正勝
久太郎・出羽守
万治元・10・1(64)
長清院泉岩秀清

＝**浅野長晟娘**
万治2・7・26没
証心院殿自安妙体大姉

繁広
兄氏勝養子
新蔵・新左衛門尉
慶長17・6・8没(37)
泰清院殿恵雲常智大居士

＝遠山為勝娘
正保4・4・7没
放光院殿玉峰栄珍大姉

氏長
後、正房
梅千代・新蔵・安房守
寛文10・6・29没
趙州院殿栢陽西意大居士
室北条氏則娘

某
某年月20没
無住宗本大居士

修元院殿
某年月9没
修元院殿妙成比丘尼

上杉氏憲室
北条氏政養女カ

杉原長房室

宝鏡院殿
慶長12・7・11没
宝鏡院殿月庭窓珊大姉

陽善庵
某年月24没
虚応涼堂大姉

新九郎
西堂丸カ
天文21・3・21没
母瑞渓院殿カ
天用院殿雄岳宗栄大禅定門

氏政
松千代丸カ・新九郎・左京大夫・相模守・截流斎
母瑞渓院殿
天正18・7・11没(53)
慈雲寺殿勝厳宗傑大居士

＝

黄梅院殿
武田晴信娘
永禄12・6・17没(27)
黄梅院殿春林宗芳大禅定尼

鳳翔院殿
天正18・6・22没
鳳翔院殿寄雲宗崇大禅定尼

氏照
大石綱周養子
藤菊丸・源三・陸奥守
母瑞渓院殿
天正18・7・11没(51)
青霄院殿透丘宗関大禅定門

＝大石綱周娘
豊・比佐力
天正18・6・23もしくは
文禄元・8・22没
天桂院殿輝窓祐晃大姉

山中頼元室
天正16・8・26没
霊照院殿中室貞心大姉

直重
実北条氏政男

源蔵
実北条氏政男

氏邦
藤田泰邦養子
乙千代丸・新太郎・安房守
母瑞渓院殿
慶長2・8・8没(57)
昌龍寺殿天室宗青大居士

＝藤田泰邦娘
大福御前
文禄2・5・10(53)
貞心院殿花屋宗栄尼大姉

東国丸
天正11・3没
東国寺殿雄山桃英

亀丸
鉄柱

光福丸
慶長4・7・15没(13)
医王院殿寿林光福大童子

采女
庄三郎
室前田利太娘

主殿助
正保4・6没

直定
実北条氏政男

氏規
助五郎・左馬助・美濃守・一睡
母瑞渓院殿
慶長5・2・8没(56)
一睡院殿勝誉宗円大居士
室北条綱成娘

氏盛
北条氏直養子
助五郎・美濃守
母北条綱成娘
慶長13・5・18没(32)
松林院殿浄誉心徹大禅定門

＝船越景直娘
寛文6・2・10没(85)
法光院殿貞誉清心禅定尼

菊千代
早世

勘十郎
竜千代力
慶長5・1・21没(21)
松竜院殿月照梅翁大禅定門

松千代
早世

北条直定室
元和3・6・18没
智清禅定尼

氏信
初名氏勝
太郎助・美濃守
寛永2・10・24没
竜興院殿梅潤宗雪大居士

熊丸

氏利
久五郎・右近大夫
寛文12・11・12没
大通院殿寂源宗湛大居士

氏重
民部少輔
寛永13・7・8没
月岑常光禅定門

女子

白樫三郎兵衛室
元和元・9・5没
安養院殿光誉松顔大禅定尼

東条長頼室

景虎
北条宗哲養子　後、上杉輝虎養子
西堂丸・三郎
母遠山康光室妹
天正7・3・24没（26）
徳源院要山浄公

＝北条宗哲娘
後、北条氏光室

＝長尾政景娘
天正7・3・17没
華渓宗春大禅定門

＝遠山康光娘
戸隠別当宝蔵院
妙徳院

道満丸
母長尾政景娘
天正7・3・17没（9）
了空童子

某
源桃童子
母長尾政景娘

女子
還郷童女
母長尾政景娘

女子
母遠山康光娘

氏忠
実北条氏堯男カ
六郎・左衛門佐・大関斎
文禄2・4・8没
大関院殿大嶺宗香大居士

＝乗讃院殿
寛永7・6・26没
乗讃院殊渓栄法大姉

＝佐野宗綱娘
後、佐野信吉室
元和6・2・24没(42)
明窓貞珠大姉

- ひめぢ
母乗讃院殿
寛永18・11・9没
高正院運悟妙慶大姉

＝就之
実出羽元盛男
長次郎・伊織助・権右衛門
延宝4・7・9没(57)

氏光
実北条氏堯男カ
竹王丸・四郎・右衛門佐
天正18・9・15没
西来院殿栢岳宗意大禅定門

＝北条宗哲娘

＝富樫氏賢娘

- 氏則
新太郎・内匠
寛永13・5・22没
東陽院湖室

- 三郎四郎
寛永18・4・20没
松岳院宗正大禅定門

- 興厳院殿
寛永18・6・28没
興厳院殿雲峰宗奇大姉

- 氏清
右衛門佐

- 氏春

- 某

- 女子

- 北条氏長室
承応2・7・1没
涼樹院殿陰寿高大姉

- 戸田氏室

今川氏真室
早河殿
母瑞渓院殿
慶長18・2・15没
蔵春院殿天安理性禅定尼

北条氏繁室
七曲殿　某年月18没
新光院殿窓泰太空大姉

小笠原康広室
寛永2・6・5没
種徳寺殿恵光宗智大姉

千葉親胤室

太田氏資室
長林院

足利義氏室
母瑞渓院殿
天正9・6・15没
浄光院殿円桂宗明大禅定尼

武田勝頼室
天正10・3・11没（19）
桂林院殿本渓宗光

円妙院殿
氏政妹
円妙院殿明菴宗勝大姉

太田康資室
実遠山綱景娘　氏康姪
天正16・3・27没（47）
法性院宗覚日悟

吉良氏朝室
実北条宗哲娘

某
弘治元・11・8生
早世
母黄梅院殿

千葉邦胤室
母黄梅院殿カ
氏直姉
天正8・5・晦没（24カ）
芳桂院殿貞室隆祥大禅定尼

氏直
国王丸・新九郎・左京大夫・見性斎
母黄梅院殿　今川氏真養子
天正19・11・4没(30)
松巌院殿大円宗徹大居士

＝徳川家康娘
督姫　後、池田輝政室
元和元・2・15没(51)
良照院殿智光慶安大禅定尼

摩尼珠院殿
文禄2・2・14没
摩尼珠院殿妙勝童女

池田利隆室
慶長7・2・28没
宝珠院殿華庵宗春大禅定尼

氏盛
実北条氏規男

源五郎
太田氏資養子
国増丸
天正10・7・8没(19カ)
広徳寺殿功林宗勲大禅定門

＝太田氏資娘
小少将
母北条氏康娘

氏房
菊王丸・十郎
母黄梅院殿
文禄元・4・12没(28)
梅雲院殿玉翁昌蓮大禅定門

直重
初北条氏照養子
後、千葉邦胤養子
七郎
母黄梅院殿
寛永4・3・1没
即室謙入大居士

千葉邦胤娘
天正2生
母北条氏政娘

市原如雪妹

直定
北条氏邦養子
新太郎・似安
室北条氏規娘

源蔵
北条氏照養子
鶴・采女
鎌倉明月院住職以心伝公
寛永12・5・19没

勝千代
天正18生
母鳳翔院殿力

十三郎
母市原如雪妹

女子
母市原如雪妹

重昌
実益田豊正男
納之助・与次右衛門・左兵衛・六大夫

氏時
内記

里見義頼室
鶴姫
天正7・3・21没
竜寿院殿秀山芳林大姉

庭田重定室

皆川広照室
実中御門宣綱娘

小山秀綱室
実成田氏長娘カ

上杉氏憲室
実北条氏繁娘

戦国北条五代《せんごくほうじょうごだい》

二〇一九年 四 月二五日 第 一 刷発行

著者 黒田基樹《くろだもとき》

発行者 藤崎隆《ふじさきたかし》・太田克史《おおたかつし》
編集担当 平林緑萌《ひらばやしもえぎ》
発行所 株式会社星海社
〒一一二-〇〇一三
東京都文京区音羽一-一七-一四 音羽YKビル四階
電話 〇三-六九〇二-一七三〇
FAX 〇三-六九〇二-一七三一
https://www.seikaisha.co.jp/
発売元 株式会社講談社
〒一一二-八〇〇一
東京都文京区音羽二-一二-二一
（販売）〇三-五三九五-五八一七
（業務）〇三-五三九五-三六一五
印刷所 凸版印刷株式会社
製本所 株式会社国宝社

アートディレクター 吉岡秀典《よしおかひでのり》（セプテンバーカウボーイ）
デザイナー 山田知子《やまだともこ》（チコルズ）
フォントディレクター 紺野慎一《こんのしんいち》
校閲 鷗来堂《おうらいどう》

ISBN978-4-06-515709-1
Printed in Japan

149
SEIKAISHA SHINSHO

星海社新書ラインナップ

70　全国国衆ガイド　戦国の“地元の殿様”たち　大石泰史・編

全国514氏、津々浦々の殿様たち！

戦国時代、守護や戦国大名の介入を受けず、時には郡規模に及ぶ領域を支配した国衆たちがいた。本書は、一般書として初めて国衆を網羅的に扱った。中世史研究の最前線がここにある！

123　中国古代史研究の最前線　佐藤信弥

出土文献と最新研究で、中国古代史はもっと面白くなる！

中国における国土開発の結果、陸続と出現する竹簡・帛書・金文等の「出土文献」。飛躍的な進歩を遂げた研究により、劇的に変化した中国古代史像。気鋭の著者が2000年を描破する。

129　姦通裁判　秋山晋吾

領主夫人が堕ちた“禁断の愛”——。

浮気を繰り返す領主の妻・ユディト。彼女を訴えた夫・イシュトヴァーン。だが、果たしてこれはただの姦通事件なのか？裁判史料から、18世紀トランシルヴァニアの村が立ち上がる。

SEIKAISHA SHINSHO

次世代による次世代のための

武器としての教養
星海社新書

星海社新書は、困難な時代にあっても前向きに自分の人生を切り開いていこうとする次世代の人間に向けて、ここに創刊いたします。本の力を思いきり信じて、みなさんと一緒に新しい時代の新しい価値観を創っていきたい。若い力で、世界を変えていきたいのです。

本には、その力があります。読者であるあなたが、そこから何かを読み取り、それを自らの血肉にすることができれば、一冊の本の存在によって、あなたの人生は一瞬にして変わってしまうでしょう。思考が変われば行動が変わり、行動が変われば生き方が変わります。著者をはじめ、本作りに関わる多くの人の想いがそのまま形となった、文化的遺伝子としての本には、大げさではなく、それだけの力が宿っていると思うのです。

沈下していく地盤の上で、他のみんなと一緒に身動きが取れないまま、大きな穴へと落ちていくのか？　それとも、重力に逆らって立ち上がり、前を向いて最前線で戦っていくことを選ぶのか？

星海社新書の目的は、戦うことを選んだ次世代の仲間たちに「武器としての教養」をくばることです。知的好奇心を満たすだけでなく、自らの力で未来を切り開いていくための〝武器〟としても使える知のかたちを、シリーズとしてまとめていきたいと思います。

2011年9月

星海社新書初代編集長　柿内芳文

SEIKAISHA SHINSHO